检察工作
热点问题研究

JIANCHA GONGZUO
REDIAN WENTI YANJIU

路志强◎著

中国检察出版社

图书在版编目（CIP）数据

检察工作热点问题研究／路志强著. —北京：中国检察出版社，
2017.4
ISBN 978－7－5102－1863－7

Ⅰ.①检…　Ⅱ.①路…　Ⅲ.①检察机关－工作－研究－中国
Ⅳ.①D926.3

中国版本图书馆 CIP 数据核字（2017）第 056601 号

检察工作热点问题研究

路志强　著

出版发行：中国检察出版社
社　　址：北京市石景山区香山南路 111 号（100144）
网　　址：中国检察出版社（www.zgjccbs.com）
编辑电话：（010）68650028
发行电话：（010）88954291　88953175　68686531
　　　　　（010）68650015　68650016
经　　销：新华书店
印　　刷：保定市中画美凯印刷有限公司
开　　本：710 mm×960 mm　16 开
印　　张：24.25
字　　数：278 千字
版　　次：2017 年 4 月第一版　2017 年 4 月第一次印刷
书　　号：ISBN 978－7－5102－1863－7
定　　价：68.00 元

序　言

　　无论在任何时代，科学的理论始终像一盏明灯，照耀着人类在文明发展的道路上前行。十年磨一剑，或许，有的理论研究需要几十年甚至上百年才能有所突破，有的则可能在更长的时期内都停滞不前，甚至无果而终。不论如何，"质变"总是由"量变"积累而成的。理论研究的魅力正在于它所带来的人类观念的转变，以及由此对于实践的影响，如相对论、进化论、辩证唯物论等，至今仍对人类认识世界、改造世界产生着深刻影响。

　　检察理论研究作为检察工作的重要组成部分，是一项具有先导性、基础性和战略性的工作，对于新时期检察工作持续、健康、全面发展具有保障和促进作用。2016 年 7 月 20 日，曹建明检察长在第十四次全国检察工作会议上指出：中国特色社会主义检察制度是马克思主义法学理论中国化的重要成果。党的十八大以来，在最高人民检察院的指导下，在中国法学会等法学研究机构的支持下，全国检察机关从我国法治建设实际出发，紧紧抓住人民群众反映强烈、制约检察工作科学发展的突出问题，深入调研论证，积极探索实践，取得了丰硕成果，为检察事业的蓬勃发展写下了浓墨重彩的一笔。课题研究作为检察理论研究的重要形式，研究主题大多为当前检察工作的热点、难点问题，具有研究的专题性、深入性和针对性等特点，在检察理论研究中发挥了重要作用。

　　《检察工作热点问题研究》是近年来我完成的最高人民检

察院、中国法学会重点课题的成果汇编，是我运用检察理论研究这一有力"武器"研究检察工作规律、破解检察工作难题、探索检察改革路径的心血和结晶。该书坚守检察理论研究工作服务党和国家工作大局、服务检察中心工作这个根本出发点，立足检察工作实践，认真研究新形势下检察机关的职责使命、职能定位和工作重点，研究检察机关如何完善体制机制、改进司法办案方式、强化司法办案效果，亟望为检察机关切实解决实践中制约和影响检察机关服务大局的突出问题，充分发挥职能作用，保障经济社会又好又快发展，提供科学的理论参考和可参照的实践样本。该书注重调查研究，突出运用实证研究方法，汇集了检察工作实践中的大量数据，揭示了检察机关实施法律中的突出问题，提出的部分改进措施已经转化为制度规范，应用于甘肃检察工作实践，以期用不唯书、不唯上、只唯实的学术精神为如何防止检察理论研究虚化提供些许借鉴。

陆游说："汝果欲学诗，功夫在诗外。"几年来，我走遍了甘肃的山山水水，深入基层一线，学习群众智慧，《检察工作热点问题研究》一书是我对检察工作的体会，也是甘肃省全体检察干警实践省院党组"改革创新、勇创一流"工作思路的理论总结。书中没有高深的理论，也没有太多的引经据典，书中观点能否成立，是否具有科学性和合理性，也有待读者的评说和实践的检验。

由于政务繁忙，该书严格来说是我利用工作之余的"边角料"时间完成的，每一个课题的研究，都离不开课题组其他同志在搜集资料、调研等方面的帮助，在此表示真诚感谢！书中难免因写作过程不连续而出现思路断层，逻辑不严密，也可能囿于自身的学术水平而存在错漏，敬请读者不吝指正。

最后，期望检察工作的明天更美好，法治建设的未来更辉煌！

路志强

二〇一七年二月二十七日

目 录
Catalogue

第一章　健全司法机关监督制约机制研究*

　　社会公平正义是法治的生命线，公正司法是社会公平正义的最后一道防线。党的十八大以来，以习近平同志为核心的党中央形成了"四个全面"战略思想，这是我们党在新的历史条件下对社会主义建设规律的新认识。"四个全面"中，"全面建成小康社会"是战略目标，"全面深化改革、全面依法治国、全面从严治党"是实现全面建成小康社会的三大战略举措，而"全面依法治国""全面深化改革""全面从严治党"又需要以"法治"为引领和保障。当前形势下，在社会严峻腐败现象影响下，司法机关滥用司法权违法乱纪、办"人情案""关系案"甚至刑讯逼供、徇私枉法等违法犯罪问题时有发生，严重损害了司法机关作为"社会公平正义最后一道防线"的形象。在此情况下，十八届四中全会提出要"健全公安机关、检察机关、审判机关、司法行政机关各司其职，侦查权、检察权、审判权、执行权相互配合、相互制约的体制机制"，实现在党的领导下的科学立法、公正司法、依法行政；十八届六中全会提出"要完善权力运行制约和监督机制，形成有权必有责、用权必担责、滥权必追责的制度安排"，体现了党中央因循"法治"道路建设高素质司法队伍、完善我国司法制度和社会主义法律体系、维护保障促进司法公正，从而推动落实"四个全面"战略布局的思路和决心，为依法治国背景下完善我国司法制度、

---

　　* 本章内容系中国法学会 2015 年度重点委托课题研究报告。

健全我国司法运行体制机制指明了方向，是各司法机关既独立又协作、既分工又配合，统一、正确、有效实施法律的思想和行动指南。

本章内容研究立足贯彻新形势下党中央法治建设精神，回应人民群众对司法公正的殷切期盼，在搜集、整理、分析、参考大量数据、案例、文献资料的基础上，采用实证分析、比较分析、对比分析、思辨分析等方法，从现行立法出发，对司法机关监督制约机制的法理基础予以阐述，对当前司法机关监督制约机制的运行现状进行描述，对机制存在的突出问题和原因深入查摆和剖析，在此基础上，提出完善机制的可行性对策建议，旨在从司法制度的自身逻辑出发，以司法机关监督制约机制为窗口，从理论上探究依法治国的可行途径，推动中国特色社会主义法治体系的健全完善，在实践中澄清认识误区，破解司法机关监督制约工作发展中的难题，推动司法改革更加适应社会发展的现实需要，促进科学立法、公正司法，推进国家、社会治理目标的实现。

一、司法机关监督制约机制概述

在开展本章内容讨论之前，有必要对司法机关监督制约机制相关的核心概念予以界定，对机制的构成要素、理论基础、功能价值、体系分类予以描述，对健全司法机关监督制约机制的理论要求予以明确，以便清楚认识司法机关监督制约机制的应然样貌，正确把握司法机关监督制约机制的法理内核，明确本文的研究对象、研究范围、研究重点和研究目标，避免研究过程中概念的混淆，以及对本文研究内容不恰当的扩展或限缩的理解。

（一）司法机关监督制约机制的概念界定

司法机关的监督制约是一个系统。关于司法机关监督制约机制的概念，现有文献尚未对其作出概括，本章内容研究认为，它是指司法机关因履行法定职能与其他关系主体发生监督制约关系时的运作过程、方式和运行机理，与司法机关监督制约系统紧密相关，表明了司法机关监督制约系统各要素之间的相互关系、作用方式，以及如何为系统整体服务，决定了司法机关监督制约系统的性质、功能和运行效果。

1. 司法机关的范围

关于何为司法机关，一般是指由国家宪法所规定的享有司法权能、依法处理案件的国家专门机关。"通说"认为司法机关仅包括我国宪法和法律所确认的享有专门司法权的审判机关和检察机关；日常生活中，人们习惯于将公安机关、国家安全机关、司法行政机关、监察机关等所有有权处理案件权能的国家机关都称为司法机关。本文研究的司法机关采"通说"。这是因为，首先，从我国《宪法》规定的国家权力架构看，公安机关、国家安全机关、司法行政机关是宪法和法律明文规定的国家行政机关，与同样是《宪法》明文规定的国家司法机关、国家军事机关平行，《宪法》也明确规定了国家行政机关、国家司法机关、国家军事机关显著不同的产生方式、组织形式、职能性质、运行原则；其次，司法机关首要的特征是独立性，我国宪法对于审判机关、检察机关独立行使审判权、检察权不受任何行政机关、社会团体和个人的干涉都有明文规定，而公安机关、国家安全机关、司法行政机关等行使的都是政府职能，隶属于政府，不具有行使权力的独立性，即使当这些机关及其人员参与到刑事诉讼时，对其在刑事诉讼中享有的权力，我国《宪法》和诉讼法也没有规定它们在刑事诉讼中独立行使其权力；最后，司法机关行使的司法权具有被动性、中立性、终局性，而公安机关、国家安全机关、司法行政机关、监察机关主要行使行政权力，它们虽然也参与刑事诉讼活动，但行使权力亦具有很强的"主动性""积极性""立场性"等行政权特征，同时，虽然它们也参与处理案件，但对案件不具有终局裁决的权力。另外，"法律适用"是"司法"的主要职能，与"法律执行"并不等同，更强调法律执行是否"适当"，即是否依立法原意执行，是否体现了法治精神。公安机关、国家安全机关行使的刑事侦查权，监察机关行使的监察权，目前在北京、浙江、山西三省试点成立的监察委员会行使的对公职人员的侦查权都是执行法律的行为，司法行政机关行使的是辅助国家司法职能实施的行政管理权，根本不具有司法"法律适用"的特征，因此，这些机关严格意义上只能称之为"政法机关"，不是法律意义上的司法机关。当然，目前检察机关也行使职务犯罪侦查权，但该职权只是检察机关的一部分职权，检察机关主要行使的是法律监督权，法律监督权同样具有被动性、中立性等司法权的主要特征，有些法律监督权还具有终局性等特征（如民事行政检察监督中的抗诉权，是审判监督程序的终结程序；不起诉权同样具有终局裁决、终结刑事诉讼程序的功能），因此，不能因职务犯罪侦查权的存在，而质疑检察机关作为司法机关的法律、政策定位。未来，随着检察机关职务犯罪侦查权从检察机关分离，被统一纳入监察委员会的职权体系，检察机关作为司法机关的司法性特征将更为鲜明、突出。

2. "监督"与"制约"的涵义

在我国，受马克思主义经典作家强调权力监督、忽视权力制约思想的影响，以及对西方三权分立下权力制衡制度天然的排斥，"监督"一词的使用频率远远高于"制约"，在很多文献中，甚至将二者不加区分，作为同一概念相互通用。然而，作为规范权力行使的两种不同方式，事实上，"监督"与"制约"具有不同的内涵和法律意义。首先，从语义上说，"监督"一般是指"查看并督促"，强调从系统外部以非干预性的方式对监督对象督查、督促；而"制约"则更多的包含有"节制"和"约束"的涵义，一般是指系统内部各部分彼此牵制、影响形成约束关系，如《现代汉语大词典》所述"当甲事物的存在和变化以乙事物的存在和变化为条件，则乙事物为甲事物所制约"。其次，从二者规范权力行使的依据、方式、方法和特征上说，"监督"一般是以授权为基础，由上级对下级或下级对上级、平级之间从系统外部进行督促，规范权力行使到位，具有突发性、选择性①、外在性、单向性、监督主体与监督对象的地位不对等性②等特征；而"制约"则常与分工、分权相联系，强调在统一职权下，各平等主体严守权力边界，通过行使各自权力，对对方的权力行使形成牵制、约束，经常性、有效性、民主性③、内在性、多向性、主体平等性、过程性④等特征表现明显。例如，《刑事诉讼法》第30条规定："审判人员、

---

① 葛洪义：《监督与制约不能混同——兼论司法权的监督与制约的不同意义》，载《法学》2007年第10期。

② 参见侯少文：《监督的含义及其与制约的区别》，载《中国党政干部论坛》2003年第9期；蒋德海：《完善中国制约和监督机制的法理学思考》，载《同济大学学报》（社会科学版）第21卷第5期。

③ 葛洪义：《监督与制约不能混同——兼论司法权的监督与制约的不同意义》，载《法学》2007年第10期。

④ 参见侯少文：《监督的含义及其与制约的区别》，载《中国党政干部论坛》2003年第9期；蒋德海：《完善中国制约和监督机制的法理学思考》，载《同济大学学报》（社会科学版）第21卷第5期。

检察人员、侦查人员的回避，应当分别由院长、检察长、公安机关负责人决定；院长的回避，由本院审判委员会决定；检察长和公安机关负责人的回避，由同级人民检察院检察委员会决定。"这里，有权决定回避的人员与被申请回避的人员是上下级关系，地位明显不对等；二者处在不同的系统，院长、检察长或审判委员会、检察委员会一般并不参与被申请回避的人员所办理的案件的具体过程，与案件没有直接的利害关系；通过决定回避来避免司法权力不公正行使这种行为，由于办案人员被申请或要求是否回避这种情况存在于个别案件，也不是经常性的；是否应当回避，其结果也是有选择性的，可以被决定回避，也可以被决定不回避，因此，决定是否回避这种行为是典型的"监督"行为。与此不同的是，《刑事诉讼法》第54条至第58条规定了非法证据排除中公安、检察、审判机关不同的任务。根据这些规定，检察机关提交的证据是审判机关认定事实的重要依据，但检察机关向审判机关提交证据后必须向审判机关证明这些证据的合法性，如果不能证明，则这些证据会被排除，检察机关根据这些证据指控的事实也就不能被审判机关认定。这里，检察机关提交证据、证明证据合法性、审判机关根据证据认定事实、经过法庭调查确定证据合法性等程序行为都存在于同一个案件系统中，这些程序行为也由于《刑事诉讼法》的规定，体现了每一个刑事案件办理的过程，检察机关与审判机关在案件中地位对等，通过法庭调查这种民主的而非上述决定回避那样的较为强制的方式来判明证据是否具有合法性，是否可以作为认定事实的证据，审判机关与检察机关之间体现了相互牵制、相互约束明显的"制约"特征。由于司法机关拥有的司法权天生就具有易扩张性、易腐蚀性等特点，司法机关从设定之初就受到广泛的监督和制约，明晰二者的内涵和特征，有助于分清它们各自的优势、劣势，辨明现行司法机关监督制约机制中监督机制与制约机制的内容，以便在建立健全科学的司法机关监督制约机制过程中，有机、协调发挥它们的积极作用，实现"监督"和"制约"的优势互补、功能合力。

3. "机制"与"体制""制度"的区别

"机制"与"体制""制度"等相关概念有明显区别。制度最一般的含义是"要求大家共同遵守的办事规程或行动准则"，具有正式性、根本性、稳定性、长期性等特点。"体制"是指宏观的管理模式、组织形式，是国家机关、企事业单位在机构设置、领导隶属关系和管理权限划分等方面的组织制度，[①]更为关注事物的结构和形式，侧重点在事物内部关系的层次性。"机制"一词，根据《辞海》的定义，泛指一个工作系统的组织或部分之间相互作用的过程和方式。根据相关研究，国内外学界关于"机制"主要有七种用法：一是指机器内部的结构和工作原理；二是指有机体的构造、作用及相互关系；三是指一些自然现象的物理、化学规律；四是指一个工作系统的组织或部分之间相互作用的流程或者形式；五是指对研究对象发生规律性变化产生影响的过程；六是部分构成系统的运行方式及其发挥的系统的整体作用；七是指系统各要素之间的相互关系及其展现的综合效应。可见，相比"制度"和"体制"而言，"机制"更具有动态性，结合了动态的行为和静态的结构。具体在司法机关监督制约系统内，"机制"更强调司法机关监督制约主体按照监督制约立法的要求，在一定的动力支配下，如何与监督制约对象相互联系，作用于监督制约客体（监督制

---

① 中国社会科学院语言研究所词典编辑室：《现代汉语词典》，商务印书馆 1988 年版，第 1130 页。

约活动调整的社会关系），实现监督制约立法的功能价值，是司法机关监督制约制度的灵魂和制度建设的中心环节。当然，不管"体制"还是"机制"，都可以通过"制度"这种形式来表现，成为人们理解、遵守的规范。

（二）司法机关监督制约机制的构成要素

系统论告诉我们，系统是由有秩序、有组织、有结构的系统要素按照一定规律相联系和组合的。把握系统的要素构成，是收到整体大于部分之和的最佳系统运行效果的基础。就司法机关监督制约机制这个系统而言，不可或缺以下几个方面要素：

1. 监督制约主体

即在司法机关监督制约机制中，依照法律规定有权对监督制约对象实施监督制约行为的机关、社会组织或个人。在外部监督制约中，有权监督制约司法机关的人民代表大会及其常委会、政治协商组织、中国共产党纪律委员会、检察机关（相对于监督制约审判机关的机制而言）、监察委员会（试点中）及媒体、群众等是司法机关监督制约机制的主体，而在内部监督制约中，司法机关系统内存在监督制约关系的上下级之间、同级部门之间成为对应的监督制约主体和监督制约对象。司法机关监督制约机制中监督制约主体能否具有独立的意志、财产和行为能力、责任能力，其内部组织结构是否合理与健全，对于机制价值目标的实现具有重要意义。

2. 监督制约依据

即司法机关监督制约机制中监督制约主体行使权力的法律依据。既是监督制约主体衡量、评价监督制约对象行使权力之合法性的准则，也是监督对象衡量、评价监督制约主体特别是官方监督制约主体行使监督权力之合法性的准则。如果监督制约主体的行为不合法，那么，监督制约对象可以以此为据进行抗辩，例如，《中华人民共和国各级人民代表大会常务委员会监督法》（以下简称《监督法》）第32条第1款所规定的"最高人民法院、最高人民检察院之间认为对方作出的具体应用法律的解释同法律规定相抵触的，可以向全国人民代表大会常务委员会书面提出进行审查的要求"，就体现了此种情形。

3. 监督制约对象

亦即被监督者，指司法机关监督制约机制中监督制约主体实施监督制约行为所指向的人（包括法人等拟制的"人"）。作为被监督制约者，司法机关和其行使司法权力的人员是监督制约对象。没有监督制约对象，监督制约行为就会无的放矢。

4. 监督制约客体

指司法机关行使权力的合法性。在司法机关监督制约机制中，权力主体行使权力的合法性始终是机制追求的目标，可以说，机制的建立就是为了司法权力的行使保持在或回复到"合法"的轨道上来。同时，由于司法机关监督制约机制建立在立法规定的司法机关监督制约制度基础上，监督制约的权力来源于法律授权，因此，司法权在合法前提下是否合理行使，不属于司法机关监督制约机制的监督制约内容。监督制约客体是监督制约行为的立足点。

5. 监督制约内容

指司法机关监督制约机制中监督制约的具体事项，即司法机关所实施的特定行为或事件，专指监督制约对象在行使权力过程中所发生的违法犯罪行为或事件，是司法权行使的实然结果。例如，《监督法》第32条第2款规定"前款规定以外的其他国家机关和社会团体、企业事业组织以及公民，认为最高人民法院、最高人民检察院作出具体应用法律的解释同法律规定相抵触的，可以向全国人民代表大会常务委员会书面提出进行审查的建议"，人民检察院据此建立的检务公开机制中，最高人民检察院在官网向社会公开新近制定的司法解释，以便于社会监督，这些司法解释中与法律规定相抵触的部分就是监督制约内容。明确监督制约内容，有利于监督制约主体依法履行监督制约权力，也有利于监督制约对象实行自我约束。

6. 监督制约行为

即根据法律授权监督制约主体依法履行监督制约权力的现实表现。例如，《监督法》第5条规定的"各级人民代表大会常务委员会对本级人民政府、人民法院和人民检察院的工作实施监督"，人民法院、人民检察院据此建立的定期向人大汇报工作或邀请人大代表就司法改革等重大事项专门检查的机制中，人大及其常委会听取人民法院、人民检察院专项工作或重点工作汇报、受邀检查司法改革工作情况的行为就是依照法律授权实施的监督行为。没有监督制约行为，监督制约主体就无法对监督制约对象和客体实行监督制约。

7. 监督制约范围

即依照法律规定司法机关监督制约机制中监督制约的权能界域，即党委、人大、政协、其他司法机关、行政机关、媒体、人民群众对司法机关行使监督制约权的运行区域和所应遵守的权力边限。我国《宪法》规定，人民法院、人民检察院独立行使检察权、审判权，不受行政机关、社会团体和个人的干涉。司法权需要监督，但监督司法权力行使，必须在法律规定的范围内，例如，我国《民事诉讼法》《刑事诉讼法》《行政诉讼法》规定，人民检察院有权对刑事、民事、行政诉讼实施监督。这意味着，人民检察院只能对人民法院在诉讼活动中行使公权力的行为进行监督，并无权对人民法院人事任免、财务管理等其他行为进行监督。同样，我国《监督法》对人大及其常委会监督人民法院、人民检察院的具体范围进行了规定，根据这些规定，人大及其常委会只能就特定问题对检、法两院办理的个案进行监督，不能因此将对两院的个案监督异化为人大的经常性工作。

8. 监督制约方式

即司法机关监督制约机制中监督制约主体实施监督制约行为所采取的方法和形式。例如，根据《监督法》第 36 条第 2 款规定的"委员长会议或者主任会议可以决定由受质询机关在常务委员会会议上或者有关专门委员会会议上口头答复，或者由受质询机关书面答复"，各级人大及其常委会与人民法院、人民检察院就两院接受质询并书面答复质询事项建立的协作配合机制中，"质询"就是人大监督司法机关的方式。又如，现行《民事诉讼法》规定人民检察院有权对民事执行活动进行监督，但未规定人民检察院监督法院民事执行活动的方式，一些地区的检察院与同级法院会签文件，就检察院采用检察建议的方式履行对人民法院民事执行活动的监督职能建立协作机制，检察建议就是检察院监督法院民事执行活动的方式。在具体的司法机关监督制约机制中，监督制约方式必须在机制建立的相关制度规定的监督制约方式框架内，监督制约方式的具体确定则要受机制中具体的监督制约主体、对象及内容的限制。监督制约方式的正当与否，直接影响监督制约成效。

9. 监督制约程序

监督制约程序指司法机关履行监督制约职能的程式和步骤。例如，前述《监督法》第 36 条第 2 款除规定了受质询机关答复质询的场所和形式外，还规定"在专门委员会会议上答复的，提质询案的常务委员会组成人员有权列席会议，发表意见"，为确保人大监督工作不变成"盲人摸象"，打破信息屏障，有些地区建立了人大内司委与"两院"等司法机关及其部门之间日常工作对接和联系机制，对双方联系的时间、司法机关通报信息的方式、人大内司委了解"两院"工作的程序、步骤等都作了规定。又如，对于民事再审检察建议和纠正审判程序违法行为的检察建议，有的地区检、法两院会签的文件要求提出检察建议前，必须经过本院检察委员会讨论决定，这都属于监督制约机制的程序问题。监督制约程序是机制启动的证明，是防止机制异化的保障，是机制效果的保证。

10. 监督制约效力

指司法机关监督制约机制对哪些人、哪些事能够发生有效的作用。如2014年，上海市人民法院建立了法院人员分类管理机制，规定独任法官对案件全权负责，合议庭主审法官对办案质量、错案责任终身负责，削减了院庭长的行政性权力，组建了法官遴选委员会和惩戒委员会，对于法官违反法律规定的行为规定了责任追究和惩戒，效力及于上海市全体法院人员及全体法官办理的所有案件。

（三）司法机关监督制约机制的理论基础

司法机关监督制约机制是基于对司法权本质的深刻认识而创建起来的一种新型工作机制，也是当前全面实施依法治国方略背景下，促进司法公正，推动实现国家法治现代化的有力举措。其存在有充分的理论依据：

1. 分权制衡理论

所谓"分权"，是指人民委托国家依法赋予国家机关及其工作人员以立法权，通过宪法和法律划分权力体系，并依法授予不同的主体（一般是国家机关）执掌；其中没有一个主体服从或支配其他任何一个主体的权力，从而分别发挥各主体所拥有权力作用的组织原则。所谓"制衡"，是指通过宪法和法律把形形色色的权力分配给不同国家机关执掌，形成彼此相互制约的关系，其中任何一个国家机关的权力都不能独占优势，而理应受到其他国家机关之权力的必要制约。① 分权制衡学说萌生于古希腊亚里士多德的《政治学》中，后经洛克、西赛罗、孟德斯鸠、杰斐逊等人的发展，成为资产阶级组织国家结构的思想源泉。其中，孟德斯鸠的观点具有代表性。他认为，"从事物的性质来说，要防止滥用权力，就必须以权力制约权力"，而以权力制约权力的前提便是分权。他把国家权力划分为立法、行政、司法三个部分，指出三权不但要分立，而且要相互制约，由立法机关对行政机关进行制约，而司法权不应该授予议会，也不能授予君主，应实行司法独立原则。当然，分权并不是单纯的权力或权责划分，它的另一个重要作用，就是通过权力之间的相互约束，防止权力集中或防止绝对权力的形成，遵从"分则廉政，合则腐败"的原理。马克思、恩格斯在揭露资产阶级分权制衡学说所掩盖的国家权力的阶级实质的同时，肯定了分权制衡的积极意义。他们认为，在阶级社会，国家和社会分离，国家凭借其从社会那里接受的公共权力承担者的身份，从而逐渐垄断了公共权力，并且使公共权力的性质从服务于社会逐渐演变为对社会实行统治和压迫，国家因此成了高居于社会之上的力量。但是，国家之所以可以管理社会，却是由于社会把本应属于自己的权力让渡给了国家，国家管理社会其实质只是国家凭借其公共权力承担者的身份服务于社会。因此，国家从根本上而言是从属于社会的，决定了国家必须接受社会的监督和制约。社会作为公共权力所有者通过多种途径来

---

① 杨迎泽、薛伟宏主编：《诉讼监督研究——中国检察诉讼监督视角》，法律出版社 2012 年版，第 71 页。

监督制约国家，使国家真正成为服务于社会利益的工具。

新中国历届领导人对分权理论及其机制同样持肯定态度。毛泽东同志曾提出要"用道德、用制度、用监督和严惩权力腐败来控制权力"；邓小平同志认为"健全法律法规，使权力监督与制约具备法制依据""加强思想道德教育，使权力监督形成一种内在的约束力"，而以习近平总书记为核心的新一届党中央则强调"依法治权""依法治官""把权力关进制度的笼子""加强司法监督"。党的历次代表大会报告中也多次提到如何对权力运行加强监督和制约。十六大报告提出要"加强对权力的制约和监督""建立结构合理、配置科学、程序严密、制约有效的权力运行机制，从决策和执行等环节加强对权力的监督"。十七大报告要求"完善制约和监督机制""要坚持用制度管权、管事、管人，建立健全决策权、执行权、监督权既相互制约又相互协调的权力结构和运行机制"。十八大报告进一步提出，"要建立健全权力运行制约和监督体系。要确保决策权、执行权、监督权既相互制约又相互协调，确保国家机关按照法定权限和程序行使权力"，结合中国国情赋予了分权理论以中国特色和新的时代特色。分权制衡理论发展至今，演变为六个常见模式：一是以权力制约权力，二是以权利制约权力，三是以利益制约权力，四是以制度（或法制）制约权力，五是以道德制约权力，六是以权力、权利、利益、制度、道德五者统一作为制约权力的手段。各国实施分权制衡的范式也分为五种：美国范式以"三权分立"为重点，英国范式以议会为重点，法国范式以政府为重点，中国范式以"议行合一"为重点，我国台湾地区实行"五权分立"的范式。比较而言，以权利制约权力模式效力最强，而我国实行的人大之下的"一府两院"——议行合一的分权制衡模式，是一种"权力的闭合循环制约系统"，这一系统中，每一种权力都受到制约，"螳螂捕蝉，黄雀在后"，一环套一环，谁都是监督者，同时又都是被监督者。① 分权制衡理论是人类社会政治文明的共同遗产，是司法机关监督制约机制重要的政治学理论基础之一。

2. 法律监督理论

何谓法律监督？有的学者认为，它是指"由法定机关依法对遵守和执行法律的情况实行监督。广义上包括一切国家机关、社会组织和公民对各种执法和守法的有关活动的合法性进行监督；狭义的指特定的国家机关依照法定权限和程序对国家机关执法的合法性进行的监督。在中国专指国家权力机关和检察机关实行的法律监督。"② 有的学者则认为，从我国《宪法》和法律的规定看，有权进行法律监督的机关，只有检察机关。而人大虽然具有监督宪法和法律实施的权力，但我国《宪法》和《监督法》在论及人大的职权时，未有一处提及"法律监督"，有关人大的规定与人大作为权力机关的性质完全对应。同时，人大的监督具有决策性，监督的范围也很广泛、不特定，这与法律监督的具体性、请求建议性等性质有明显的区别。因此，法律监督是专指检察机关对法律实施中严重违反法律的情况所进行的专门性、程序性、事后性监督。③ 本文认为，虽然人大监督法律实施与检察机关监督法律实施的确在监督范围、监督方式、监督的具体对象、监督程序等方面存在明显的

---

① 郝晓川：《谁来监督监督者》，载《检察日报》2002 年 7 月 17 日。

② 信春鹰主编：《法律辞典》，法律出版社 2003 年版，第 300 页。

③ 张智辉：《检察权研究》，中国检察出版社 2007 年版，第 77 - 81 页。

区别，但无可否认的是，二者都包含对法律实施的监督。因此，本文同意前者的观点。

法律监督的思想萌芽在我国很早就以"刑""律"等形式出现。先秦以来不同学说在争论和批判中也曾有"刑过不避大臣，赏善不遗匹夫"的说法，触及了"法律监督问题"。从汉朝开始，几千年中国封建社会大一统集权结构中，也一直沿袭刑部、御史台、大理寺"三司会审"的司法特征。① 马克思主义者是在肯定资产阶级分权制衡理论的积极意义并对其消极思想进行批判的基础上发展法律监督思想的。早在十月革命前夕，列宁就在他创作的《国家与革命》中提出要由人民来监督权力。他指出，要建立由选举产生且随时可以撤换的"某种类似议会"的机关，与议会不同的是，这个机关不仅是立法机关，而且是国家监督机关，不仅仅"制定条例和监督官僚机构的管理工作"，还要能够使所有的人都来"执行监督和监察的职能"。他认为，法制的实现不仅需要运用国家权力对违法者制裁，而且首先要求在国家的权力结构中确立一种督促人们遵守法律、发现并追诉违法者的法律监督机制；苏联检察长（检察机关）应当作为维护法制统一、监督法律正确实施的机关，检察机关法律监督的特点是专门性和非执行性，为了保证检察权的独立行使，检察机关应实行自上而下的中央垂直领导。列宁的法律监督思想在中国共产党人领导中国人民建设新型民主制度的实践中，得到了丰富和完善。1950 年，毛泽东同志指出："人民政府的一切重要工作都应交人民代表会议讨论，并作出决定。必须给出席人民代表会议的代表们充分的发言权，

---

① 王顺义：《学科的秩序》，中国检察出版社 2010 年版，第 300 页。

任何压制人民代表发言的行动都是错误的""这个代表大会，就是一切权力都要归它。我们由人民代表大会选举政府，政府的权力是由人民代表大会给的，它的工作要受人民代表大会限制，规定了才能做，没有规定就不能做。如果有紧急措施，做了要向人民代表大会作报告，错了要受到批评，一直到受到罢免的处分"。在党的八大上，邓小平同志结合刘少奇同志作的政治报告的内容，进一步指出，共产党需要并且必须接受来自三个方面的监督：党内民主监督、民众监督、党外人士与民主党派监督。他认为，加强监督和真正接受监督，必须在制度上作出一些适当有监督的规定，例如组织监督、纪检监察和群众监督等方面的规定。1980 年 8 月，邓小平同志在论及《党和国家领导制度的改革》问题时，明确提出："要健全干部的选举、招考、任免、考核、弹劾、轮换制度""要有群众监督制度，让群众和党员监督干部，特别是领导干部"。党的十五大报告提出，要"把党内监督、法律监督、群众监督结合起来"，党的十六大报告在第五部分中，"监督"一词就出现了 17 次。2009 年 9 月的十七届四中全会通过的《中共中央关于加强和改进新形势下党的建设若干重大问题的决定》指出，"坚持党内监督与党外监督、专门机关监督与群众监督相结合，发挥好舆论监督作用，增强监督合力"。党的十八大报告提出，要"建立健全权力运行制约和监督体系""加强党内监督、民主监督、法律监督、舆论监督，让人民监督权力，让权力在阳光下运行"。法律监督理论作为国家与法的理论的重要组成部分，对我国司法机关监督制约制度的建立产生了重要影响，是司法机关监督制约机制最重要的法学理论基础之一。

3. 中国特色社会主义法治理论

十八届四中全会提出了"中国特色社会主义法治理论"这

一概念。中国特色社会主义法治理论，是马克思主义关于社会主义法治建设的基本原理与当代中国社会主义法治建设实际相结合的结晶，是从社会主义现代化建设事业的现实和全局出发，总结中国法治实践经验，汲取中国传统法治文化精华，借鉴国外法治合理元素，围绕如何建设社会主义法治国家这一核心问题而形成的知识系统。[①] 中国特色社会主义法治理论植根于中国特色社会主义法治实践，其内涵丰富，包括社会主义民主制度化、法律化、程序化理论，依法治国、建设社会主义法治国家理论，党的领导、人民当家作主、依法治国有机统一理论，依法治国和以德治国相结合理论，党法一致、依法执政、依宪执政理论，推进法治中国建设理论，深化司法改革理论，国家治理体系和治理能力及其现代化理论，中国特色社会主义法治体系理论，良法善治理论，改革与法治关系理论，法治思维、法治方式理论，从严治党、依法反腐理论，国际关系民主化、法治化理论十四个方面，[②] 回答了什么是法治、为什么实行法治以及如何实现法治等当代中国法治建设的核心问题，"中国国情"是其根本出发点，"中国特色社会主义"是其政治制度基础。一切法律法规、体制机制和思想理论要在正确了解并深入分析中国国情的基础上，充分利用国内外各种有利条件，创造性的以最优方式向前推进，既具有先进性和独创性，又具有典型的"中国作风和中国气派"，就必须坚持中国特色社会主义法治理论确定的法治方向，遵循法治原则，运用理论

[①] 付子堂、朱林方：《中国特色社会主义法治理论的基本构成》，载《法制与社会发展》2015 年第 3 期。

[②] 王乐泉：《坚持和发展中国特色社会主义法治理论》，载《人民日报》2015 年 8 月 27 日。

阐述的法治思维、法治方式。

中国特色社会主义法治理论体现了"建立健全权力运行制约和监督体系，确保权力正确行使"的系列要求，如党的十七大提出要"深化司法体制改革，优化司法职权配置，规范司法行为，建设公正高效权威的社会主义司法制度，保证审判机关、检察机关依法独立公正地行使审判权、检察权"；2008 年12 月中共中央转发的《中央政法委员会关于深化司法体制和工作机制改革若干问题的意见》要求进一步优化司法职权配置，规范司法行为；2012 年 11 月 8 日党的十八大报告明确指出要"建立健全权力运行制约和监督体系""加强党内监督、民主监督、法律监督、舆论监督，让人民监督权力，让权力在阳光下运行"；2013 年 11 月 9 日党的十八届三中全会指出"必须构建决策科学、执行坚决、监督有力的权力运行体系，加强和改进对主要领导干部行使权力的制约和监督"；2014 年 10 月23 日党的十八届四中全会公报要求要"贯彻中国特色社会主义法治理论，形成完备的法律规范体系、高效的法治实施体系、严密的法治监督体系、有力的法治保障体系，形成完善的党内法规体系，坚持依法治国、依法执政、依法行政共同推进，坚持法治国家、法治政府、法治社会一体建设，实现科学立法、严格执法、公正司法、全民守法，促进国家治理体系和治理能力现代化""必须完善司法管理体制和司法权力运行机制，规范司法行为，加强对司法活动的监督，努力让人民群众在每一个司法案件中感受到公平正义""完善确保依法独立公正行使审判权和检察权的制度，建立领导干部干预司法活动、插手具体案件处理的记录、通报和责任追究制度，建立健全司法人员履行法定职责保护机制""加强对司法活动的监督，完善检察机关行使监督权的法律制度，加强对刑事诉讼、民事诉讼、行政诉讼的法律监督""强化对行政权力的制约和监督，加强党内监督、人大监督、民主监督、行政监督、司法监督、审计监督、社会监督、舆论监督制度建设，努力形成科学有效的权力运行制约和监督体系，增强监督合力和实效"，是健全司法机关监督制约机制的直接理论指引；而"良法善治"理论，深化司法改革理论，国家治理体系和治理能力及其现代化理论，法治思维、法治方式理论则是健全司法机关监督制约机制的方法论指引，是我们研究本章内容的必然遵循。

（四）司法机关监督制约机制的功能价值

从前述关于司法机关监督制约机制的概念界定及其构成要素可见，司法机关监督制约机制是将纸面上静态、原则的司法机关监督制约的立法规定动态化、具体化、优化的过程，因此，既承载着司法机关监督制约立法本身的价值目标，也承担着落实、服务和发展司法机关监督制约立法的任务和功能。

1. 落实立法要求

"法律的生命在于实施"，法律实施是实现法的功能价值的条件。当前中国特色社会主义司法制度体系下，应当说已经建立了以人大监督、党的监督、政协监督、检察监督（相对审判机关而言）、媒体监督、群众监督为主要内容的监督司法机关的外部监督体系和诉讼监督制约、非诉讼监督制约相结合的司法机关内部监督制约体系。然而，"徒法不足以自行"，对于司法机关监督制约的立法作为国家制定或认可的社会普遍遵循的规范，不可避免的具有原则性、纲领性等特点，相对于动态、发展的司法实践来说，也不可能涵盖、适应一切司法权运行的状况。这时，就需要建立健全相应的机制，对立法的原则性规定具体化，填补立法"真空"，使得理想的、静态的立法规定能够以适应于实践的方式在现实中运行，从而落实立法要求，实现对司法机关监督制约的立法约束司法权、维护司法公正等价值功能的有效落实。例如，民事检察监督中，目前《民事诉讼法》仅规定"人民检察院对民事执行活动进行监督"，很多地区检、法两院会签文件，就检察机关监督审判机关民事执行活动的层级、方式等细化规定，落实了立法关于民事执行检察监督的要求。

2. 提升法律实施效能

公正、高效、权威是中国特色社会主义法律体系追求的目标。任何一项法律制度，要在运行中达到尽可能高的效率，实现预期的效能，就必须建立健全相应的工作机制，合理配置制度实施所依赖的司法资源，包括在依法原则下对法律赋予权力的优化整合、权力运行所需人、财、物的科学管理及其与权力运行的对应协调配置等。具体到司法机关监督制约立法的实施，以检察机关为例，21 世纪初，全国检察机关全面建立了主诉（主办）检察官办案责任制，虽然此机制最后无疾而终，但在当时亦起到了强化检察办案司法性和检察机关内部监督的作用，且简化了监督程序、缩短了办案流程、提高了办案效率。[①]
2009 年 9 月 1 日，根据最高人民检察院下发的《关于省级以下人民检察院立案侦查的案件由上一级人民检察院审查决定逮捕的规定（试行）》，全国大部分地区检察机关开始实施省级以下（不含省级）检察院直接受理侦查案件由上一级检察院审查逮捕机制，该机制优化了检察职权配置，最大限度地强化了检察机关内部监督制约，合理地解决了自侦自捕、"以捕代侦"等问题造成的监督缺失问题，提高了办案质量，提升了检察机关

---

① 徐汉明、林必恒：《深化司法体制改革的理念、制度与方法》，载《法学评论》2014 年第 4 期。

内部监督效能。① 甘肃省检察机关自 2008 年至今，先后实行业务考评机制、重要数据上级院通报机制，通过强化检察管理加强上下级检察院之间的监督制约，增强了上级检察院对下级检察院的监督效能，提升了检察管理效益。

3. 探索完善立法路径

孟德斯鸠指出，"一切有权力的人们使用权力一直到遇到界线的地方才休止"，而防止权力被滥用的有效途径就是建立健全对权力运作的有效的监督制约制度。同时，"司法公平正义是社会公平正义的最后一道防线"，通过加强司法机关监督制约，维护司法公正，使得司法活动的过程和结果都体现公平正义的精神，使得人民赋予的权力始终服务于人民，这在社会转型期建设法治中国的背景下显得尤为重要。当前，我国伴随着社会主义经济政治文化制度的发展完善而建立起来的司法制度虽然总体上与社会主义初级阶段的基本国情相适应，与人民民主专政的国体和人民代表大会制度的政体相符合，② 但随着社会主义市场经济的发展、依法治国基本方略的全面推进和人民群众司法需求的日益增长，也面临着改革、完善和发展的时代要求。③ 目前的司法机关监督制约立法，一方面，建立了监督制约司法机关的系统框架；另一方面，这些规定也存在内容概括、模糊，监督制约范围、模式、方式等与实践不完全契

① 周光权：《职务犯罪案件批捕权上提一级的调查报告》，载胡卫列、石少侠主编：《检察前沿报告——理论与实务》（第四辑），中国检察出版社 2013 年版，第 199－214 页。

② 中华人民共和国国务院新闻办公室：《中国的司法改革》，载《人民日报》2012 年 10 月 10 日。

③ 徐汉明、林必恒：《深化司法体制改革的理念、制度与方法》，载《法学评论》2014 年第 4 期。

合，各种监督制约形式在监督制约范围、内容等方面交叉重复、不相协调，监督制约效果不能完全满足当前推进依法治国的形势需要和人民群众较高的期待需求等问题，亟须通过机制创新探索改革完善司法监督制约制度的新思路、新路径、新方案，如检察机关在实践中探索创设了民事行政检察建议这种监督审判权的新方式，经过多年试点，于 2012 年《民事诉讼法》修订时正式写入法律；2012 年《刑事诉讼法》修订也在第 277条至第 279 条对检察机关试点探索的公诉案件刑事和解制度进行了专门规定。正如德沃金所言："法律是一种不断完善的实践"，可以说，司法机关监督制约机制改革创新是完善和发展司法机关监督制约立法的"探路石""推进器"，是立法完善必经的实践积累。

（五）司法机关监督制约机制的体系分类

所谓体系，是指"若干有关事务或某些意识互相联系而构成的一个整体"；所谓"分类"，是指"根据事物的特点分别归类"。[①] 如前所述，司法机关监督制约机制是对司法机关监督制约立法的实施、创新和发展，也是一个系统、有机的整体。在这个整体中，下属的各子系统虽然都有相似的构成要素，价值目标也都是对公权力进行监察、督促、牵制、约束，从而促其依法、规范行使，但因其具体的监督主体、监督对象、监督方式、监督视角等不同，各自也具有不同的种属性质，因此有必要对其加以分类，区别研究，以便在关注其"共性"的同时，依据其"个性"提出更加有针对性、操作性的改进措施和建议。

---

① 中国社会科学院语言研究所词典编辑室编：《现代汉语词典》（修订本），商务印书馆 1999 年版，第 368 页、第 1241 页。

关于司法机关监督制约机制，依据不同的标准有不同的分类，如依据监督制约对象不同，可分为监督制约检察机关的机制和监督制约审判机关的机制；根据监督制约行为性质的不同，可分为监督机制和制约机制，其中监督机制中，根据监督阶段的不同，可分为事前、事中和事后监督机制，或者定期监督与不定期监督，根据监督方式不同，可分为预警、过程和反馈方式监督，或者现行、目标和过渡方式监督，或者开环、闭环方式监督，或者集中、分散和分层多极方式监督；① 对于监督制约司法机关的机制，根据监督主体与监督对象分属于司法机关系统外、系统内还是同属系统内，可分为外部监督机制和内部监督机制；② 根据监督制约司法机关的主体性质或监督力度的不同，可分为官方监督制约和非官方监督制约；③ 根据监督制约的属性不同，可分为宪法监督、议会监督、行政监督、司法监督、政党监督、社会监督等。

本章内容认为，健全司法机关监督制约机制是实施和发展立法有关司法机关监督制约规定的实践举措，不能突破现行立法关于司法机关监督制约的框架和要求；健全司法机关监督制约机制又是深化司法改革的必然要求，必须遵循司法工作规律。从我国现行立法关于司法机关监督制约的规定看，当前立法除对于检察机关监督制约审判机关作出了特别规定外，并未因审判机关和检察机关的不同而在政党、人大、政协、媒体舆

---

① 毛昭晖主编：《监督学》，中央广播电视大学出版社 2008 年版，第 18－25 页。

② 此为大多数学者的观点。

③ 杨迎泽、薛伟宏主编：《诉讼监督研究——中国检察诉讼监督视角》，法律出版社 2012 年版，第 93 页。

论、社会群众监督制约方面对二者区别规定；同时，虽然二者同属司法机关，审判权与检察权也都具有司法权的专属性、程序性、专业性、权威性、① 亲历性、中立性、公开性、公正性②等共同特征，但我国《宪法》关于二者的定位不同，审判机关行使的审判权作为一种终极裁断权，与检察机关行使的检察权作为一种运行于诉讼中间环节的监督权，二者的具体特性、功能不同，审判活动与检察活动的内在规定性即审判活动规律与检察活动规律也不同，立法也就二者的内部监督制约作出了根本不同的规定。鉴于此，为更好地落实立法规定，完善立法，更准确地从审判权、检察权各自的特性出发，从审判活动规律和检察活动规律出发，在概念、种属明确的前提下，对课题作更加准确、深入的研究，提出更加有针对性的对策，本文对监督制约审判机关和检察机关的外部监督制约机制概括论述，而对监督制约审判机关的内部机制与监督制约检察机关的内部机制则分而论之。

1. 司法机关外部监督制约机制

是指司法机关作为监督制约对象，与其监督制约主体分属不同组织系统的监督制约机制。与内部监督制约相比，由于权力本身具有回避监督制约的天性，因此，理想上说，司法机关外部监督制约因其主体和对象互不隶属的独立性特点，在监督制约效果上更能体现公信力、权威性、客观性。与此同时，外

---

① 张文显主编：《法理学》，高等教育出版社 2011 年版，第 252 页。

② 陈瑞华：《司法权的性质——以刑事司法为范例的分析》，载《法学研究》2000 年第 5 期；应松年：《公正是司法的生命和灵魂》，载《人民日报》2013 年 6 月 6 日。

部监督制约机制主要是司法机关系统之外的力量与司法机关之间，通过建立权力与权力、权利与权力的平衡体系，对抗、制止司法机关滥用公权，倒逼司法机关依法行使公权力，一是系统外的监督制约容易造成监督制约专业化程度不高，从而导致监督制约干扰司法机关正常行使公权力；二是容易因权力与权力、权利与权力的平衡点把握不准而要么造成监督制约无力（监督制约主体的权力小于监督制约对象的权力时），要么带来监督制约干涉司法权的风险（监督制约主体的权力大于监督对象的权力时）。

2. 司法机关内部监督制约机制

又称系统的自循环监督制约机制，指监督制约主体和监督制约对象属同一组织或同一系统的自我约束的机制。① 其中，审判机关的内部监督制约机制，是指人民法院上下级之间、法院内部各职能部门之间就法院工作人员行使审判权的合法性、公正性所形成的监督制约；② 检察机关内部监督制约机制，是指规范我国检察机关内部的组织和个人对我国检察权及其运行进行监督制约的方式和过程。相比外部监督制约机制，内部监督制约由于监督制约主体与监督制约对象属同一系统，在同一首长（院长或检察长）领导下，很多情况下利益相连，出于系统自我保护意识和对系统整体形象、利益维护的需要，加之行业定式思维导致"当局者迷"等原因，内部监督制约往往缺乏刚性、客观性，很多情况下呈现形式化、运动化等特点。同

---

① 汤唯、孙季萍：《法律监督论纲》，北京大学出版社 2001 年版，第 12 页。

② 张弢、贺少锋：《论人民法院内部监督机制的完善》，载《法律适用》2003 年第 7 期。

时，内部监督制约中的上下级监督，也容易因上级司法机关的强势地位、过分强调检察一体或审判一体，造成上下级司法机关职能混同或监督越位。但毋庸置疑，内部监督制约中，监督制约主体与监督制约对象工作职能性质接近，相比外部监督制约，监督制约主体也有更多的机会和条件了解监督制约对象的活动，在很多的情况下，甚至通过参与监督制约对象履行职能的载体（案件）来履行监督制约职能，因而监督制约更有针对性，监督制约的中间环节更少，效果更加直接，可以大大降低监督制约成本，提高监督制约效率。

3. 司法机关内外部监督制约机制的关系

司法机关内外部监督制约机制的目标都是保障司法机关依法、公正行使公权力，防止司法不公侵害公民合法权益，维护司法权威、法治权威，具有目标的共同性。司法机关外部监督制约机制是通过司法机关系统外的权力与司法机关权力的制衡来约束司法机关的权力，使之在法治轨道上运行，而司法机关内部监督制约机制也是通过司法机关职权在系统内部的分解、制衡来达到约束各部分权力的目的，二者具有同质性。此外，无论是司法机关外部监督制约机制还是内部监督制约机制，从目前其立法依据看，都具有多元、重叠、交错的特点，都更注重监督方式的运用而弱视制约方式的作用，因此，在监督制约模式上也具有相似性。与此同时，司法机关内外部监督制约机制也具有监督制约的视角不同、通过外部力量这种"他律"的方法使司法机关、司法人员"被动"的依法公正行使公权力和通过内部自省、自查、自律唤起司法机关、司法人员依法公正行使公权力的自觉、更注重在诉讼程序结束后以惩戒的方式监督制约和很多情况下在全部诉讼程序未完结前通过预防、纠偏监督制约等不同，两种监督制约机制各有利弊，无法相互取代。因而，理想的司法机关监督制约机制应当是内外部监督制约机制内容互补、优势相长、功能互进的机制，同时，也要注意机制的系统协调，防止二者内容重叠、价值理念冲突等。

二、健全司法机关外部监督制约机制研究

关于司法机关外部监督制约，《中国共产党党章》和我国《各级人民代表大会常务委员会监督法》（以下简称《监督法》）、政协部门的规章对中国共产党、人大、政协监督制约审判机关、检察机关作出了规定，《宪法》和《人民法院组织法》《人民检察院组织法》《刑事诉讼法》《民事诉讼法》《行政诉讼法》就人民检察院对人民法院进行专门法律监督和人民检察院、人民法院之间的诉讼制约规定了基本原则和具体规则，这是健全司法机关外部监督制约机制的框架、界域和依据。通过对比分析司法机关外部监督制约现行体制内容和机制改革内容，也可寻找健全司法机关外部监督制约机制的方向和重点。

（一）司法机关外部监督制约机制的立法要求

上述立法、中国共产党的党纪党规、政协组织的规章等构成了当前我国司法机关外部监督制约的体制框架，主要包括以下内容：

1. 政党对司法机关中普通党员、党员领导干部的纪律监督

政党对司法机关中普通党员、党员领导干部的纪律监督，是指在坚持中国共产党领导的原则基础上，由党对法院、检察院党组织和法院、检察院中的党员领导干部及其他普通党员进行的监督。具体包括：其一，党的基层组织的监督。即根据《中国共产党党章》第31条规定，由党的基层组织对党员进行教育、管理、监督，监督党员切实履行义务，监督党员和其他

任何工作人员（包括司法机关工作人员）严格遵守国法政纪，不得侵占国家、集体和群众的利益。其二，纪委的监督。一是纪委作为党委的纪律检查部门的一般监督。即根据《中国共产党党章》第44条规定，由各级纪律检查委员会对包括司法人员在内的党员领导干部行使权力进行监督；二是派驻纪检组的监督。根据《中国共产党党内监督条例（试行）》第8条规定，派驻纪检组按照有关规定对驻在部门的党组织和党员领导干部进行监督。2006年《关于中央纪委派驻纪检组履行监督职责的意见》规定，派驻纪检组对领导班子执行议事规则的情况进行监督，对有关问题负责任地提出意见建议。对驻在部门干部选拔任用工作进行监督。其三，司法机关所在地区党委的监督。《中国共产党党内监督条例》第15条第1款第1项规定，党委（党组）领导本地区本部门党内监督工作，组织实施各项监督制度，抓好督促检查。《中国共产党党章》《中国共产党廉洁自律准则》《中国共产党纪律处分条例》和十八届六中全会审议通过的《关于新形势下党内政治生活的若干准则》和《中国共产党党内监督条例》规定了党内监督的具体内容、监督后果、追责程序等，是党对司法机关人员中党员及党员领导干部监督的主要依据。此外，中国共产党各届全会等重要会议也对党内监督提出了政策要求，是党内监督的路线、方针、方法、策略等方面的宏观指引，如党的十八届六中全会对从严治党提出了全面要求，确立了民主监督原则，指出了党内监督的重点是对领导干部的监督，指出完善权力运行制约和监督机制的目标是形成"有权必有责、用权必担责、滥权必追责"的制度安排，强调对涉及违纪违法行为的举报，对党员反映的问题，任何党组织和领导干部都不准隐瞒不报、拖延不办，对党内监督的严肃性、严格性提出了明确要求。

2. 人大对司法机关及其人员人事、履职状况的宏观法律监督

司法机关行使司法权离不开各级人大及其常委会的监督。我国《宪法》第3条规定，国家行政机关、审判机关、检察机关都由人民代表大会产生，对它负责，受它监督；第67条规定，全国人大常委会监督国务院、中央军事委员会、最高人民法院和最高人民检察院的工作；第104条规定，县级以上地方各级人民代表大会常务委员监督本级人民政府、人民法院和人民检察院的工作。这是人大监督审判机关和检察机关的基本法层面的根据。除此之外，我国《宪法》《监督法》《人民法院组织法》和《人民检察院组织法》还从法律实施层面就人大对司法机关监督的具体方式和程序，也就是对人大监督权能的配置作了具体规定，主要包括两方面的内容：一是人大及其常委会通过履行法律赋予的任免权对具体行使审判权、检察权的主体进行监督，如对各级法院院长、副院长、审判委员会委员、审判员和各级检察院检察长、副检察长、检察委员会委员、检察员的资格和履行法定职责情况进行监督，县级以上地方各级人大常委会在本级人代会闭会期间，可以撤销由它任命的本级人民法院副院长、庭长、副庭长、审判委员会委员、审判员及人民法院对应级别人员。二是人大及其常委会对司法机关的具体行使职权状况进行监督，主要表现为：各级人大及其常委会听取和审议人民法院、人民检察院的年终工作报告和关系改革发展稳定大局、群众切身利益、社会普遍关注的重大问题的专项工作报告；各级人大常委会每年选择若干关系改革发展稳定大局和群众切身利益、社会普遍关注的重大问题，有计划地对有关法律、法规实施情况组织执法检查，督促审判职能、检察职能的履行；全国人大常委会对最高人民法院、最高人民检察

院作出的属于审判、检察工作中具体应用法律的司法解释进行备案并就这些司法解释是否与法律、其他司法解释相抵触进行审查，提出修改或者废止意见；全国人大及其常委会认为必要时，组织关于特定问题的调查委员会，并根据调查委员会的报告，作出相应的决议；各级人大常委会组成人员在满足人数要求的情况下，向常务委员会书面提出对本级人民法院的质询案；规定了人大及其常委会监督司法机关行使具体职权的程序、时限以及相关具体内容，在操作层面上为人大监督司法机关提供了法律依据。

3. 政协对司法机关及其人员履职情况的民主监督

政协监督是由我国多党合作、政治协商的政党制度决定的。作为人民参与管理国家事务的一种具体体现，政协的民主监督属于非权力性的监督。由于其监督主体来自社会各界和各民主党派，有利于充分反映社情民意，使得该种监督具有范围广、层次高、形式灵活等特点。《中国人民政治协商会议章程》第2条规定，政协全国委员会和地方委员会对国家宪法、法律和法规的实施，重大方针政策的贯彻执行，国家机关及其工作人员的工作，通过建议和批评进行监督。通过调研报告、提案、建议案或其他形式，向中国共产党和国家机关提出意见建议。此外，中国人民政治协商会议《全国委员会提案工作条例》《关于政治协商、民主监督、参政议政的规定》《全国委员会委员视察工作条例》《关于全国政协专门委员会调查报告的处理办法》在章程的基础上对政协具体监督范围、形式、程序、处理进行了细化。2011年最高人民法院颁布实施《关于加强和规范人大代表、政协委员旁听案件庭审工作的若干意见》规定接受政协监督是人民法院推进司法公开、促进司法公正的重要途径；人民法院邀请政协监督的范围包括各级政协委员；

监督的启动形式包括：政协机关自行组织，人民法院、人民检察院邀请和政协委员要求旁听；邀请旁听的案件包括依照法律规定公开开庭审理的一审、二审或再审的各类型案件；各级人民法院在案件庭审结束后，可以组织政协委员重点围绕庭审程序、庭审规范以及法官履行法律职责和驾驭庭审的能力、水平等内容进行座谈或发放征求意见表，及时听取政协委员的意见建议。各级人民检察院也通过工作报告或内部工作规定的形式，对人民检察院接受政协监督的重要性进行了确认，对政协监督检察机关的方式、程序、范围等作了进一步规范。目前，检察机关积极主动接受政协民主监督主要表现为：每年向政协通报检察机关全年工作情况和专项检察工作情况；重大事项充分听取、征求政协委员意见；邀请政协委员视察工作、参加案件听证；认真办理政协委员的提案、意见和建议；充分发挥党外副职参政议政的积极作用，选派民主党派、无党派人士担任检察机关领导副职；从民主党派成员和无党派人士聘请特约检察员，建立业务部门定向联系特约检察员制度，使政协民主监督深入检察业务的各个环节，充分发挥其对检察工作的建言献策、参谋咨询作用。

4. 检察机关对审判机关的专门法律监督

检察监督在司法机关外部监督制约制度中特指检察机关对于诉讼活动中审判机关、审判人员行使诉讼权力或者适用诉讼法律是否合法所进行的专门性法律监督。现行《宪法》第129条规定："中华人民共和国人民检察院是国家的法律监督机关。"现行《刑事诉讼法》《民事诉讼法》《行政诉讼法》总则分别规定了检察机关对刑事、民事、行政诉讼活动进行监督，并在分则中对检察机关监督审判机关参加诉讼活动的范围、模式、方式、手段、效力进行了具体规定。《人民检察院组织法》

和以上三大诉讼法相关的立法解释、司法解释对检察机关监督审判机关有更加具体、细化的规定，如刑事诉讼审判检察监督方面，《刑事诉讼法》第203条规定，人民检察院发现人民法院审理案件违反法律规定的诉讼程序，有权向人民法院提出纠正意见。第217条规定，地方各级人民检察院认为本级人民法院第一审的判决、裁定确有错误的时候，应当向上一级人民法院提出抗诉。第221条规定，地方各级人民检察院对同级人民法院第一审判决、裁定的抗诉，应当通过原审人民法院提出抗诉书，并且将抗诉书抄送上一级人民检察院。原审人民法院应当将抗诉书连同案卷、证据移送上一级人民法院，并且将抗诉书副本送交当事人。民事诉讼检察监督方面，现行《民事诉讼法》第208条规定了监督的对象是人民法院已经发生法律效力的判决、裁定、调解书和审判程序中审判人员的违法行为；第200条规定了监督既是对判决、裁定、调解书中法院认定的基本事实、采信的证据内容等实体事项的监督，也是对法院收集采信证据、合议庭组成方式、保障当事人行使诉讼权利情况等程序事项的监督；既是对民事诉讼结果的监督，也是对民事诉讼过程的监督；主要是对法院作出和执行判决、裁定、调解书的行为的监督，也包括对审判人员职务廉洁性、公正性的监督。

检察监督具有以下特点：一是监督的专门性，即检察监督是检察机关对于审判机关、审判人员行使审判权、适用法律行为的专门性法律监督；二是监督的法定性，即检察监督的主体、范围、对象、客体、内容、程序、效力、惩戒责任等由《宪法》和诉讼法律专门规定，有法定的界域；三是监督的程序性，即检察监督的效力主要表现为启动纠正审判机关和审判人员在诉讼过程中的违法行为的程序，而并不对违法直接作出实体性的纠正和处理结果；四是监督的中立性，即检察监督的结果虽然可能有利于诉讼一方当事人的利益，但这只是将被法院不公正裁判颠倒了的权利义务关系重新颠倒过来而已，检察机关在监督中是中立的，其监督的指向是审判权的合法性，而不代表任何一方当事人；五是监督的事后性，即检察机关对于审判机关和审判人员在诉讼活动中可能出现的各种违法行为，只有在违法行为达到一定程度之后，才能依法启动诉讼监督程序，不能恣意行使，也需要被监督制约；六是监督的救济性，即检察监督也是对于当事人诉讼权利的一种救济，检察机关依法对违法行使审判权和审判机关、审判人员违法适用法律的监督，就是一种纠正、补偿或修复；七是监督的谦抑性，即源于权力谦抑原则，要承认检察监督作用的有限性，检察监督要保持克制，要避免监督权的过度行使，防止对于审判机关、审判人员正当行使审判权以及当事人正当行使诉讼权利的不当干涉。

5. 公安机关、检察机关、审判机关、律师及其当事人、其他诉讼参与人之间的诉讼制约

如前所述，"监督"和"制约"有密切联系也有显著区别，体现在诉讼活动中，则表现为：诉讼制约与诉讼监督目的、功能和价值具有一致性，都是为了保障诉讼权力的正当行使或诉讼法律的正当适用，两者在诉讼活动中互相补充、相得益彰。同时，诉讼监督只是诉讼制约的一个部分或一个环节；相比诉讼监督的单向性，诉讼制约是一种双向行为，制约主体具有制约者和被制约者的双重身份，且诉讼制约行为的运行要受先行为的限制，先行为发生后方能产生制约。诉讼制约有权力制约权力、权利制约权力、权力制约权利等模式，如刑事诉讼中，存在以下权力对权力的制约：一是拥有侦查（含羁押）

权的公安机关与检察机关的制约。一方面，公安机关提请的逮捕、起诉，检察机关有权依法作出批准或不批准逮捕、起诉或不起诉；另一方面，公安机关认为检察机关不批准逮捕或不起诉决定错误时，可以要求复议，如果意见不被接受，可以向上一级检察机关提请复核，上级检察机关在接到申请后应当立即复核，作出是否变更的决定。看守所在人犯羁押期间发现人犯中有错拘、错捕或者错判的，也应当及时通知办案机关查证核实，依法处理。如果办案机关不查证核实的，看守所也可以要求复议、复核。二是检察机关与审判机关之间的制约。刑事公诉案件中，审判机关根据检察机关的公诉范围进行审判，地方各级检察院认为本级法院的裁判确有错误的，有权提出抗诉。反之，如果法院认为公诉案件证据不足或在法律上不构成犯罪，可以作无罪判决；刑罚执行上，检察机关认为审判机关减刑、假释的裁定不当，应当依照刑事诉讼法规定的期间提出抗诉，而对于人民检察院抗诉的案件，人民法院应当重新审理。三是检察机关与执行机关之间的相互制约，主要体现在刑罚执行中。《监狱法》规定，监狱在执行刑罚过程中，根据罪犯的申诉，认为判决可能有错误的，应当提请人民检察院或者人民法院处理，人民检察院或者人民法院应当自收到监狱提请处理意见书之日起六个月内将处理结果通知监狱。人民检察院认为对罪犯适用监外执行不当的，应当自接到通知之日起一个月内将书面意见送交批准监外执行的机关，批准监外执行的机关接到人民检察院的书面意见后，应当立即对该决定进行重新核查。四是审判机关与羁押、监管方之间的相互制约，主要体现在羁押、刑罚执行上。又如，刑事、民事、行政诉讼中存在权利对权力的制约，根据我国《刑事诉讼法》和《律师法》的规定，律师享有职务保障权、阅卷权、会见通信权、调查取证权、参加法庭调查和辩论权、控告权等，这些权利是犯罪嫌疑人和被告人权利的进一步延伸，充分、有效的制约了国家司法权，保障了犯罪嫌疑人、被告人的合法权益。民事诉讼中，法院根据原告的起诉审理案件，最终作出判决，当事人如不服法院判决，可以向上一级法院上诉或在判决生效后申诉、到检察机关申请抗诉，也对审判权形成了一定制约。此外，无论在刑事、民事或行政诉讼中，诉讼参加人都不得提供虚假证据，否则不但可能承受败诉的风险，而且可能被追究伪证罪责，这是典型的权力对权利的制约。当然，就检察诉讼制约而言，在我国，检察诉讼制约是基于刑事诉讼"分工负责、互相配合和互相制约"原则的确立而生成的，检察诉讼制约制度是我国刑事诉讼制度的独有制度，而民事诉讼制度、行政诉讼制度只有关于检察监督原则的规定，没有诉讼制约的规定，因而只有检察诉讼监督而没有检察诉讼制约。

6. 监察委员会对司法机关的执法监督

2016 年 12 月 19 日，第十二届全国人大常委会第二十五次会议审议通过了《全国人民代表大会常务委员会关于在北京市、山西省、浙江省开展国家监察体制改革试点工作的决定》，该决定规定，试点地区的监察委员会由本级人民代表大会产生，试点地区监察委员会按照管理权限，对本地区所有行使公权力的公职人员依法实施监察，监察委员会履行监督、调查、处置 3 项职权，可以采取谈话、讯问、询问、查询、冻结、调取、查封、扣押、搜查、勘验检查、鉴定、留置 12 项强制措施，监察委员会依法监督检查公职人员依法履职、秉公用权、廉洁从政以及道德操守情况，调查涉嫌贪污贿赂、滥用职权、玩忽职守、权力寻租、利益输送、徇私舞弊以及浪费国家资财等职务违法和职务犯罪行为并作出处置决定，对涉嫌职务犯罪的，移送检察机关依法提起公诉。自此，试点地区的法院、检察院等所有行使公权力的公职人员纳入到监察委员会的监察范围之中。随着此项改革的进一步深化，全国所有的法院、检察院行使公权力的行为都将会被监察委员会监督。

7. 媒体舆论对司法机关的民主监督

媒体舆论监督是民主监督的重要形式，是司法公开的必然结果与目的。2003 年年底，中共中央出台《中国共产党党内监督条例（试行）》，其中在第三章"监督制度"的第八节分两条专门谈"舆论监督"，明确舆论监督的途径有"内部反映或公开报道"，各级党组织和党员领导干部"应当重视和支持舆论监督"，新闻媒体"应当坚持党性原则，遵守新闻纪律和职业道德，把握舆论监督的正确导向，注重舆论监督的社会效果"。2005 年 4 月，中共中央办公厅下发了《关于进一步加强和改进舆论监督工作的意见》，从舆论监督的重要作用、原则要求、当前重点、重视支持、社会责任、组织领导 6 个方面，对加强和改进舆论监督作了具体规定。2009 年 12 月，最高人民法院发布的《关于人民法院接受新闻媒体舆论监督的若干规定》，规定了人民法院接受新闻媒体监督的范围、程序、方式等。一是对于社会关注案件和法院工作的重大举措，人民法院应当主动通过新闻发布会、记者招待会等形式予以发布；二是对公开审判的案件，新闻媒体可以旁听，旁听席应优先保证媒体和当事人近亲属；三是对于审结的案件，人民法院可以通过新闻宣传部门协调决定由有关人员接受采访。同时规定人民法院的配合义务、配合主体，如提供相关资料与文书，固定的沟通联络机制，定期或不定期地举办座谈会或研讨会，交流意见，沟通信息。新闻媒体作为社会舆论的工具，对法律的实施特别是司法活动的监督具有重要作用。检察机关也将媒体监督作为加强外部监督、促进司法公正的一支重要力量。新闻舆论对检察权的监督主要体现在两个方面：一方面是对案件的相关情况进行报道；另一方面是对检察官的违法失职行为进行披露、评论，对于防止检察官徇私舞弊、枉法裁判，保证司法公正具有重要意义。

8. 群众对司法机关的一般监督

群众监督即群众（或公民）对司法机关行使权力或适用法律行为的合法性与合理性进行的监督。我国《宪法》规定，一切国家机关和国家工作人员必须依靠人民的支持，经常保持同人民的密切联系，倾听人民的意见和建议，接受人民的监督，努力为人民服务。这是群众监督司法机关的直接依据，具体到《刑事诉讼法》《民事诉讼法》《行政诉讼法》等法律以及最高人民法院、最高人民检察院的司法解释、工作规定，也在诸多方面体现了群众监督的规定，如我国《民事诉讼法》规定，公众可以查阅发生法律效力的判决书、裁定书，但涉及国家秘密、商业秘密和个人隐私的内容除外；又如人民法院的人民陪审员制度、人民检察院的人民监督员制度。其中，人民监督员制度始于最高人民检察院 2003 年 9 月起开始的人民监督员制度试点工作。此后至今，最高人民检察院相继颁行了《关于人民检察院直接受理侦查案件实行人民监督员制度的规定（试行）》《关于实行人民监督员制度的规定（试行）》《关于人民监督员监督"五种情形"的实施规则（试行）》等规范性文件，对人民监督员监督检察工作的范围、程序、方式及人民监督员的选任条件、程序等方面作出规定。从最高人民检察院 2015 年制定的《人民监督员选任管理办法》和《关于人民监督员监督工作的规定》的内容看，目前人民监督员由司法行政机关负责选任管理，可对检察机关办理直接受理立案侦查案件工作中存在的以下 11 种情形实施监督，即应当立案而不立案或者不应当立案而立案的；超期羁押或者延长羁押期限决定违法的；采取指定居所监视居住强制措施违法的；违法搜查、查封、扣押、冻结或者违法处理查封、扣押、冻结财物的；阻碍当事人及其辩护人、诉讼代理人依法行使诉讼权利的；应当退还取保候审保证金而不退还的；应当给予刑事赔偿而不依法予以赔偿的；检察人员在办案中有徇私舞弊、贪赃枉法、刑讯逼供、暴力取证等违法违纪情况的；拟撤销案件的；拟不起诉的；犯罪嫌疑人不服逮捕决定的。《关于人民监督员监督工作的规定》还明确，除人民监督员外，当事人及其辩护人、诉讼代理人或者控告人、举报人、申诉人认为人民检察院办理的案件符合监督要求的，也有权申请启动监督程序。人民监督员制度的提出和不断完善方便了人民群众参与和监督检察工作，确保检察权在"阳光下"运行。

（二）司法机关外部监督制约机制的现状概况

杰斐逊有句名言："执行法，比制定法更重要。"从前文可见，我国现行司法机关外部监督制约体制贯穿了全面监督、多元监督的理念，形成了国家监督与社会监督、权力监督与权利监督相互结合的复合系统模式。实践中，在全面深化司法改革背景下，为回应党的各届全会和人民群众对司法公正的要求和期待，基于对立法原则规定的不同理解，根据本地区实施立法的不同要求，加之试点先行的改革传统，各级人民法院、人民检察院在中央司改办、最高人民法院和最高人民检察院的引领下，不断探索创新，使得现行体制在实践运行中演化出丰富多彩的机制样态。

1. 强化接受政党组织领导、纪律监督机制

近年来，关于中国共产党强化对司法机关党员领导干部的

监督机制主要通过加强党委对司法机关领导班子的考核、加强纪委与纪检组的监督、实行司法机关工作和重要事项向党委报告制度等方式，加强中国共产党思想政治上的领导监督和人事组织上的领导监督，如福建省各级人民法院坚持党对法院工作的领导，贯彻落实《中国共产党党组工作条例（试行）》，坚持法院工作和重要事项向党委报告制度；山西全省法院始终把自觉接受党委领导，坚持重要部署、重点工作及时向党委汇报，确保法院工作的正确方向。2015 年 1 月 23 日，甘肃省委副书记、省纪委副书记、省委组织部副部长、省纪委宣传部副部长组成省委考核组，通过召开副处级以上干部测评大会、召开主要业务部门负责人座谈会、个别谈话和查阅资料等方式，到省人民检察院就省院党组履职及党风廉政建设情况进行考核；9 月 25 日，省委书记、省人大常委会主任一行对省人民检察院"六五"普法工作情况进行了检查验收。随着《领导干部干预司法活动、插手具体案件处理的记录、通报和责任追究规定》的出台，为规范党的监督权能，防止权力滥用。

2. 主动接受人大法律监督机制

从最高人民法院、最高人民检察院到各省、市、县检、法两院，普遍建立了主动向人大汇报工作、邀请人大代表委员视察、参加会议、旁听庭审等常态机制，为依照立法规定主动接受人大监督拓宽了渠道，探索了有效途径。如 2014 年最高人民法院向全国人大常委会做了规范司法行为的专题汇报，组织 10 批全国人大代表视察人民法院工作，通过邀请代表视察、参加会议、旁听庭审等方式听取代表意见 790 人次。2015 年最高人民法院认真落实十二届全国人大三次会议上代表提出的意见建议，制定分工方案，加强督查督办，向全国人大常委会做行政审判和刑事案件速裁程序试点情况的专题汇报。甘肃省各级人民法院形成了主动服务人大代表的常态机制；山西省高级人民法院联络人大代表 1700 余人次，发送短信 7000 余条，认真听取代表意见建议，办理人大代表建议提案及其他事项 62 件；河南省各级人民法院邀请人大代表视察座谈、旁听庭审、参与调解 7400 余人次，深入 18 个省辖市上门走访省人大代表 1200 余人；2014 年、2015 年甘肃省高级人民法院先后向省人大常委会做民事审判、队伍建设、审判管理、司法公开等工作的专题报告；重庆市高级人民法院在清理审判业务文件后，及时向市人大常委会备案。2015 年，最高人民检察院逐条梳理全国"两会"上代表委员对检察工作的意见建议，印发各级检察院对照整改；向全国人大常委会报告刑罚执行监督工作，认真落实审议意见，作出关于全面加强和规范刑事执行检察工作的决定；在全国人大代表学习班上专题汇报司法改革和检察监督情况；制定加强与全国人大代表联络工作意见，重视经常性联络，邀请 325 名代表参加专题调研、集中视察，邀请 631 名代表参加最高人民检察院组织的座谈交流，当面听取批评、意见和建议，全国人大代表提出的 129 件议案、建议均按时办结并及时答复。浙江省人民检察院 2015 年专门部署落实会议决议和代表审议意见，积极配合省人大常委会对检察人员依法履职，公正司法情况开展专项监督，对反馈问题逐项整改，全省各级检察院向同级人大及其常委会报告工作 197 次，邀请人大代表视察检察工作 341 次，走访人大代表 6789 人次。甘肃省人民检察院 2014 年健全代表意见落实工作机制，针对省人大代表对检察工作的意见建议，分类制定 266 条措施并逐条研究落实；健全代表联系工作机制，建立了专题工作报告、面对面汇报、检讯通短信发布等机制，组织全省检察机关开展了联系走访人大代表，邀请代表委员视察、座谈等 1108 人次；2015

年针对省人大代表对检察工作的意见建议，分类制定 238 条措施，逐条研究落实并集中反馈。①

3. 加强与政协联络机制

主要内容包括：创造平台便于政协委员提出意见建议、观摩庭审、视察工作；与政协委员调研座谈等，如 2015 年最高人民法院认真接受政协民主监督，参加全国政协"推进人民法院司法体制改革"专题协商会，积极参加全国政协社会和法制委员会等就司法体制改革组织的专题调研，认真听取意见。山东各级人民法院开展登门走访，开通短信平台，邀请政协委员旁听庭审、视察、座谈，认真做好委员意见和提案办理工作。上海市人民检察院出台《自觉接受政协民主监督的若干意见》，明确检察机关接受政协民主监督的意义和主要内容，确定检察机关接受政协民主监督的主要形式、组织、内容、程序。甘肃省各级人民法院、人民检察院高度重视政协委员联络工作，形成了主动服务政协委员的常态机制。2015 年，甘肃省人民检察院办理人大代表、政协委员转交案件 112 件，全年共邀请人大代表、政协委员视察工作 356 人次。

4. 规范检察监督实施机制

司法实践中，为了完成法律规定的诉讼任务，保障司法权力公正行使，犯罪嫌疑人、被告人、民事诉讼当事人等涉案人得以依法、充分行使诉讼权利，不因司法不公而受到侵害，对审判机关的检察监督机制主要是通过检察机关内部规范或检察机关与审判机关之间协作规范，出台细化规定，具体化原则性法律规定的监督范围、监督方式、监督效力……或者通过检察

---

① 本文数据均来自最高人民检察院、最高人民法院和各地检、法两院工作报告。

机关创新监督方式，落实法律规定的监督任务，提高监督效能等，如根据我国诉讼法律关于检察机关依法对刑事、民事、行政诉讼活动履行法律监督职责的规定，为了依法履行对审判委员会讨论的案件和其他有关议题的法律监督职责，最高人民法院、最高人民检察院于 2010 年 1 月印发《关于人民检察院检察长列席人民法院审判委员会会议的实施意见》，就人民检察院检察长列席人民法院审判委员会会议的案件范围、程序、权限、义务等进行规范。2015 年，吉林三级检察院检察长列席同级人民法院审判委员会 86 次，参与讨论案件 97 件；宁夏全区三级法院全部落实了检察长列席审判委员会制度。又如，为了应对 2012 年《刑事诉讼法》修改的新要求，甘肃省检察院 2013 年根据《刑事诉讼法》的规定及"两高三部"印发的《关于规范量刑程序若干问题的意见（试行）》，结合最高人民法院印发的《人民法院量刑指导意见（试行）》的相关规定，与法院积极协调沟通，规范量刑建议方式，细化量刑建议程序，加强对法院自由裁量权的监督，加强对提出量刑建议案件的诉讼监督。再如，为了弥补单一抗诉监督方式办案周期长、生硬等缺陷，使检察机关实施的审判监督活动更能适应丰富多彩的司法实践，各地检察机关在长期的监督实践中创设了检察建议这一监督方式，目前，这种监督方式在《民事诉讼法》中已经被规定为法定的检察机关民事检察监督方式，但该法对这种监督方式适用的程序、效力等均未规定。实践中为了增强检察建议的可操作性，检察机关一是通过内部规定的方式对监督范围、监督程序、监督内容等进行细化，如最高人民检察院 2013 年制定的《人民检察院民事诉讼监督规则（试行）》对再审检察建议和一般检察建议（通称"工作建议"）的适用范围、程序等进行了细化规定；二是通过与审判机关会签文件的形式规范检察建议的法律后果、效力等。2012 年《民事诉讼法》修改后，甘肃省人民检察院在全省 3 个地区试行了《全省检察机关民事检察工作中试行抗诉案件分流的意见》，兰州市院、白银市院、临潭县院、漳县院与同级法院联合制定出台了《加强民事行政诉讼法律监督的若干意见》等指导性文件，探索法院采纳再审检察建议的有效途径，强化再审检察建议的运用。

5. 规范、强化诉讼制约机制

主要是通过公、检、法三机关会签文件，对管辖地区审判监督活动中三机关如何相互配合、相互制约的具体操作事项进行规定，如 2010 年最高人民检察院、最高人民法院会签文件，就检察建议的适用程序进行规范，规定人民法院收到人民检察院检察建议后，必须在一月内进行回复；2013 年，为有效贯彻落实修改后《刑事诉讼法》中未成年人刑事诉讼程序有关特殊制度，甘肃省检察院与省高级人民法院、省公安厅、省司法厅会签了《未成年人与成年人共同犯罪案件分案起诉分案审理暂行办法》《羁押必要性审查暂行办法》《开展社会调查工作暂行规定》《开展法律援助工作暂行规定》《关于合适成年人参与刑事诉讼的暂行规定》《对在押涉罪未成年人实行亲情会见的暂行办法》6 个规范性文件，对《刑事诉讼法》的相关规定进行细化，加强四机关在法律实施中的配合和制约。甘肃省检察院还与省公安厅共同制定了《关于加强公安机关、检察机关在刑事诉讼中协作配合与监督制约的规定（试行）》，对公安机关、检察机关建立刑事案件信息通报制度、联席会议制度、适用轻微刑事案件快速办理机制、刑事和解机制、公安机关移送起诉督促机制、直接移送审查起诉或撤销案件制约机制等作了详细规定；2014 年，双方又共同制定了《关于检察机关公诉部门同步介入命案侦查工作的若干规定（试行）》，对检察机关同步介入命案侦查的工作机制、介入方式进行了规范，强化了检察机关与公安机关在命案侦查、介入侦查工作方面的相互制约。

6. 探索、试行监察委员会监督制约机制

目前，北京、浙江、山西三省正根据《全国人民代表大会常务委员会关于在北京市、山西省、浙江省开展国家监察体制改革试点工作的决定》，对监察委员会的机构、人员组成、职权如何运行开始探索、试点，尚未形成成熟的机制。

7. 畅通媒体舆论监督渠道机制

主要表现在全国各级人民法院、人民检察院不断健全司法公开、检务公开制度，畅通了司法机关与媒体舆论沟通的渠道。如最高人民法院自 2006 年 9 月开始设立新闻发言人，自 2009 年 5 月开始实施新闻发布月度例会制度。2009 年至 2014 年，最高人民法院共召开新闻发布会 97 场次，发布司法文件 48 次，发布案例总计 393 次。2015 年全国各级法院充分发挥人民法院网站、微博、微信、新闻客户端的作用，设立"院长信箱""我要举报""给大法官留言"等栏目。2015 年上海市高级人民法院开通官方微信公众号"浦江天平"，积极运用微博、微信等新媒体发布信息 4213 条；河北省高级人民法院通过"河北高院"官网、微博、微信形成新媒体矩阵，支持诉讼指南、庭审视频、信息查询等功能，总阅读量超过 400 万人次；黑龙江全省三级法院在互联网公布审判执行流程信息 27.2 万余条。全国检察机关主动与媒体沟通，认真核查涉检舆情反映的问题，及时回应社会关切；全面运行案件信息公开系统，2015 年对社会公开案件程序性信息 241 万余条、生效法律文书 67 万余份，发布重要案件信息 7.9 万余条；对存在较大争议或有较大社会影响的拟不起诉案件、刑事申诉案件实行公开审查；全面加强新媒体建设，辽宁、黑龙江、河南、陕西等 14 个省区市三级检察院实现"两微一端"全覆盖，甘肃省三级检察院官方微博、新闻客户端、微信公众平台全部开通。

8. 健全便捷群众监督机制

全国各级人民法院、人民检察院不断完善人民陪审员、人民监督员制度，健全司法机关与群众沟通机制，为群众监督司法机关提供更加便捷的监督途径，如浙江省探索适度分权陪审机制改革，充分发挥人民陪审员对事实认定的主导作用，防止"陪而不审"现象；2015 年北京市高级人民法院与市司法局联合制定人民陪审员制度改革试点工作的指导意见及实施细则，试点法院实行人民陪审员随机选任，有效促进了司法民主的落实。全国各级人民检察院完善辩护和代理网上预约申请平台，拓宽律师联系渠道，建设电子卷宗系统，将纸质案卷材料转换成电子文档，方便律师查阅复制，目前已在 29 个省区市检察机关上线运行。最高人民检察院与司法部共同在浙江、安徽、福建、重庆等 10 个省区市推进试点，由司法行政机关独立选任和管理人民监督员，市、县两级检察院办理的职务犯罪案件，由上一级司法行政机关随机抽选人民监督员监督。监督事项由 7 项增至 11 项，涵盖立案、撤案、采取强制措施等各关键环节。2015 年，甘肃省人民检察院面向社会公开选任人民监督员 50 名，将查办职务犯罪案件中"阻碍律师或其他诉讼参与人依法行使诉讼权利"等四种情形纳入人民监督员监督范围，共监督评议案件 31 件 31 人；通过随机抽选人民监督员、全面提供案件材料、认真处理评议意见等程序，增强监督刚性。全国检察机关普遍开展检察开放日活动，邀请社会各界代表走进检察机关，了解、监督检察工作；重视发挥特约检察员、专家咨询委员作用，拓展人民群众参与司法渠道；探索建立检察公信力测评制度，委托专业机构调查了解人民群众满意度和司法需求，有针对性地改进检察工作；制定全面推进检务公开工作的意见，推进和完善检察服务大厅建设，综合控告举报、案件信息查询等功能，为群众提供"一站式"服务。2015年，甘肃省检察院向社会公开重要案件信息和法律文书 8961篇、提供案件程序性信息查询 29538 件，保障了案件当事人的知情权、监督权。

（三）司法机关外部监督制约机制的问题分析

综上可见，在深化司法改革背景下，伴随着建设法治社会的新要求和人民群众对司法公正的新期待，司法机关积极改革创新，丰富了接受外部监督制约机制的形式，拓宽了接受监督制约的渠道，促进了立法要求的监督制约任务的落实。与此同时，司法机关监督制约机制也存在以下问题。

1. 机制规范程度不一影响法制统一

遵守"法治"原则、遵循司法规律是深化改革的前提和基础，"机制"是立法规定的活化、实化、具体化，依法、规范是其基本要求。然而，从我国现行的司法机关外部监督制约机制建设的情况看，由于现行立法对于司法机关外部监督制约的规定原则、缺失，而我国地域辽阔，司法权运行情况地区差异较大，各地经济社会发展对监督制约司法权的要求程度不同，各地的监督环境、监督能力也不同，使得现行司法机关外部监督制约机制呈现出对原则性立法规定理解不一、运用和实施差异等问题，即使是就同一法律实施问题创设的机制，有的地区机制创新的"步子"迈得过大，监督制约机制会出现超越立法精神的情况，有的地区思想较为保守，则机制创新的程度可能达不到立法实施的要求，造成了司法标准的差异，影响了法制的统一，如我国宪法明确规定人大有权监督司法机关的工作，可以通过听取和审查司法机关的专题工作报告，审查和检查法律法规的实施情况，通过备案审查司法机关的规范性文件、询问与质询、特定问题的调查等方式来监督司法机关对司法权的行使，但却未规定可操作性强的监督制约渠道，比如，人大发现司法机关滥用职权的行为应当如何解决，如何对司法权的行使进行规范都未作出明确规定。第八届全国人民代表大会常务委员会第三次会议通过《全国人民代表大会常委会关于加强对法律实施情况检查监督的若干规定》指出，对执法检查中发现的重大典型违法案件，委员长会议可以交由专门委员会或常务委员会办事机构进行调查。调查结果应当向委员长会议报告，委员长会议可以根据情况，要求有关机关限期处理，有关机关应当及时报告处理结果。必要时，委员长会议可以提请常委会会议审议。对特别重大的典型违法案件，常委会可以依法组织特定问题的调查委员会。据此，从 20 世纪 90 年代开始，很多地区建立了人大监督司法机关个案的机制，但对于监督主体、范围、手段、监督能够深入到何种程度等，各地规定的明确性不相同，做法也不相同。就个案监督的主体而言，有的地区是人大信访机构，有的则是人大内司委或法制委，有的则通过常委会主任会议，或常委会领导批示，或代表评议；就个案监督介入的时间，有的案件在开庭审理前介入，有的在开庭审理时进行监督，有的在一审裁判后进行监督，也有的案件生效并被执行多年后，当事人并未提起申诉，人大通过执法检查或其他途径主动提起监督。监督机制的规范程度不一导致有些个案监督达到了预期效果，如 2002 年 5 月 31 日李茂深（原琼山市永兴地税所所长）向琼山区人大常委会提交刑事申诉书，反映琼山法院事实认定有误，公诉机关办案轻率，琼山区人大常委会成立督查小组，最终再审宣判李茂深无罪；甘肃陇南李牛儿上诉案，由于一方当事人在法院有亲戚使得一起普通的民事案转变为刑事案使一方蒙冤，在人大监督下部分纠正法院的错误，① 而有些个案监督，则由于把人民代表大会代表监督个案变成个人或少数人审批案件，成为人民代表大会代表及其常委会委员以个人特殊身份影响和干涉案件的介质，造成了干扰司法权独立行使的消极影响。随着 2006 年《监督法》的实施，人大个案监督已被立法明确排除在人大监督的形式之外，但又出现了人大通过加强对人民检察院监督来间接实现对人民法院审理案件的监督、人大代表听审制度、类案监督等新型的"个案监督"，这些新型监督机制同样存在如何规范的问题。

2. 机制被动性强导致监督制约形式化

从目前立法规定看，我国关于司法机关外部监督制约机制尤其是人大监督、政协监督、媒体舆论监督、群众诉讼外监督等司法机关非诉讼外部监督的立法规定简单而又笼统、概括，缺乏可操作性，且缺乏刚性和力度，难以对司法机关工作形成有效监督，更谈不上纠正司法工作中出现的腐败和专权现象。实践中，为了解决司法机关外部监督监督无门、监督不力甚至因缺乏具体的操作规范乱监督等问题，往往由被监督者司法机关建立健全外部监督机制，如检、法两院普遍建立定期向人大代表汇报工作、邀请人大、政协代表视察司法工作、向社会公开司法工作引导媒体舆论良性监督等机制，检察机关就民事检察监督适用检察建议的程序、开展执行监督的范围、手段、程序等与审判机关会签文件，达成协议，提供监督途径，规范监

---

① 冀梦琦：《论人大监督与司法裁判的良性互动——以人大个案监督应然走向为研究视角》，载《法制博览》2015 年第 1 期（中）。

督程序，强化司法机关接受外部监督的广度、力度。然而，由于被监督者对监督的天然排斥，加之司法机关自身的封闭性、司法独立的需要，这种被动由被监督者建立的机制必然具有监督范围的局限性、监督力度的保留性、监督效力的不确定性，导致司法机关非诉讼外部监督机制往往流于形式。现实中常常出现当人大代表、民主党派、媒体舆论的监督意见、批评和建议以及检察机关的检察建议、纠正意见涉及司法机关领导的"业绩"或司法人员的个人利益时，这些意见、批评和建议就会监督无果甚至石沉大海，难以得到落实、反馈。同时，目前司法机关外部监督制约机制的健全虽然在一定程度上强化了司法机关外部监督的"广度"，使得监督主体有了监督的渠道，但监督主体仍然缺乏深入了解司法机关、司法人员行使司法权情况的知情渠道，通过这些机制了解到的情况往往也是正面情况多、负面情况少，表面情况多、实质情况少，司法外部监督机制仍然难以达到预期的效果。例如，我们可以看到，每年各地各级的检、法两院的工作报告往往会占较大篇幅出现司法机关接受人大、政协建议的数据，但很少出现司法机关接受监督纠正违法行为、改进工作的数据。另外，目前建立的司法公开、检务公开机制将审判工作、检察工作置于媒体舆论、群众监督之下，但并未解决媒体舆论监督因无监督范围限制而监督乱象的问题，媒体舆论监督仍然要么变相成为宣传司法机关"功德"的平台，要么因追求商业利益而通过左右舆论成为直接或间接干预独立审判的帮凶。检察机关对审判活动的诉讼监督也是如此，三大诉讼法规定检察监督主要采取事后监督的方式，实践中虽然各地检、法两院就信息通报建立了相应机制，以落实检察机关对审判违法行为的知悉权，但这些信息通报都有赖于监督对象，当监督对象有意规避不利于自己的信息时，这种机制就会流于形式。

3. 机制理念落后影响监督制约品质

我国现行的司法机关外部监督制约机制具有"宣示"型特征。所谓"宣示"是指，监督实施的目的不仅在于追求权力的规范，而且还在于宣示或宣传，在一定因素影响下，甚至出现后者优位的态势，如由于对个案的报道更能够吸引民众的"眼球"，个案报道是媒体报道的主要方面。可见，新闻媒体对审判机关的监督并没有一个较为明确的指导，而只是关注于报道本身的新闻性。人民法院专门出台文件对接受媒体监督的基本内容进行了规范，其目的很大程度上也是宣传司法公开的成果，以及扭转与媒体之间的紧张关系。"宣示"型理念使得我国司法机关外部监督制约机制偏离了立法的初衷，在一定程度上弱化、虚化了监督的价值。影响司法机关外部监督制约机制品质的还有一种"协调性"理念。"协调性"理念存在是多种因素造成的，除了我国现行司法体制下司法机关相对难以进入的封闭性，监督者相对于被监督者的相对弱势性、立法对外部监督方式、途径、手段的缺失等原因，较为明显的是传统文化的影响与特定地域的熟人社会。中国传统"和合"文化讲究"和而不同，以和为贵"，将"和"作为自身追求的最高价值，在处理人与自然、人与社会关系的实践中，强调人与自然和谐相处的同时，把构建和睦、和平、和谐的人际关系与社会关系作为自己的价值取向。① 司法机关外部监督制约机制的创设、实施也自觉不自觉地受到这种文化的影响。例如，自 2003 年至 2010 年，全国共有 22 个省级检察院、90 个分州市检察院与

---

① 蔺淑英：《中国传统和合文化及其现代启示》，载《兰州大学学报》（社会科学版）2007 年第 4 期。

同级法院就民事、行政检察监督中的监督方式、监督手段、监督程序、监督效力等问题联合发文，① 各地检、法两院还以定期或不定期的工作联席会议、互邀列席业务工作会议、类案个案沟通协调等形式，沟通研究解决民事行政检察监督工作中遇到的各类具体问题，以便促进监督职能的顺利履行，落实监督效果。实践中，检察机关公诉部门移送人民法院起诉的案件，判决无罪或改变定性的极为少见，一方面，源于检察机关公诉质量的提高；另一方面，很多可能判决无罪或改变定性的案件在检、法两院"沟通""协商"后便以检察机关撤诉等方式将案件的质量问题"消解掉"了。检察机关在实践中创设的检察建议方式也是一种通过检、法两院"协商"将外部监督转化为内部监督的形式。外部诉讼监督制约中"协商"性的存在，虽然在形式上去除了外部监督的"生硬"，能够在一定程度上促进被监督者积极接受监督，但同时也弱化了监督制约的刚性，影响了监督制约的权威性，尤其是监督制约产生的责任追究风险因"协商"而被规避化解时，立法设立司法机关外部诉讼监督制约制度的本意就得不到充分体现，由此更容易"养痈为患"，为性质更加严重的司法不公埋下隐患。

4. 机制重"监督"轻"制约"影响监督制约实效

对司法权的约束，需要发挥监督与制约两个方面的作用，两者不能互相取代，"制约"比"监督"更重要。② 然而长期以来，由于"监督"在我国具有长期的传统，加之"监督"

---

① 汤维建：《三大转向：推动民行检察监督制度转轨》，载《检察日报》2010 年 6 月 21 日。

② 葛洪义：《"监督"与"制约"不能混同》，载《法学》2007 年第 10 期。

的一些特定优势，如相对于运行于制度设计的无形之中的"制约"，直观性较强，因此也就形成了重监督、轻制约的局面，这在司法机关外部监督制约机制中表现尤其明显。主要体现在监督主体对于司法权力的约束大都是单向的、事后的、间接的、程序性的，如人大通过质询、特殊问题调查、受理人民群众对司法机关的申诉和对司法人员的控告，督促他们依法办理、纠正违法行为来督促审判、检察机关和司法人员公正司法；广大政协委员对司法机关及其人员通过建言献策来督导他们依法行使权力；检察机关对审判机关及其人员的违法行为通过抗诉、检察建议引起再审程序，督促其纠正；等等。

毋庸置疑，从我国宪法性法律定位的人大与司法机关的关系来看，人大、政协与司法机关不同的地位决定了优位于司法机关的人大只能采取"监督"的方式监察、督促司法权力依法行使，但对于在宪法地位上并无上下级关系的检、法两院之间，新闻舆论媒体与司法机关之间，重视"监督"而忽视"制约"并不利于达到对司法权力的良性约束效果。拿新闻媒体舆论监督来说，如果司法机关只能接受新闻媒体舆论监督，而对新闻媒体过度"监督"、干扰司法活动的行为没有制约，那么无疑会因此侵犯司法独立，损害司法公信力，由此造成司法机关对新闻媒体舆论监督的排斥，使得二者之间的互动陷入恶性循环。同样，就检察诉讼监督而言，如果检察机关对于审判机关的权力约束、规范只能止于"监督"方式要求的程序性、间接性、事后性监督，监督的效果寄望于审判机关的接受和自我纠正，那么，对检察机关监督信心的影响无疑也是消极的。

5. 机制缺乏监督制约权力规制影响司法独立

司法独立是司法公正的前提和保障。近年来，随着社会主义民主化进程的不断推进，司法机关外部监督制约机制在种类、广度和深度方面都有了长足发展。与此同时，我国关于规制司法机关外部监督制约权力的立法和相关机制并没有同步跟进完善，在某种程度上造成监督制约的无序，一方面，影响这些监督制约机制的实效；另一方面，也加大了这些机制影响司法独立的风险。

一是领导干部以"监督、制约"为名干预司法的规制机制刚性、可操作性不强。长期以来，司法机关及其工作人员办理案件过程中，经常出现人大、党委、政府等部门领导干部出于个人腐败、部门或地方利益，为当事人请托说情、对案件处理提出直接要求、以打招呼批条子甚至公文公函等形式向司法机关做出具体指示的情况，也存在办案单位以外的司法机关人员为谋取私利，利用内部关系请托说情、打探案情、通风报信、阻碍办案等现象。为此，2015年3月，中共中央办公厅、国务院办公厅出台了《领导干部干预司法活动、插手具体案件处理的记录、通报和责任追究规定》，要求建立司法机关记录制度、党委政法委通报制度、纪检监察机关责任追究制度，防止领导干部干预司法；同月，中央政法委下发配套文件《司法机关内部人员过问案件的记录和责任追究规定》，要求建立司法机关内部人员过问案件全程留痕制度，明确干预办案的情形和责任；8月，最高人民法院、最高人民检察院分别制定实施办法。但从目前情况来看，这些努力并未见到明显实效。原因是这些规定的可操作性和刚性不足，办案人员敢不敢记录，如何发现干预行为，干预行为上报后能否追责、如何认定，如何避免选择性追责，如何对因记录而遭受打击报复予以救济，都是难以解决的现实问题。而且，根据上述规定，领导干部干预司法须经党委政法委报批后才予以通报，且"必要时"才向社会公开，这表明，对于领导干部干预司法的行为，能否被认定、要不要予以通报、何时通报，实质上仍掌握在领导干部自己手中。事实上，领导干部干预司法，一般不会直接出面或留下直接证据，上述规定出台后，领导干部干预司法的方式也趋于隐晦，常假借"了解工作""督办案件""服从大局"之名，既难以发现，也难以认定。

二是媒体舆论监督制约司法机关的规制机制缺失。关于媒体舆论的监督制约，目前主要见于《中国共产党党内监督条例（试行）》、中共中央办公厅《关于进一步加强和改进舆论监督的若干规定》与最高人民法院《关于人民法院接受新闻媒体舆论监督的若干规定》等非立法性质的规范性文件中，这些文件对媒体舆论监督在监督原则、途径和人民法院接受监督的范围、程序、方式及对违法报道的责任追究等方面有原则性规定，① 人民检察院、人民法院目前在实践中构建的媒体舆论监督机制，其主要目的也是畅通媒体舆论监督的渠道，保障媒体舆论监督的信息知情权，并无权威、有法律效力的、统一的立法性文件规范媒体舆论监督正确行使权利，实践中也无相应、有效的机制弥补立法缺失，解决媒体舆论监督无序化影响司法独立的难题，导致媒体、网络不当引导社会舆情，从而影响司法独立判断甚至绑架司法裁断的案件时有发生。如 2003 年的湖南女教师黄静裸死案、2013 年的李天一强奸案、2015 年甘肃武威抓记者案、2016 年的雷洋嫖娼案，在案件发生至侦查、

---

① 如 2009 年最高人民法院下发的《关于人民法院接受新闻媒体舆论监督的若干规定》指出，"新闻媒体如果对正在审理的案件报道严重失实或者有意进行倾向性报道，损害司法权威，违反法律规定的，依法追究相应责任"，但对损害司法权威的如何追究司法责任、追究责任的方式等并无规定。

起诉、审判阶段，双方当事人都充分利用网络媒体向外界公布案件信息及个人诉求，公安机关、检察院、法院也多次通过官方微博、召开新闻发布会等方式向媒体舆论通报案情，社会各界无数民众参与了网络、报纸、电台、电视台等媒体上的讨论，一方面体现了我国媒体舆论监督司法机关的进步，另一方面也给司法机关带来了强大的舆论压力。虽然没有证据证明上述案件中媒体舆论直接或间接操纵了司法机关处理案件结果，但在司法机关处理这些案件时，确实使司法机关处于"两难"境地。如目前仍在热炒的雷洋嫖娼案，雷洋凭借"人大硕士""农民子弟""嫖娼""公安机关""暴力执法"等关键词一时间成为舆论焦点，加之不排除有些人的刻意炒作，引发了公众对雷洋的巨大同情，而公安机关在案发初期在微博上的"强势"应对，又使之成为众矢之的，这就使得检察机关处理邢某某等五名涉案警务人员涉嫌玩忽职守案时处于巨大的舆论压力之下：一方面，坚持以事实为根据，以法律为准绳，对案件公正处理，会成为社会指责的对象，目前网络媒体仍对检察机关作出的不起诉决定指责声不断；另一方面，顺从民心则会使检察机关赢了口碑，失了原则。如何规范媒体舆论监督，避免"预先定罪""情感性审判"，反对和防止媒体舆论以监督之名绑架司法机关意志，维护司法独立，在国际上已达成共识。①

三是监察委员会监督制约司法机关的规制机制亟须完善。监察委员会改革是中央确定的一项事关全局的顶层设计，是推进国家治理体系和治理能力现代化的重要举措。同时，作为一项前所未有的改革，也需要在试点、探索中加强调查研究，努

---

① 林爱珺：《美国有关传媒报道与公正审判的冲突及其法律调整评价》，载《汕头大学学报》（第18卷）2002年第2期。

力发现问题、解决问题，利用有限的试点时间，探索最佳改革途径，争取最佳改革效果。就目前《全国人民代表大会常务委员会关于在北京市、山西省、浙江省开展国家监察体制改革试点工作的决定》的规定看，试点地区的监察委员会履行监督、调查、处置 3 项职权，可以采取的强制措施有谈话、讯问、询问、查询、冻结、调取、查封、扣押、搜查、勘验检查、鉴定、留置 12 项，监察委员会依法监督检查的范围从公职人员是否依法履职、秉公用权、廉洁从政、涉嫌职务犯罪直至道德操守，非常广泛，但同时，监察委员会在我国宪政体系中的定位、职权运行中监察与检察、纪检的关系等问题也亟须研究厘清。具体到监察委员会对司法人员的监督检查而言，目前司法人员普遍担忧的是如果对监察委员会职权不作细化明确和法律规制，可能会带来监察委员会以"监察"之名干涉司法独立的风险，因此，在改革不断深入的过程中，不仅需要修改宪法、完善立法，解决监察委员会的机构、职权性质、权力内容、履职程序、法律后果等问题，也需要在试点实践中探索机制，保障该项改革良性运行，保障改革在维护司法独立前提下维护司法公正。

（四）司法机关外部监督制约机制的完善建议

历史与现实已经反复证明，不受监督制约的权力必然易被滥用和误用，如何彻底治理司法腐败问题，是全社会关注的热点，也是党中央下决心要解决的重点问题。鉴于我国现行司法机关外部监督制约机制存在的上述问题，结合机制发展的现实要求，提出下列完善司法机关外部监督制约机制的对策和建议：

1. 坚持法治原则，强化机制权威

法无威不信，制无信不立。党的十八大报告指出："任何公民、社会组织和国家机关都要以宪法和法律为行为准则，依照宪法和法律行使权利或权力、履行义务或职责"。作为监督制约法律实施的专门机关——司法机关的机制，健全完善司法机关监督制约机制，应当更加忠诚的尊崇法治精神，更加严格的依法办事。针对实践中司法机关外部监督制约机制规范不一影响法制统一的问题：

一是要确立机制创设的标准。即机制的表现形式可以创新，但为了实施同一法律规定而创设的同质机制，都要将立法关于司法机关外部监督制约的规定作为机制建设的基本标杆，机制设定的监督制约范围、方式、手段、程序不能突破立法的基本框架，监督的内容要符合立法精神，防止同质机制内容冲突、执法标准不一。例如，根据宪法和法律规定，人大对于司法机关有质询、建议意见和特殊问题的调查权，但区别于检察监督，它是对司法机关宏观问题的法律监督，因此，各地司法机关建立健全落实人大质询权、建议意见权或调查权时，可以邀请人大代表视察司法工作，也可以邀请人大代表旁听庭审，但不能在相应的机制规范性文件中规定可以就个案的法律适用问题向人大普遍性的汇报。以法律规定的基本尺度为机制创设的基本标准，即使各地同质机制的表现形式不同，也不会影响法制的统一。

二是要遵循立法关于司法机关外部监督制约的内在机理。即机制构建中要遵循要素全面、职责明晰、权责相当原则；机制中作为监督主体的权力要具有法律授权的督促司法机关依法用权的地位和权威，作为制约主体的权力（权利）要与司法权力之间存在相互牵制、相互约束的关联等。例如，健全政党、人大、政协监督机制，应在机制中规定明确的监督效力、监督落实、反馈机制等；健全媒体舆论监督、社会群众监督机制和律师、当事人对司法机关的诉讼制约机制时，考虑到在这些机制中是以权利监督制约权力，监督制约主体的权利相对于司法机关的权力处于弱势地位，应当规定保障他们充分行使权利的内容，规定司法机关剥夺其权利的防范、惩戒措施，赋予他们了解监督制约信息的知情权等；健全司法工作党内汇报制度时，应根据宪法、法律和党规党纪，厘清汇报的范围，既保证党监督司法机关有广阔的知情渠道，也要防止领导干部借党内监督之名，行干扰司法个案之实。美国学者博登海默说："法律的基本作用之一乃是约束和限制权力"。司法机关外部监督制约机制的创设就是通过外部监督制约的力量规范司法权力行使者依照法定权限行权，作为监督制约主体，"打铁还需自身硬"，本身当然也更应模范遵守法律的规定，依法监督制约。

三是要重视执法的法治功能。坚持法治原则，依法律规定办事仅仅是最基本的要求，更高层面的还要强调执法的法治功能，避免机械执法、生硬执法，即在完善、创新机制时，既要注重法律的治理功能，也不能随意突破法律规定，要追求社会效果、政治效果和法律效果的统一。这方面，典型的例证是目前根据最高人民检察院出台的《人民检察院民事诉讼监督规则（试行）》，各地检察院纷纷建立的先同级监督再层级监督的相应机制。《民事诉讼法》第209条规定了当事人申请检察监督以一次为限的原则，该法虽然确认了"检察建议"的法律地位，但并未规定"检察建议"的法律效力，"先同级监督再层级监督"机制致使一些案件经检察机关提出再审检察建议而法院未予采纳检察建议后，该案也不能抗诉，失去了最后的法律救济途径。虽然《人民检察院民事诉讼监督规则（试行）》针对此种情形又规定，对于此类案件，检察机关可以跟踪监督再行进行抗诉，但此种方式既违反《民事诉讼法》第209条申请监督一次为限的规定，又人为延长了监督流程，浪费了司法资源，扩张了检察人员的自由裁量权，使得检察机关"依职权"受理案件的范围违反立法原意而扩大，由于实践中检察机关对此类案件有的跟踪监督，有的不跟踪监督，这种机制又造成此类案件"同类"却不同处理。此外，从《民事诉讼法》规定"抗诉"和"检察建议"的条款次序和内容看，"抗诉"是民事检察监督的主要方式，而"检察建议"是民事检察监督的补充方式，"先同级监督再层级监督"机制人为的强行扩大再审检察建议适用，不仅违反立法原意，也人为增强了民事检察监督的"协调"性，弱化了监督的刚性和权威。

2. 坚持科学原则，协调机制功能

坚持科学原则是指建立健全司法机关外部监督制约机制要以贯彻法律监督理论、权力制约制衡理论、党的法治建设理论为基础，要遵循作为监督主体的权力（权利）运行规律和司法权运行规律、司法工作规律以及其他客观规律，坚持辩证唯物主义思想路线和思想方法，求真务实、崇尚真理、勇于创新，使司法机关外部监督制约机制在形式上更加严谨、规范、合理，在功用上更能有效实现监督制约目标。司法机关监督制约机制是以我国宪法和法律规定的检察制度为基础，以司法工作体制为载体的多层次之间紧密联系、相辅相成的有机系统。司法机关外部监督制约机制是这个大系统中的一部分，必须坚持科学的原则，既要保证司法机关外部监督制约机制与司法机关监督制约机制这个大系统有机协调，也要实现司法机关外部监督制约机制内循环各部分、各要素的有机互补、协调对接。

一是要处理好机制中相关要素的关系。如要厘清作为监督主体在机制外职能与机制内职能的关系，明确监督制约主体在机制外的职能如新闻媒体宣传教育警示的职能是监督制约主体履行机制内监督制约职能的载体、手段而非目的，从而明确机制构建的目标和重点，实现监督主体机制外职能与机制内监督制约职能的有机协调，防止机制创设目标偏离监督制约司法权力的价值目标。

二是要实现"监督"与"制约"的有机结合。"监督"与"制约"各有特点："监督"具有单向性、滞后性，一般要求监督者的地位高于被监督者，而"制约"具有内在性、双向性、制约者与被制约者相互关联性、超前性，① 二者各有优势和不足，对约束司法权的运行会产生不同的作用。在当前的司法机关外部监督制约机制体系中，适用"监督"的情形较多，由于监督的"度"不好把握，容易在到位与越位问题上徘徊，且监督者的监督范围从目前立法规定看，较为笼统、宏观、概括，这也容易导致监督者容易与被监督者进行权力交换，导致监督者滥用裁量权，应该监督的放弃监督，不应该监督的越权监督，需要在明确监督与被监督制约与被制约的对立统一关系、厘清监督制约中"监督""制约"与"配合"的界限、职能配合与监督制约利益妥协界限的基础上，加强司法机关外部监督制约机制的"制约"性，通过机制内各要素的相互约束机制，实现对司法权力的依法有效约束。例如，可以将审判机关、司法机关与人大联系、向人大专题汇报工作、接受人大质询等情况，作为人大代表审议检、法两院报告的指标项目，以此加强人大与司法机关的制约。

三是要实现机制内各项具体内容的有机配合。司法机关外部监督制约机制实践中，不但常见同机关、同类、同质、同目

① 李思远：《司法权运行制约机制的完善》，载《法制与经济》2014 年第 9 期。

标的机制内容重复、冲突，更常见机制内不同内容的交叉、冲突，如甘肃省检察机关为实现《民事诉讼法》第209条修订后省、市、县三级检察院民事检察监督职能转型，实现三级院各行其权、各取所长、各司其职、三级联动、职能互补，提高检察机关监督审判机关生效民事判决、裁定的效率，在全省四个地区试行民事检察监督案件层级对应式申诉制度，鼓励检察机关直接办理其有抗诉权的民事申诉案件，但部分试点院为了降低此机制的实施难度，又制定本地区的《实施细则》，将没有抗诉权的检察院转报的申诉案件，又交办回转报单位，人为延长了办案流程，削弱了机制效果。对于此类情况，机制制定单位属于同一部门的，不论是上下级还是同级，上级院都应加强机制的规范管理，属于不同部门的，应相互沟通，加强机制内容信息通报，努力实现机制内容的协调统一。

3. 坚持效率原则，增强机制实效

司法机关监督制约机制的核心功能是维护司法公正，而效率是公正的应有之义。针对目前司法机关外部监督机制形式化、功能虚化问题严重的情况，要努力探索科学有效的机制设置方式，大力增强机制的效率效果效能。

一是要健全监督制约措施落实机制。要加强邀请人大代表、政协委员视察司法工作、听取司法工作汇报的计划性，有计划地邀请人大代表、政协委员旁听或列席人民群众普遍关心、社会反响强烈的重大案件；要把人大代表、政协委员的意见建议列入重要工作日程，切实提高工作的针对性，提高落实人大代表、政协委员建议意见的效率。要通过延伸权力行使环节，跟踪落实审判机关的活动，增强检察机关监督的实效；要强化公诉工作与审判监督一体化机制，强化检察诉讼监督制约与违法调查、职务犯罪侦查一体化机制，增强检察监督制约的合力，增强检察机关对审判机关监督制约的刚性。

二是要健全监督信息获取机制。要加大宣传力度，扩大检察机关刑事审判监督的影响力，努力从刑事诉讼当事人处获得审判监督信息；也可以通过关注社会舆论平台获得审判活动信息，通过与本院控告申诉等其他业务部门加强联系，从他们办理的案件中获得有关信息，解决检察机关缺乏发现审判人员违法活动的途径问题。要建立健全有序开放、有效管理的旁听和报道庭审的规则，积极主动、及时快捷的发布信息机制，为新闻媒体提供相关资料的机制和司法机关与媒体的沟通联络机制和调查处理机制，对于社会关注的案件和法院工作的重大举措，要通过各种形式向新闻媒体及时发布相关信息，对媒体反映的问题及时调查核实，并反馈处理情况，消除公众和媒体知情监督的障碍。

三是要健全监督主体职业化增进机制。要规定人民陪审员、人民监督员的专业准入条件，通过加强培训等方式提升人民陪审员和人民监督员的专业化水平，鼓励懂得相关法律知识的群众作为人民陪审员、人民监督员参与到司法机关办案过程，从而对法官、检察官办案行为进行有效的监督制约。

4. 坚持司法独立原则，保证机制的正确方向

司法独立是司法公正的前提，这是国际公认的一项基本司法原则。近年来，在深化司法改革的浪潮中，从中央到地方，为了促进司法公正，探索构建了很多监督制约司法机关的机制。如何保障司法独立，成为这些机制改革实现其目标需要解决的首要前提问题。

一是党政机关领导干部干预司法规制机制改革。党政机关领导干部干预司法包括腐败性干预和政治性干预，完善和落实的前提是明确党政机关监督制约司法与干预司法的界限，即党

委对司法机关的监督应当是从政治和组织上领导司法，地方政府对司法机关的制约是从人、财、物上对司法机关正常行使司法权进行保障，公安机关对司法机关的制约是依照诉讼法律的规定行使侦查权，与司法机关相互配合，合力完成诉讼任务，三者对司法机关的监督制约不能超越宪法和法律赋予其的职权范围，否则就是干预司法。在此基础上，要建立健全相应的机制确保司法官依法独立行使职权。目前亟须构建充足的司法人员职业保障，建立严密、可操作性强的司法监督制约越权追责机制，加以充分的司法公开和适度的司法民主，才有可能从根本上解决问题。

二是监察委员会机制改革。监察委员会作为一种中央顶层设计推动下构建的新型的权力监督制约机制，其对促进司法机关公正行使公权力的积极意义不言而喻。同时，也面临着在机制构建过程中，如何保证监督制约的公正性、适当性，在保障司法独立前提下促进司法公正的课题。从目前第十二届全国人大常委会第二十五次会议通过的决定看，监察委员会集人民政府的监察部门、预防腐败部门及人民检察院查处贪污贿赂、失职渎职以及预防职务犯罪等部门的相关职能一体，权力厚重而集中；从政治法律综合的角度评估，其作为行政机关，实际地位却高于人民法院和人民检察院，容易造成被监察委员会调查、侦查的对象的一些最基本的权利经常性的处于危险中，亟须宪法，法律对其活动进行约束规范，保证监察委员会对司法人员的监督制约是促进其公正司法而非束缚其依法独立办案手脚，是防范司法腐败而非在监督中衍生出更深层次的腐败。在立法尚未作出规定前，对监察委员会的权力进行规范，对其运行程序科学设计，明确合法监督与不法干扰的界限，是建立健全监察委员会机构设置、运行工作机制的重要任务。

　　具体来说，应抓住以下几个重要节点：首先，要明确监察委员会的监督是对司法机关公职人员的监督而非对司法机关的监督，防止监察委员会以监督之名对司法机关以单位身份处理个案（包括处理案件方案、策略、方式、时机、配备办案装备、人员等诸多方面）的干涉；其次，要明确对司法机关公职人员的监督是对其运用公权力合法性的监督，而不是合理性监督，防止监察委员会对于公职人员合法行使自由裁量权的非法干扰；再次，要明确监察委员会监督司法机关公职人员的受案来源、启动程序和条件，防止监察委员会对司法机关公职人员启动调查、侦查程序的随意性、不可预测性，造成对司法机关正常办案的干扰；最后，要加强监察委员会与司法机关的相互制约。将检察机关的职务犯罪侦查权和对检察人员职务违法行为的侦查权纳入监察委员会职权，解决了检察机关作为专门法律监督机关社会各界对检察机关"自己监督自己"的质疑，监察委员会行使对公职人员的监察，也同样面临这个问题。为了解决这个问题，如果在监察委员会之外再另设一个部门监督监察委员会人员，则会陷入"监督之上永远有监督"的循环往复的怪圈。鉴于此，建议加强监察委员会与司法机关的制约，将调查、侦查监察委员会职务违法行为的权力赋予检察机关。这样，其一，能够解决监察委员会作为行政机关的实际地位高于作为专门法律监督机关的检察机关的法理矛盾；其二，能够优化机构设置，解决监督之上的监督受监督永无止境的尴尬；其三，能够发挥"制约"在一个系统内约束权力的经常性、自发性、程序性等优势，节约权力约束成本，提高效率；其四，可以充分利用检察机关多年积累的职务犯罪侦查能力和经验，保证制约的效果，并且由于只有检察机关才具有此等经验和能力，可以因此获得广泛的社会公信。

三是媒体监督司法机关机制改革。由于国家制度、政治体制及司法制度等方面的原因，我国的司法机关在人、财、物上依赖各级党委、政府和人大，在业务上常常受到人大、党委和上级机关的束缚，司法官在职业上也没有充分保障导致其不敢、不愿独立行使司法权。在此种情况下，在社会主义民主监督立法尚未健全、互联网信息蓬勃快速发展，很多新情况、新问题还未来得及依法规范的情形下，加之媒体舆论与司法机关在思维方式、对正义的评价标准及对被害人利益实现的价值取向不同，容易在监督中片面追求"轰动效应"，违背客观全面的原则①，当互联网媒体制造的舆论压力大到可能对政府维稳工作造成"威胁"，或足以动摇司法机关公信力时，司法机关不得不以司法办案要实现"法律效果、政治效果、社会效果"相统一为理由，"听命"于媒体，导致某些案件无从得到公正办理。② 媒体影响司法机关公正审判，并不是我国独有的现象。针对我国互联网媒体监督司法机关产生的原因，当前，要保障司法独立下的司法公正，亟须与媒体建立健全沟通联络机制，增强了解和互信；需要进一步加大司法公开、检务公开力度，加强"公开"的主动性，推进舆论正义与法律正义的一致性，如建立新闻发言常态，构筑案件与群众对话的常规渠道，利用舆论形成的公共平台，探索QQ、微博、手机报等更多"公开"的途径，对具有重大影响的案件，主动邀请群众、人大代表及政协委员以及媒体进行客观报道，等等。此外，还应建立媒

---

① 杨波、苏灵艳：《"媒体审判"：媒体监督职能"异化"与刑事审判公信力"博弈论"》，载周腾主编：《一线司法理论与实证研究》（第三卷上册），法律出版社2015年2月版，第25页。

② 贺卫方：《传媒与司法三题》，载《法学研究》1998年第6期。

体、网络舆情违法监督风险防范机制，建立与媒体、网络舆论管理机构的沟通合作机制，积极防范可能对司法独立造成负面影响的社会舆情，对于互联网媒体、舆论监督超出适度和合法范围的，积极向媒体、网络舆论主管部门提出建议，由其进行审查和追责，引导规范媒体、舆论监督的正确方向、方式方法和程序，防止监督偏离法治方向，导致干扰司法独立和公正。

三、健全审判机关内部监督制约机制研究

理想的司法机关监督制约机制应当是依法、科学、有效的外部监督制约机制与内部监督制约机制优势互补、有机协调的机制。从前述关于司法机关外部监督制约机制的论述可见，虽然我国目前无论在立法上还是实践中，对于司法机关的外部监督制约已经构成了一个集纵向监督制约、横向监督制约和平行监督制约为一体的多层次并且有分工有合作的一个严密的系统，但也存在形式化、力度不大、效果有待提高等问题，并未达到预期效果。有学者曾在某省会城市就人们对司法公正的观感进行调查，在法律职业人员人数占受调查人员比例较高的情况下，只有 4.48％的人认为当前司法公正，而有 32.24％的人认为当前司法非常不公正。① 习近平总书记指出："司法是公平正义的最后一道防线"。当前社会转型期下，容易出现权力真空，给腐败以可乘之机。健全审判机关内部监督制约机制已成为推进依法治国、建设法治社会、法治中国的现实迫切需要。

---

① 胡云红：《民众司法公正观的调查问卷分析》，载《产业与科技论坛》2012 年第 2 期。

（一）审判机关内部监督制约机制的立法内容

在我国，立法关于审判机关内部监督制约的规定主要集中于单向的审判机关内部监督方面，双向的审判机关内部制约规定较为少见。就立法内容而言，审判机关内部监督从内容上可分为刑事审判、民商事审判、行政审判和案件执行监督，从形式上可分为专项监督和制度监督，从监督主体上可分为上级监督和同级监督①，从性质上可分为审判职能监督与行政职能监督。② 其中，专项监督是人民法院集中部门和人员开展的关于办案和阶段性工作的专项检查，是一种事后监督制约，力求通过检查，纠正办案活动中的违法行为，增强审判人员办案的公正意识、责任意识，确保案件质量；制度监督是通过调研发现办案活动中易发生问题的环节，制定防范、解决问题的规章制度，规范办案行为，以预防为主，多为案前、案中监督；上级监督由上级法院院长、审判委员会、业务部门等通过业务领导与被领导与下级法院执法办案活动形成监督；同级监督指本院领导班子、审判委员会和业务部门对自身案件质量的监督、办案人员的相互监督等。本文为更清晰地展示立法关于审判机关内部监督权能配置情况，将其概括为以下主要内容：

1. 审级程序监督

审级，顾名思义，即审理的级别，指一国法院系统内部上下级法院之间纵向的法律关系。审级程序监督，在我国，是指法律所规定的上级法院对下级法院审理案件工作的监督，即上

---

① 肖香生：《完善法院内部监督的若干思考》，载《人民法院报》2010 年 6 月 25 日。

② 骆红毅：《法治视角下的法院内部监督》，载《中山大学学报论丛》2007 年第 11 期。

级法院通过二审、再审对下级法院案件裁判情况进行的监督，监督主体是上级法院，由合议庭、审判委员会等审判组织行使此项权力。我国《宪法》第127条第2款规定，最高人民法院监督地方各级人民法院和专门人民法院的审判工作，上级人民法院监督下级人民法院的审判工作。《人民法院组织法》第11条、12条、13条在确认两审终审制的基础上，进一步规定了最高人民法院的死刑核准权，以及上级人民法院有权通过上诉审程序对下级人民法院一审未生效的裁判进行监督，有权通过提审程序、指令再审程序对下级人民法院已经生效的裁判进行监督，是我国审判机关审级程序监督的基本法律依据。在这样的体制框架下，《刑事诉讼法》在第3、4、5章分别规定了刑事案件二审程序、死刑复核程序、审判监督程序，《民事诉讼法》在第14、16章分别规定了民事案件二审程序、审判监督程序，《行政诉讼法》在第7章第4、5节分别规定了行政案件第二审程序、审判监督程序，对各类案件二审程序、审判监督程序的含义、适用类型、具体程序、法律后果及程序转化等做了具体规定，形成了上级人民法院以二审、审判监督为依托的审级程序监督制度。

总体来看，法院审级程序监督制度具有以下特点：一是法定性。审级程序监督制度由宪法性法律直接确认，由基本法具体规定，监督的范围、程序、效力等，法律均予以明确规定，是审判机关内部监督制度中较具刚性的制度。二是救济性。审级程序监督制度是以救济权利为目的而设置的。世界上几乎没有实行一审终审制的国家，这是因为，裁判案件以事实的认定为基础，而裁判中认定事实的过程是法官推理还原事实的过程，不可避免地受到法官对法律的理解、对证据的判断、对权利、义务、责任的衡量等主观因素的影响，法官的素质、能力、水平甚至价值观、思维方式不同，都可能造成对同一案件的不同判决。设置上诉审程序和审判监督程序可以在对一级法院及其法官在裁判案件时因主观判断的局限性而导致的裁判错误进行救济，同时也可以此救济审判中对簿双方势力悬殊（如刑事审判中，被告人面对的是强大的国家机关和专业的法律工作者）可能导致的不公正裁判。三是被动性。任何一级、任何种类（刑事、民事或行政）案件的上诉审程序的启动都依赖于当事人上诉权的行使。上下级法院之间的审判监督程序的启动，虽然法律规定上级法院可以自行启动，但审判监督程序的启动大多数仍来源于诉讼一方（刑事案件被告人、民事案件当事人、行政案件原、被告）的申诉。四是程序性。审级程序监督是一种法定的诉讼程序，监督的启动、过程等都要严格遵循法定的程序，通过诉讼过程中上级法院对下级法院的监督这样一种程序设置体现审判形式公正，追求审判实质正义。

2. 审判组织监督

审判组织是指人民法院审理案件的内部组织形式。通常有两种：独任制、合议制。根据最高人民法院《人民法院五年改革纲要》第 22 条："人民法院的审判委员会是人民法院内部的最高组织形式。"我国《人民法院组织法》第 9 条、10 条分别规定了独任制适用的情形和合议庭、审判委员会的组成。我国《刑事诉讼法》《民事诉讼法》《行政诉讼法》三大诉讼法以上述宪法性文件对独任制、合议庭以及审判委员会制度进行了细化，结合刑事审判、民事审判、行政审判不同的特点，规定了合议庭不同的组成方式和合议范围。此外，1993 年最高人民法院《最高人民法院审判委员会工作规则》、2002 年《关于人民法院合议庭工作的若干规定》比较系统地规定了审判委员会、合议庭的职责、讨论决定案件的范围、工作机制等内容。2007

年最高人民法院《关于完善院长、副院长、庭长、副庭长参加合议庭审理案件制度的若干意见》、2010 年《关于改革和完善人民法院审判委员会制度的实施意见》与《关于进一步加强合议庭职责的若干规定》对合议庭与审判委员会以会议决议的方式履行对审判工作的监督、管理、指导职责作出了更加完善、具体的规定。另外，为了加强对合议庭的监督，全国人大常委会于 2004 年通过《关于完善人民陪审员制度的决定》，通过人民陪审员对合议庭实施监督。

根据上述规定，合议庭是人民法院审理案件的基本组织形式，审判委员会是人民法院最高业务决策机构。合议庭承担下列职责：一是根据当事人的申请或者案件的具体情况，可以作出财产保全、证据保全、先予执行等裁定；二是确定案件委托评估、委托鉴定等事项；三是依法开庭审理第一审、第二审和再审案件；四是评议案件；五是提请院长决定将案件提交审判委员会讨论决定；六是按照权限对案件及其有关程序性事项作出裁判或者提出裁判意见；七是制作裁判文书；八是执行审判委员会决定；九是办理有关审判的其他事项。合议庭组成人员存在违法审判行为的，应当按照《人民法院审判人员违法审判责任追究办法（试行）》等规定追究相应责任。审判委员会主要对本院已经发生法律效力的判决、裁定确有错误需要再审的案件、人民检察院依照审判监督程序提出抗诉的刑事案件、拟判处死刑立即执行的案件、拟在法定刑以下判处刑罚或者免于刑事处罚的案件、拟宣告被告人无罪的案件、拟就法律适用问题向上级人民法院请示的案件、认为案情重大复杂，需要报请移送上级人民法院审理的案件等疑难、复杂、重大案件进行讨论并作出决定。审判委员会还以会议决议的方式履行对审判工作的监督、管理、指导职责。合议庭和审判委员会都实行少数服从多数的原则，目的是发挥集体的智慧，集思广益，防止主观片面、个人专断和徇私舞弊。

3. 审判管理监督

审判管理是指为了实现审判的公正和效率，通过计划、决策、组织、领导、控制等审判管理职能的行使来优化审判资源的配置，以实现既定审判目标的组织活动。[①] 审判管理监督制度是通过参与引导案件评议和裁判文书审核、审判委员会指导监督重大案件以及专门机构的案件评查、绩效考评规范法官的审判行为等审判管理活动，督促审判人员依法、公正、高效行使审判权，促进法院司法活动的公正、廉洁、高效。2011 年最高人民法院印发《关于加强人民法院审判管理工作的若干意见》的通知，全面规范了审判管理的基本职能、审判管理机构的定位与基本职责，指出人民法院开展审判管理，要运用组织、领导、指导、评价、监督制约等方法，对审判工作进行合理安排，对审判过程进行严格规范，对审判质效进行科学考评，对司法资源进行有效整合，确保司法公正、廉洁、高效；要求审判管理要坚持全员管理，坚持服务审判的理念，在加强监督制约的同时，着力于服务审判工作，为审判权的依法、有序运行创造有利的条件，提供必要的保障。规定了审判管理的基本职责，即加强审判管理制度建设、审判质量管理、效率管理、流程管理、审判运行态势分析、审判工作经验总结，要求设立审判管理办公室具体负责审判管理工作的推进。2012 年印发《关于在审判活动中切实规范自由裁量权行使保障法律统一适用的指导意见》，再次强调审判管理，指出要加强院长、庭

---

① 崔永东：《审判管理的目标、方法与路径》，载《河北法学》2015 年第 3 期。

长对审判活动的管理，合理规范审级监督，明确二审、再审纠错原则。2014年最高人民法院又发布《关于新时期进一步加强人民法院审判管理工作的若干意见》，进一步明确审判管理的主体、功能定位、机构设置、具体类别、信息化建设、工作格局，尤其要求各级人民法院中层领导，要在充分履行审判职能、依法监督指导办案，对审判权的行使形成有效监督和制约。

4. 审判人员监督

审判人员监督就是对人民法院院长、庭长、法官等有权行使审判权、审判管理权等权力的人员的监督制度。《法官法》第32条、33条、34条规定了法官不得散布有损国家声誉的言论，参加非法组织，参加旨在反对国家的集会、游行、示威等活动，参加罢工；不得贪污受贿，徇私枉法，刑讯逼供，隐瞒证据或者伪造证据、泄露国家秘密或者审判工作秘密，滥用职权，侵犯自然人，法人或者其他组织的合法权益，玩忽职守，造成错案或者给当事人造成严重损失、拖延办案，贻误工作、利用职权为自己或者他人谋取私利、从事营利性的经营活动、私自会见当事人及其代理人，接受当事人及其代理人的请客送礼，以及其他违法乱纪的行为，明确指出法官违反上述禁止性规定的，应当给予警告、记过、记大过、降级、撤职、开除等处分；构成犯罪的，依法追究刑事责任。最高人民法院随后发布了一系列监督审判人员的规范性文件。1998年8月26日《关于审判人员违法审判责任追究办法（试行）》对违法责任的含义、追责范围、违法责任进行了较为详细的规定。2002年9月12日《人民法院执行工作纪律处分办法》对人民法院执法过程中各种违法行为以及违法行为受到的具体处分情形进行了规定。2003年6月10日《关于严格执行法官法有关惩戒制度的若干规定》重申了《法官法》的惩戒性规定，进一步明确了提倡性行为与禁止性行为。2009年12月31日，最高人民法院《人民法院工作人员处分条例》分3章111条，从政治纪律、办案纪律、廉政纪律、组织人事纪律、财经纪律、失职行为、违反管理秩序和社会道德行为等方面，对人民法院工作人员的职务行为和日常生活行为进行了全面规范，综合系统地对人民法院中的工作人员违规、违法行为进行处分进行了规定。2012年2月27日《关于人民法院落实廉政准则防止利益冲突的若干规定》规定了人民法院工作人员不得接受可能影响公正执行公务的礼金、礼品、宴请以及旅游、健身、娱乐等活动安排，不得从事营利性活动，不得为他人的经济活动提供担保，不得利用职权和职务上的影响，买卖股票或者认股权证，不得利用职权和职务上的影响，指使他人提拔本人的配偶、子女及其配偶，以及其他特定关系人等人民法院落实廉政准则的相关内容，规定违反上述规定的人民法院工作人员，依照《人民法院工作人员处分条例》对应条款进行处理。这些规定构成了通过对人民法院工作人员个人进行处分进而实现对人民法院实施监督的目的。

5. 监察监督

监察监督是指人民法院行使监察职能的专门机构，对人民法院及其法官和其他工作人员实施的监察。2013年修订的《人民法院监察工作条例》规定了监察的原则、机构设置、人员配备、部门职责、权限划分、监察程序。根据该条例第14条的规定，人民法院监察部门监督范围是：其一，检查人民法院及其法官和其他工作人员遵守和执行国家法律、法规的情况；其二，制定和完善人民法院廉政制度，检查人民法院及其法官和其他工作人员执行廉政制度的情况；其三，受理对人民法院及其法官和其他工作人员违纪违法行为的控告、检举；其四，调查处理人民法院及其法官和其他工作人员违反审判纪律、执行纪律及其他纪律的行为；其五，受理法官和其他工作人员不服纪律处分的复议和申诉；其六，组织协调、检查指导、督察纠正人民法院及其法官和其他工作人员损害群众利益和损害司法公信的不正之风；其七，组织协调、检查指导预防腐败工作，开展对法官和其他工作人员司法廉洁和遵纪守法的教育。2014年7月15日最高人民法院颁行《关于人民法院在审判执行活动中主动接受案件当事人监督的若干规定》进一步建立廉政监督卡制度、监察抽查回访制度；2014年9月29日颁布《关于人民法院纪检监察部门落实党风廉政建设监督责任的实施意见》，分六部分30条要求人民法院纪检监察部门完善监督履职的体制机制、强化权力运行的监督制约、深化正风肃纪的工作措施、保持严惩腐败的高压态势、发挥组织协调的助手作用、加强纪检队伍的自身建设；2015年12月29日以法组〔2015〕214号颁布了《党风廉政建设主体责任和监督责任追究暂行办法》，对法院内部监察落实党风廉政建设责任追究和监督责任落实做出了具体规定，进一步规范和强化最高人民法院机关的党风廉政建设责任追究工作，推动党风廉政建设主体责任和监督责任的全面落实。

（二）审判机关内部监督制约机制的实施现状

综上所述，现行宪法性法律、诉讼法律和最高人民法院司法解释以及内部的工作规定，对审判机关内部如何开展内部监督作了详尽的规定。实践中，各地人民法院在中央有关司法改革文件、精神和最高人民法院的规范性文件、政策性文件指导和引导下，主要针对如何落实这些制度，包括如何优化法院内部职权配置、加强审判工作管理、加强审判责任落实，保障法院和法官依法、准确、有效落实立法规定，防止规避立法规定、异化执行法律规定、立法规定形式化、虚化，减少各层级、各部门规定之间的冲突对监督效果的负面影响，等等，丰富和健全了相应的机制。择其要归述如下：

1. 统一法律实施监督、指导机制

主要是最高人民法院通过对新类型案件、涉及特定重大社会问题、突发重大自然灾害的案件以及法律规定原则的程序性问题制定司法解释、发布指导性案例，对涉及该类案件的法律适用问题作出指导，统一该类案件的监督标准，规范该类案件的法律适用，如最高人民法院 2010 年制定涉及金融期货、外商投资、劳动争议、旅游纠纷等领域的 20 个司法解释和 43 个指导性意见，就青海玉树强烈地震、甘肃舟曲特大泥石流等重大自然灾害引发的涉灾案件进行审判指导，会同中央政法部门制定《关于办理死刑案件审查判断证据若干问题的规定》和《关于办理刑事案件排除非法证据若干问题的规定》，严格刑事案件特别是死刑案件证明标准，制定《关于案例指导工作的规定》，及时发布典型案例，加强对疑难复杂案件的审判指导；2011 年发布首批指导性案例 2 个，指导各级法院妥善审理类似案件，统一裁判标准，建立发回重审、指令再审案件信息反馈机制，规范民事再审审查工作；2012 年出台《关于办理减刑、假释案件具体应用法律若干问题的规定》，扩大此类案件开庭审理的范围、增强程序的透明度；2013 年发布第四批、第五批共 10 个指导性案例；2014 年发布指导性案例 22 件，统一类案裁判标准；2015 年针对一些案件审理程序不规范、类案不同判等问题，发布民间借贷司法解释、修改办理专利案件司法解释，发布审理环境侵权案件司法解释和审理检察机关提起公益诉讼案件实施办法，对社会转型期下新情况、新问题作出规范，指导监督各级人民法院正确把握罪与非罪、此罪与彼罪的界限，规范裁判标准，统一法律实施。

2. 量刑规范化机制

量刑规范化改革源于地方司法机关的探索。2000 年，河南省兰考县法院试用社会调查报告在青少年刑事案件中作为量刑参考。2002 年，上海市徐汇区法院首试"量刑答辩"，次年，上海市各级检察机关全面实行量刑建议制度。2004 年，《人民法院第二个五年改革纲要（2004～2008）》明确提出要健全和完善相对独立的量刑程序。2006 年，江苏省高级人民法院在死刑二审案件中单列"量刑辩论"程序。2007 年，山东省淄博市淄川区人民法院制定了缓刑、诉辩协商、未成年人刑事案件社会调查等配套制度，建立起较为完善的量刑程序规则。2008 年，最高人民法院确定 10 个试点法院，次年试点范围扩大到 120 多个指定法院，还有不少法院进行"计划外试点"。2010 年，全国法院量刑规范化改革工作会议召开，最高人民法院与最高人民检察院、公安部、国家安全部和司法部先后联合发布《关于规范量刑程序若干问题的意见（试行）》《关于加强协调配合积极推进量刑规范化改革的通知》《人民法院量刑指导意见（试行）》《关于积极推进量刑规范化改革全面开展量刑建议工作的通知》也相继生效，至此，量刑被正式纳入庭审程序，庭审中设置了相对独立的量刑程序，明确了检察机关的量刑建议权，允许控辩双方就量刑进行辩论，确立了"定性分析和定量分析相结合"的量刑方法，设定了从确定量刑起点到确定基准刑，继而依法确定宣告刑的量刑步骤，要求裁判文书说明量刑理由。2014 年，最高人民法院发布《关于实施量刑规范化工作的通知》，要求自 2014 年 1 月 1 日起全国法院正式启动量刑规范化工作，同时，出台《关于常见犯罪的量刑指导意见》，明确了罪刑相适应、宽严相济、量刑均衡等指导原则，细化了量刑的基本方法，对未遂、自首、坦白等 14 种常见量刑情节及 15 种常见罪名的量刑幅度提出了指导意见。随后，湖北、广东、青海等地高级人民法院也制定了相应的实施细则。甘肃省高级人民法院出台的《量刑规范化实施细则》，目前规范量刑已覆盖到 15 类常见罪名，占刑事案件的 80% 以上。量刑规范化改革使量刑程序更加公开透明，依据更加具体明确，方法更加科学规范，结果更加均衡公正，有利于减少"同罪不同罚"的现象，加强对法官自由裁量权的内部监督，促进量刑公平公正。

3. 案件质效监督、评查机制

完善审判管理监督，提升、优化案件质量、效率，是多年来法院改革的努力方向。20 世纪末 21 世纪初，最高人民法院引导全国各级人民法院建立健全案件流程管理机制，对超审限问题作了严格规定，对每一个案件，从立案到审理、判决、执行的各个环节，以案件流程管理跟踪卡的形式随案移转，并要求各个审理环节及时将审理情况如实登记或输入联网的电脑，由立案庭全程监督案件审理的进展情况，以防范审理程序中的随意性；建立健全案件质量评查机制，案件质量评查工作由专人负责，在归档前对每一件已结案件材料是否齐全、程序是否合法、实体裁判是否公正等进行全面检查、评查，发现问题，通知合议庭及时纠正或上报审委会。2010 年年底，最高人民法院成立了审判管理办公室，发布《关于基层人民法院审判质量管理工作的指导意见》，加强对审判流程和办案质量效率的管理监督；2011 年出台《关于加强人民法院审判管理工作的若干意见》，修订《关于开展案件质量评估工作的指导意见》，对试行三年的法院案件质量评估指标体系进行调整完善，设计了包括公众满意度在内的 31 项评估指标；出台《关于加强均衡结案的意见》，发布"均衡结案评估参考指标体系"，解决"控制收案、突击结案"等问题，解决法院积案、提高审判质效；2012 年下发《关于在全员岗位大培训中开展庭审评查和裁判文书评查活动的通知》，"两评查"工作大力开展，全国法院共评查庭审 27.67 万个，裁判文书 143.86 万份；2013 年下发《人民法院案件质量评估指数编制办法（试行）》，对指标的量化方法和指数的合成方法作了明确规定，旨在方便各级法院科学合理运用评估指数，杜绝"唯指标论"等不良现象；2014 年决定取消各高级人民法院的考核排名，除依法保留审限内结案率等必要约束性指标外，其他评估指标一律作为统计分析的参考性指标，坚决杜绝以保证结案率为由年底不受理案件的做法，各高级人民法院按照上述要求取消本地区内不合理的考核指标。2008 年至 2012 年，各级人民法院利用信息管理系统，对立案、分案、开庭、裁判、执行、归档等各个流程节点进行监控和预警提示，有些法院对审限内未结案的交法院纪检监察部门挂牌督办，审判质量效率进一步提升；沈阳市中级人民法院增设了审判管理办公室，建立了审判质效和法官业绩考评机制，实行了审判工作运行通报、超审限案件预警催办等制度，完善了案件质量评查机制。2013 年至今，甘肃省高级人民法院完善审判质效评估体系，推行案件流程管理信息每月通报、审判形势季度分析、审判质量年度评估等制度，鼓励多办案、快办案、办好案。

4. 冤假错案监督、防范机制

早在 20 世纪 90 年代初，秦皇岛海港区人民法院率先确立的错案责任追究制就在全国法院工作会议上得以全面推广。1998 年，《人民法院审判人员违法审判责任追究办法（试行）》

和《人民法院审判纪律处分办法（试行）》出台，法院违法举报中心设立，错案责任制在全国推行。2008年云南高级人民法院出台《关于法院审判人员违法审判责任追究办法实施细则（试行）》，将审判责任扩大到终身责任。2007年死刑核准权收归最高人民法院统一行使，此后，最高人民法院单独或联合有关部门先后出台《关于办理死刑案件审查判断证据若干问题的规定》《关于办理刑事案件排除非法证据若干问题的规定》《关于复核死刑案件若干问题的规定》《关于进一步严格依法办案确保办理死刑案件质量的意见》《关于充分保障律师依法履行辩护职责，确保死刑案件办理质量的若干规定》《关于办理死刑复核案件听取辩护律师意见的办法》等一系列文件，对于纠正死刑错误适用、防止冤案发生起到了积极作用。2013年，修改后《刑事诉讼法》将尊重和保障人权作为我国刑事诉讼的基本原则，习近平总书记在中央有关会议上强调"让人民群众在每一个司法案件中都感受到公平正义"，在此背景下，按照当年中央政法委出台的《关于切实防止冤假错案的规定》，最高人民法院发布《关于建立健全防范刑事冤假错案工作机制的意见》，要求防范冤假错案工作必须坚持尊重和保障人权、依法独立行使审判权、程序公正、审判公开、证据裁判五大理念，改变"口供至上"做法，强化证据审查，明确案件审理过程中应以庭审为中心，严格证据审查判断，明确了冤假错案的认定标准、纠错启动主体和程序，采取了更具针对性和可操作性的举措，健全了冤假错案的责任追究机制，强化了司法问责的刚性，强调合议庭成员共同对案件事实负责，承办法官为案件质量第一责任人。2013年，全国法院系统先后纠正了浙江张氏叔侄案、河南李怀亮案、浙江萧山案、安徽余英生案等12起重大冤案，依法宣告825名被告人无罪。2014年3月，最高人民法院周强向全国人大做工作报告时重申："坚决防止和纠正冤假错案，要求下级法院对疑似重大冤假错案要'一案一报'，确保逐案监督和全程监督。"当年，因证据不足，甘肃劳模武仲兴因涉嫌贪污在押并历经 8 年审理，经庆阳市中级人民院宣告无罪；曾以盗窃罪被判有期徒刑 8 年的辽宁女子白春荣，经佛山中级人民法院改判无罪；4 次被判死刑的念斌，经福建高级人民法院宣告无罪；被判犯故意杀人、强奸罪而入狱 16 年的徐辉，经珠海市中级人民法院宣告无罪；已被执行死刑的呼格吉勒图被内蒙古自治区高级人民法院宣告无罪……2015 年 8 月，中央深化司法改革小组通过《关于完善人民法院司法责任制的若干意见》和《关于完善人民检察院司法责任制的若干意见》，细化了独任法官、合议庭承办法官及其他成员、法官助理、书记员的职权和责任范围，及担责方式、追责程序、法官履职保障等问题，明确了责任归属和免责情形，对冤假错案进行了一定界定，意图通过司法责任制约束司法行为、倒逼司法公正，一定程度上体现了法治的进步。

5. 审判组织监督优化机制

改革审判委员会制度、完善合议庭办案责任制，保障这些审判组织依法履行职权，是保障审判权力公正行使的基础。早在 20 世纪末，全国各级人民法院就建立健全院、庭长参与庭审机制，改变院、庭长听汇报定案的传统做法，由院、庭长担任审判长参与案件审理，通过旁听开庭、合议庭评议、召开审判长联席会议讨论疑难案件等方式加强对合议庭的监督。2010 年 1 月，最高人民法院在 2002 年《关于人民法院合议庭工作的若干规定》、2007 年《关于完善院长、副院长、庭长、副庭长参加合议庭审理案件制度的若干意见》的基础上，颁行《关于进一步加强合议庭职责的若干规定》，明确了合议庭组成方式、职能分工、内部运作、考评机制和责任分配，厘清了合议庭与审委会、院长、庭长、庭务会的关系，加强了审判的监督指导。2013 年 10 月，最高人民法院下发《关于深化司法公开、审判权运行机制改革的试点方案》，在上海、江苏、浙江、广东、陕西等省市的 7 个中级人民法院和两个基层人民法院开展试点，全国各地人民法院也相继开展同类改革，力图科学设置审判组织，合理界定各类审判组织的职权范围，理顺各类审判组织之间的关系，优化配置法院内部各主体的审判职责与管理职责，依法强化各种职能之间的制约监督，严格落实独任法官、合议庭、审判委员会的办案责任，做到"权责统一"，完善审判委员会的议事规则，确保独任法官、合议庭、审判委员会及其成员依法公正、独立行使审判职权，在一定程度上解决了当前普遍存在的"审判分离"、人浮于事的问题，促进了法官的专业化，减少了司法腐败，提高了审判质效。如河南省高级人民法院探索推行了新型的合议庭制度，在 36 个法院试行新型合议庭制度，构建以主审法官为中心的审判团队，加强了合议庭成员的配合和相互监督，新型合议庭结案时间平均缩短了 15 天，服判息诉率提高近 5 个百分点；广东省佛山市中级人民法院实行合议庭工作机制改革后，2013 年前 10 个月，在收案数攀升的情况下"发回重审改判案件"同比减少 14 件，群众来信来访同比下降 7.81%；甘肃省高级人民法院 2014 年在试点法院建立新型合议庭办案机制，在人民法庭推行法官办案责任制，实现"让审理者裁判，由裁判者负责"，错案责任追究制得以健全落实；北京市高级人民法院 2014 年减少院长、庭长对案件的行政化审批，建立主审法官会议、审判长联席会议等机制，规范院长、庭长行使审判管理权和监督权的范围、方式和程序，加强审判委员会对审判工作的宏观指导，规范审委会讨论案件的程序，当年改判和发回重审417件，为下一步全面开展审判权运行机制改革积累了经验；沈阳市中级人民法院2013年改革了审判委员会制度，设立了刑事、民事行政（含执行）审判专业委员会，进一步发挥了审判委员会在确保案件质量、统一法律适用和总结审判经验上的积极作用。

6. 审级监督优化机制

长期以来，我国上下级法院之间存在以下审级监督的非正常关系，主要表现为：案件内部请示汇报制度规避了一审法院审判案件遭上诉风险，导致两审终审制虚设、当事人审级利益得不到保障；上级法院以"提前介入""挂牌督办"、内部批示等方式主动干预下级法院审判的行为导致审级监督越位；发回重审、提级管辖制度适用条件模糊，导致上级法院此类行为随意性大，不能有效发挥审级监督的功能，增加了当事人诉讼成本，浪费了司法资源等。为此，人民法院"二五纲要"要求对案件请示的做法进行诉讼化改造，"三五纲要"明确提出改革和完善上下级法院的关系。2010年年底，最高人民法院审议通过《关于规范上下级人民法院审判业务关系的若干意见》，明确了上级法院指导下级法院审判工作的范围与方式，规定了上级法院对特定类型案件的提级管辖，以及发回重审程序、高级法院发布审判指导文件的程序和内容。促进了审级监督的法治化，在一定程度上抑制了审级监督的乱象，对提高办案质量有一定作用。2014年开始，按照党的十八届四中全会的要求，全国各级人民法院又开始实行立案登记制。最高人民法院发布《关于人民法院登记立案若干问题的规定》，明确立案登记制的操作细则，规定法院接收诉状后应出具书面凭证，并根据案件类型对审查期限作出不同规定，规定法官违反立案登记制度，当事人可以反映到上级法院，违反相关规定法官会受到惩戒，督促各级人民法院依法保障公民参加诉讼的权益，立案推诿、刁难现象在一定程度上得到抑制。

7. 执行监督优化机制

从 20 世纪末开始，全国各级人民法院针对执行难、执行慢、消极执行等问题，开始了执行工作机制改革。20 世纪末，人民法院建立了立案、审判、执行、审判监督全面分离机制，成立相应的业务庭，要求各业务庭之间相互配合，相互监督，将庭前程序与庭审程序分立，诉讼保全、鉴定、评估和审计从审判权中分离，执行裁决权、执行实施权、执行异议审查权分立，使得审案法官不再自行调查收集证据，而由专门的调查组负责，以减少审案法官与当事人的庭外接触。2010 年，最高人民法院会同 19 个中央和国家机关联合发布《关于建立和完善执行联动机制若干问题的意见》，进一步加强执行工作规范化建设，完善执行信息查询制度，强化对执行权的内部监督制约，重点解决消极执行等问题，充分利用督促执行、提级执行、指定执行等方式，不断提高执行的质量和效率。2011 年，最高人民法院制定《关于执行权合理配置和科学运行的若干意见》，涉及执行机构的内部职责划分，执行机构与立案、审判等机构的职责划分以及上下级法院之间的统一管理三个方面，核心内容在于将执行权明确划分为执行实施权与执行审查权，分由不同的执法主体按照不同的程序行使，互相制约，规范运行；制定《关于在审判执行工作中切实规范自由裁量权行使保障法律统一适用的指导意见》，对于规范自由裁量权具有积极意义。此外，还制定了委托执行以及委托评估、拍卖等工作的规定，强化对执行权的监督。2012 年，发布《关于在审判执行工作中切实规范自由裁量权行使保障法律统一适用的指导意见》，规范法官自由裁量权；2015 年深化执行体制机制改革，完善网络查控体系，河北、浙江、广西等地人民法院积极开展审执分离改革试点，取得初步成效；甘肃省高级人民法院完善审判绩效考评体系、指标设置，对各中级人民法院审判执行工作实行量化考核，促进了审判执行工作的健康发展。

8. 司法廉政强化机制

司法廉政建设是人民法院强化党内监督、强化审判队伍作风建设、反腐拒变的重要抓手。2009 年 6 月，最高人民法院借鉴党内巡视制度经验，试点旨在加强上级法院对下级法院领导班子、司法业务、司法队伍建设等方面内部监督的司法巡查制度，先后派出五批司法巡查组，通过听取工作汇报、调阅资料、组织民主测评、召开座谈会、组织个别谈话、进行走访、暗访检查等方式，巡查了 10 个高级人民法院所辖的 80 个中级人民法院、166 个基层人民法院、49 个派出法庭，巡查结果及整改情况将作为考核评价、表彰奖励、职级晋升、职务任免的重要依据。2010 年 10 月，最高人民法院颁布《人民法院司法巡查工作暂行规定》，正式建立司法巡查制度。当年，全国 26 个高级人民法院、246 个中级人民法院建立了司法巡查制度，共对 1803 个下级法院进行了司法巡查，促进了司法廉洁。与此同时，全国有 26 个高级人民法院、普遍建立廉政监察员制度，各级人民法院共任命廉政监察员 30623 名，较好地发挥了廉政监察员对审判一线的直接监督作用。各级人民法院还开展对违规收费、违规管理涉案款物、违规使用司法强制措施等问题的专项治理活动，及时发现和纠正存在的问题；完善举报线索核查机制，高级人民法院全部开通与最高人民法院联网的违纪违法举报网站，推进反腐倡廉工作创新。最高人民法院还颁布实施《关于对配偶子女从事律师职业的法院领导干部和审判执行岗位法官实行任职回避的规定》，制定《关于在审判工作中防止法院内部人员干扰办案的若干规定》，努力从制度机制上促进司法廉洁。2010 年，全国法院共查处违纪违法人员 783 人，同比下降 1.51%。其中，受到政纪处分的 540 人，因贪污、贿赂、徇私枉法被追究刑事责任的 113 人，同比分别下降 4.09% 和 17.52%。2011 年，最高人民法院对 10 个高级法院进行了司法巡查，各级法院共有 995 名配偶子女从事律师职业的法院领导干部、审判执行岗位法官实行了任职回避；各级法院查处违纪违法人员 519 人，其中因贪污、贿赂、徇私枉法受到刑事追究的 77 人，同比分别下降 33.7% 和 30.6%；2014 年，最高人民法院对 73 名履职不力的法院领导干部进行党风廉政问责，对当事人随案发放廉政监督卡，开展廉政回访。全国四级法院全部开通举报网站，实现联网运行和实时监督，及时处理举报线索，在全国法院清查虚假诉讼案件 3397 件，立案查处 307 人。查处利用审判执行权违纪违法干警 863 人，其中移送司法机关处理 138 人，给予党纪政纪处分 781 人，同比分别上升 126.5%、36.6% 和 120.6%；2015 年，最高人民法院落实"一案双查"，对 575 名履职不力的法院领导干部进行党风廉政问责，查处本院违纪违法干警 14 人，各级法院查处利用审判执行权违纪违法干警 721 人，其中移送司法机关处理 120 人。

（三）审判机关内部监督制约机制的问题剖析

从上述审判机关内部监督制约机制的运行情况看，应当说，呼应各个时期党中央对司法公正的高度要求、人民群众对司法公正的持续期待，应对法院提高办案质效、提升司法公信力等要求，人民法院在加强审判机关内部监督制约方面进行了不懈的努力，审判机关内部监督制约机制经过先行试点、改革矫正、全面推广，逐步科学、完善，取得了有目共睹的成效，促进了依法、公正审判，防范和遏制了司法腐败。与此同时，由于内部监督总体是在现有司法体制的框架内进行，现有司法体制固有的缺陷对监督机制产生的根本性影响，加之内部监督的主体与其对象往往同一或关系密切导致监督天生就有"护短""刚性不足"等特点，监督机制的构建是一个复杂的系统工程，当前很多监督机制是应对社会转型时期不同需要即时产生，理性论证、评估不足，监督机制必须与立法规定相对应，而随着我国社会主义法律体系的不断健全，法律也在不断健全完善，导致机制构建的难度增大，审判机关内部监督机制的完善也存在一些问题，使得机制在运行中有的偏离了机制作为司法制度的根本属性，有的功能发生异化，有的成效不显，有的甚至违反司法规律、侵害当事人诉权、影响审判权独立、依法运行。主要表现为：

1. 行政化顽疾固存

审判权独立行使是审判权依法公正行使的前提。众所周知，新一轮司法改革的方向就是去除司法制度地方化、去行政化以保障司法权独立、公正行使。这是因为，我国现行司法、行政合一的司法体制，使得"泛行政化"现象充斥我国司法制度包括司法机关监督制约制度的诸多环节，不仅浪费了本就匮乏的司法资源，而且异化了司法机关监督者与被监督者、制约者与被制约者的关系，造成了违背司法规律、有损司法公正等不良后果。如最高人民法院常务副院长沈德咏在《我们应当如何防范冤假错案案》的专题文章中就认为，一些冤假错案，如赵作海杀人案，往往是奉命行事、放弃原则，或者工作马虎、失职的结果；杨支柱在《对新一轮司法体制改革目标的解读》中认为，司法不公的首要原因不能归咎于司法地方化，内部行政化才是妨碍审判独立的直接原因，因此，司法体制改革的核心是建立有利于保障法官独立审判的职业保障制度。① 具体到审判机关内部监督制约机制，《宪法》第127条明确规定："最高人民法院监督各级人民法院的审判工作；上级人民法院监督下级人民法院的审判工作。"然而，现实情况是上级法院的这种监督往往演化成直接就个案审理发出指示或指导意见，使得"监督"异化为"干涉"。另外，下级法院法官在审理难以把握的案件时，为了转移责任，倾向于多请示、多汇报，上交矛盾，实际上变相混同了上下级法院在行政职能上作为管理者与被管理者和司法职能上作为监督者与被监督者的职能，也使得当事人的上诉权实质虚置。法院内部院、庭长、审判委员会的监督权也具有浓厚的行政色彩，案件逐层汇报、审批的做法就是典型表现。由于院、庭长本身具有行政地位上的优势，其在案件讨论中极易影响甚至左右其他成员的观点。

事实上，司法行政化这一痼疾，从1997年党的十五大报告首次提出"推进司法改革，从制度上保证司法机关依法独立公正地行使审判权和检察权"开始，在党中央的整体统筹和推进下，就成为人民法院内部改革关注的焦点。近年来，尤其是随着新一轮司法改革关于司法去行政化的探索逐步深入，合议庭负责制、审判长和独任制以及贯彻直接审判原则的机制改革、审判人员分类管理、司法责任制、省以下人、财、物统一管理等改革连续跟进。然而，由于缺乏完善的顶层设计和整体、系统、配套机制的跟进，从体制上改变司法行政化的问题

---

① 杨支柱：《对新一轮司法体制改革目标的解读》，载《炎黄春秋》2014年2月28日。

未取得实质性突破,①　并未触及司法去行政化的深层次问题,有的改革反而走了"回头路",强化了司法行政化。如2009年最高人民法院《人民法院第三个五年改革纲要（2009～2013）》对实际存在的上下级法院的请示报告制度予以认可；现有的主审法官制虽然一定程度上提升了司法的独立性,强化了对合议庭的监督,但也为案件审判增加了新一层的"领导",在一定程度上强化了司法行政化。再如近几年开始试点的省以下法院的人财物统一管理改革,有的地区在试点中由省级法院主导对市、区两级法院的人财物管理,将"统一管理"异化为"垂直管理",强化了省级法院在审级监督中对下级法院的行政控制权,变相上收了下级法院的一些法定职权,背离了改革的初衷,甚至对司法制度民主化带来危害。党的十八大和十八届三中全会、四中全会着眼于进一步深化司法改革,推进依法治国,把司法去行政化作为改革的重要基石,从体制上阻断司法行政化的"源头",从措施上加大去司法行政化机制改革的落实力度,从法官队伍建设和职业保障上夯实去司法行政化机制改革的基础,已势在必行。

2. 形式化问题突出

机制要实实在在见成效,落实是关键。何为"落实"？一是指机制的规定要全面、不折不扣落实；二是指要按照机制创设的初衷正确的落实；三是指要长效落实,不走过场,不似一阵风。然而,综观我国现行的审判机关内部监督制约机制,可以说,作为法院内部进行的一种自我约束、自我完善,即使其

────────────

①　孙应征：《对司法去地方化、去行政化有关问题的思考》,载徐汉明主编：《问题与进路：全面深化司法体制改革》,法律出版社2015年版,第139页。

中很多机制渐趋科学、完善，落实时，也受到司法体制和周边环境的根本制约，更受到法院部门利益的干扰和阻碍，导致有的机制规定始终停留在纸面上，缺乏配套的条件执行；有的机制"雷声大，雨点小"，机制落实走形式、走过场、一阵风、运动式执法；有的机制只是泛泛执行相关规定，一旦触及具体人、具体部门的利益，则通过"协调"等方式大而化小、小而化无；还有的机制刚性不足，即使实施也解决不了监督制约体制的深层次问题，等等。

如合议制机制改革的根本出发点是解决合议庭行政化和职能虚化的问题，而机制的真正贯彻落实还有赖于法院和法官办案理念的转变、案多人少等困难的缓解、法院内部管理的完善等诸多因素。可以说，合议制机制改革牵一发而动全身，在法院科学的案件分流机制、司法责任制等配套机制尚未健全、审判委员会等审判组织改革尚待深入、法院内部管理机制尚待完善的现实情形下，该机制必然难以达到预期功效。与此同理，2011年初，最高人民法院发布《关于规范上下级人民法院审判业务关系的若干意见》（以下简称《意见》），明确了上级法院指导下级法院审判工作的范围与方式，规定了上级法院对特定类型案件的提级管辖，进一步规范了发回重审程序以及高级法院发布审判指导文件的程序和内容，旨在纠正长期以来上级法院履行审级监督职能时以"提前介入""挂牌督办"、内部批示等形式"非正常"干预下级法院审判的行为，消弭上级法院因发回重审条件模糊，提级管辖制度适用条件不明，随意发回重审，适用提级管辖，不能有效发挥审级监督功能等现象，规范上级法院出台审判指导文件、指导性案例，完善监督下级法院依法履行审判职能的程序、方式和内容。然而，就审级利益而言，上级法院并不愿轻易放弃对下级法院的控制，这导致《意见》制定时就存在效力"疲软"、解决问题不彻底等隐患。实践中，上级法院实施《意见》也缺乏足够的主动性，规避《意见》，变相执行相关规定，表现形式五花八门，加之配套改革未跟进，从最高人民法院近五年来的工作报告看，全国法院案件发回重审率、服判息诉率等并无大的变化。这说明，《意见》发布以来，相关情况并无明显改善。审判人员违法行为的责任追究机制形式化特征更加明显。如前所述，近年来，最高人民法院先后出台了《审判人员违法审判责任追究办法》《人民法院工作人员处分条例》《关于在审判执行工作中切实规范自由裁量权行使保障法律统一适用的指导意见》《关于建立健全防范刑事冤假错案工作机制的意见》等规范性文件，从宏观到微观、从一般环节到重点环节，对审判人员违法审判行为作出了包括审判人员违法审判行为认定的标准、承担的责任、追究的程序等内容的全面规定。然而，出于对审判人员积极性的保护，出于对法院整体司法公信力的维护，这些规定对违法审判责任的构成要件十分严格，要求责任人具有故意、过失且造成严重后果，造成实践中认定难度大；加之这些规定在责任认定程序和标准等方面不尽科学、笼统、概括、模糊，责任追究规定缺乏刚性，没有规定信息依法公开、违法监督、怠于监督的后果和责任承担等保障监督公正的有力措施，给实践中在遮盖"家丑"心理支配下降格处理此类行为以可乘之机，使得这类监督机制的效果查处并不到位，走形式、走过场的居多，很多处理最终都是不了了之，监督效果并不明显。

3. 科学化水平不高

审判机关内部监督制约机制从本质上说是现行立法关于审判机关内部监督制约规定的具体化和科学化。从现行机制运行情况看，机制离系统、有机、协调、高效等机制创建的要求显然还存在一定距离。

一是系统性不足。现有的审判机关内部监督制约机制在模式架构上由审判职能监督体系和行政职能监督体系构成，纪检组、监察室、审监庭、案件质效评估组织、立案庭、信访办、督导室等都有权履行监督职能。立、审、执、监分立后，各审判业务部门之间也形成了审判流程上的监督关系。此外，还有审判委员会、合议庭之间及其内部的监督，院长、庭长的行政职级监督等。实际运作中，各类监督平行运作、职能、对象交叉重复，各监督主体之间职权界限并不明晰，也缺乏协调的机制对各监督力量有机整合，促其发挥合力。例如，对于某些裁判不公的个案，往往隐含着法官的违法违纪行为，而对违法违纪行为的追查过程中又往往涉及到具体个案。实践中，对于案件的监督与对于该案件中违法违纪行为的监督常常出现或者监督主体职能混同，或者监督主体各行其是的现象，其结果导致要么越权监督，要么监督信息不共享、监督力量分散、监督环节脱节，削弱了监督的力度和强度。

二是存在机制违反规律现象。从权力监督制约机制设计的基本规律看，内部监督制约相对于外部监督制约，虽然更可能发现违法乱纪行为、减少违法乱纪给组织带来的负面影响从而更能维护组织的正面形象，① 但由于监督者与监督对象之间的关系距离更近，因而公开和处罚违法乱纪者的概率也就更低。② 如果内部监督制约发现违法行为的概率再降低，那么监督制约

① 张弢、贺少锋：《论人民法院内部监督机制的完善》，载《法律适用》2003 年第 7 期。

② 李可：《法院内部监督问题研究》，载《江苏社会科学》2014 年第 5 期。

机制实施的成效可想而知。现行的审判机关内部监督制约机制，对于审判权力的约束是单向的，以检查、督导形式开展，也就是说以"监督"的方式为主，相对"制约"的方式而言，本来就缺乏必要的刚性，更未走出事后对案件裁判结果监督的窠臼，如近年来法院内部出台的几个追究审判人员违法违纪行为的规范性文件，绝大多数都是针对已形成的错误裁判或已造成严重后果的情形的，这样，便忽视了对审判过程合法性的监督，至多起到事后惩戒、防止再犯的作用，难以起到预防隐患的作用。同时，这种监督也是自上而下的，这就导致职位越高的人员、级别越高的法院监督权力越大、监督范围越广，却较少甚至几乎不受监督，滋生了监督腐败的土壤。同时，这种监督位序也使得相邻两级法院由于利益联系紧密，掌握违法违纪信息较多的上一级法院往往在迫不得已的情况下才启动监督职能，而且在处理上也常常降格处理，而监督主动性较强、决心更坚定的隔级上级法院又难以掌握充分、准确的监督信息，常常难以发现监督，或者发现了监督也难以落实监督，导致监督不力。

三是存在监督空白。近年来，随着审判方式改革进一步深化，合议庭、独任审判员的权力不断扩大而享有对绝大多数案件直接进行裁判的权力，但相应的监督制约机制并未建立，致使对这些改革产生的"新生"岗位形成了监督的"真空地带"。此外，目前审判机关内部监督制约机制的重点仍然放在对裁判的实体监督上，对于程序的监督并没有贯穿整个审判活动的每一个环节。审判机关内部监督制约机制的欠科学化还体现在机制设置的理念、内容、程序等其他方面。前述《人民法院工作人员处分条例》，其主要依托的纪检监察制度、廉政监督员制度本身就存在天然缺陷，在犯罪行为的发现、监察、惩治机制和正面的激励机制未构建完善情形下，很可能导致该条例实施疲软。司法巡查机制作为上级法院对下级法院进行巡回检查的内部监督机制亦是如此。它借鉴党内巡视制度经验，通过听取工作汇报、调阅资料、组织民主测评、召开座谈会、组织个别谈话、进行走访、暗访检查等方式，加强上级法院对下级法院领导班子、司法业务、司法队伍建设等方面的内部监督。应当说，在司法公正保障措施不足的背景下，该制度短期内可能对改进法院管理、提高办案质量有一定作用。但该机制在实施中，巡查组织也可能因下级法院事前准备而难以获取真实信息；巡查工作纪律要求巡查不干预被巡查法院的正常工作，不过问被巡查法院正在办理的案件，不直接查办违纪违法案件，也与巡查目标有内在冲突，在实践中执行难度较大。与此情况类似的还有 2012 年建立的均衡结案工作机制，该机制实质上仍是一种数字化管理的外在约束机制，引导法官追求"平均数"，法官可采取已结案件预留不报等"对策"应对，难以真正激励法官公正高效地发挥审判职能，提升案件质量的作用有限。

4. 法治化程度欠缺

司法改革是推进法治中国建设的组成部分，司法改革的方式应在法治轨道上推进。作为司法改革的重要组成部分，司法机关监督制约机制改革是司法改革的基石，关乎司法改革的成败，更应当严格遵守法治原则，按照法治的理念、法治的精神、法治的方式、法治的手段在法治的轨道内进行。就目前的审判机关内部监督制约机制而言，法治化程度还有较大的提升空间。最主要的是存在监督主体性质混淆、监督权能越位的现象。根据我国《人民法院组织法》等相关法律的规定，在法院内部，虽然存在多元的监督主体、监督对象，但法律对于各监督主体的权限有明确的规定。无论是上级法院的监督，还是本级院、庭长的监督，纪检、监察及各审判业务部门的监督，都必须在在法律赋予的监督权限内行使监督权并纳入法律化、规范化的轨道。但事实上，在现有的审判机关内部监督制约机制上，不但存在监督主体越过"监督"界限、违反法律底线，干涉监督对象办案、监督对象规避法定监督程序、监督功能异化的现象，也存在机制随意扩大或缩小解释法律规定的情况，如人民法院受理普通程序审理民事案件的期限，是从案件受理之日起6个月，特殊情况下需要延期的，由法院院长批准，可继续延长6个月，需要再延期的必须由中级人民法院批准。但有的法院为了快审快结，对内部作另一规定，6个月审结提出最迟4个月，不按规定就应受到批评惩罚，完全超越了法律规定范围。在错案追究机制中，对于何为"错案"，追究责任相关的责任主体、责任类别、追究主体、追究程序、归责原则等，也众说纷纭，各行其是，缺乏法律框架内统一、科学的界定，影响了司法的统一。

（四）健全审判机关内部监督制约机制的路径思考

司法作为"维护社会正义的最后一道防线"，人民群众对其寄予了厚望。作为司法机关的主要力量，审判机关如何加强内部监督制约，防止审判权的滥用，确保其正确实施，是各界关注的焦点，也是当前各级法院亟待解决的重要课题。针对上述审判机关内部监督制约机制存在的问题，亟须以保障司法权力的独立性、公正性、权威性、高效性相统一为目标，推进机制的法治化进程，加强机制的系统化改造，加快机制的科学化步伐，增进机制落实的实效。

1. 强化法治理念对机制建设的引领作用

理念是行动的先导。在审判机关内部监督制约机制建设中强化法治理念，有助于矫正机制建设的方向，提升机制建设的品质，增强机制落实立法规定及已有机制本身落实的力度，防范机制建设和实施中有法不依、随意扩大或限缩立法内涵，以及规避立法、功利依法等现象。

一是要强化规则意识。"法无授权不可为，法定职责必须为。"审判机关内部监督制约机制是对审判机关内部监督制约立法的细化、优化实施，因此机制要校正、改善立法缺陷，必须将具体的改革举措放在现行法律的框架下予以审视，绝不能推翻立法规定，甚至与立法的基本要求、基本精神背道而驰。如果确实需要突破现行法律规定的改革试点，也必须采取立法授权改革试点的方式，以避免"违法改革"的发生。同时，为了便于遵守，审判机关内部监督制约机制一般也会以成文的制度形式表现，强化规则意识，也要求对已形成的机制要全面、严格、规范地去落实，切实避免执行机制的消极性、形式化、随意性。以案件质量评价机制为例，2011年3月最高人民法院下发《关于开展案件质量评估工作的指导意见》，完成了法院案件质量评估从个案评查向整体的、全面的案件质量评估体系的转型，地方各级人民法院相继建立了细化该规定的实施机制。但不管这些机制以怎样的形态表现，都应遵守现行刑事、民事、行政诉讼法规定的法院审判案件所要达到的证据标准、裁判标准和启动审判监督程序的条件等，这是审判案件质量的直接立法，审判机关内部的案件质量评价机制即使要探索性地创设一些符合立法精神的评价标准（例如体现刑事诉讼人权保障原则、非法证据排除原则的质量标准），也绝不能超出法律规定、法律原则、立法精神而创设与之相悖的质量评价标准。同时，机制一旦建立，也应当按照机制的价值目标、实施要求、规定内容正确、严格实施，不应歪曲机制推动公正司法的价值目标，或者变相、规避实施机制内容。实践中，一些法院不排除"新证据"出现等原因，将上诉改判和上诉发回重审改判的案件一律视为质量问题案件，机械设定发改率区间，① 实际上违反了立法对于审判案件的基本质量标准。基层法院为了将上诉改判和上诉发回重审改判案件控制在机制规定的区间内，没有按照案件的客观情况严格执行立法和案件质量评价机制规定的程序，频繁向上级法院请示案件，客观上剥夺了立法赋予当事人的上诉权，也歪曲了机制的原意。

二是要强化程序意识。美国著名大法官威廉姆斯·道格拉斯说，"程序决定了法治与恣意的人治之间的基本区别"；我国著名法学家季卫东在《中国社会科学》刊载的《法律程序的意义——对中国法制建设的另一种思考》一文中指出："法治的程度，可以主要用国家和人民共同服从程序的状态作为标尺来衡量。"司法正义的含义包含实体正义和程序正义两个方面。程序，是看得见的正义的形式。当前在审判机关内部监督制约机制中对程序的重视程度日益提高，有些地区在机制建设中探索加强程序监督，如在量刑规范化机制改革中，福建省宁德市中级法院试行"判前说理"制度、上海市徐汇区人民法院首推"量刑答辩"制度以及郑州市中级人民法院试行量刑理由展示制度，都给我们从程序法的角度上加强审判机关内部监督制约提供了良好的借鉴。尽管如此，重实体、轻程序的观念和做法在机制建设中的影响仍然存在，许多机制的出台都以裁判结果是否公正作为价值取向，而忽视监督诉讼程序的公平、公正，

----

① 郑肖肖：《案件质量评估的实证检视与功能回归——以发回重审、改判率等指标为切入点探讨》，载周腾主编：《一线司法理论与实证研究》（第三卷上册），法律出版社 2015 年版，第 94 页。

以及由此对于实体权利义务可能产生的影响。如审判委员会监督机制中，当审判委员会作为一级审判组织讨论案件时，对于其成员是否遵守回避的法律规定，就缺乏必要的监督，更多的是依靠成员自律，导致程序上出现"真空地带"。《人民法院五年改革纲要》虽然提出要建立科学的案件审理流程管理机制，但这只是对立案、送达、开庭、结案、执行等不同审理阶段进行跟踪管理，并不介入案件程序，更不介入案件实体，只是按照审判流程的走向进行监督。可见，在审判机关内部监督制约机制建设中对"程序"还未达到应有的认识高度。美国法学家博登海默说："正义具有着一张普罗透斯的脸，变幻无常，可随时呈现出不同形状，并具有极不相同的面貌"。在审判机关内部监督制约机制中，从实体结果上去加强监督制约固然简便、实用，但程序是一面直观的镜子，如果不重视对法官运用司法程序的监督，案件审理在程序方面出了错，被告人、当事人等会直接质疑判决公正的基础。同样，如果忽视用程序监督制约的手段来强化审判机关内部监督制约，一者监督制约对象会无统一、明确的遵循（对司法正义的价值理解、实体标准毕竟是主观的），二者即使被监督制约后追责了，由于是否追责的标准是实体裁判有无错误，主观性较强，被追责的监督制约对象也难以心服口服。因此，强化法治理念，必须要强化程序意识。具体来说，其一，要在机制建设中以加强法官的程序自觉为机制的价值目标。可以在机制总纲中要求法官要严格按照诉讼程序办案，在机制内容上将法官是否严守诉讼程序作为监督制约的内容，将是否遵守程序作为监督制约追责的标准之一。要通过构建和实施审判机关内部监督制约机制将懂程序、讲程序，按程序办事深嵌入法官的办案意识，促其内化为自觉行为。其二，要重视用程序规制达到监督制约的价值目标。如在审判委员会讨论决定案件机制中，要促进会前审查程序的精细化、严格化，要求办案人提交汇报讨论案件的证据清单和引用法条的内容，明确办案人汇报审委会的审查报告以案件中争议事实、证据或法律适用为主要内容，而不是全案事实、证据或法律适用。其三，要重视机制构建本身的程序性，时刻警醒在机制建设中克服个人的主观随意性和无原则的弹性，通过制订规划、调研起草、征询意见、修改完善、审定试行、反馈修订、正式实施等机制建设环节的严格程序，保障机制的形式和内容法治化，使得构建机制本身成为重视程序的标本、典范。

三是要强化治理意识。"法治"不仅是"法制"，"法治"是"治理"从理念步入现实世界的载体和平台。作为"治理"的创始理论的创始人之一，詹姆斯·N.罗西瑙认为，治理是通行于规制空隙之间的那些制度安排，或许更重要的是，当两个或更多规制出现重叠、冲突时，或者在相互竞争的利益之间需要调解时才发挥作用的原则、规范、规则和决策程序。可以说，治理不仅强调法律是人们被动遵守的规范，而且主张要通过互动来达到法律调整公共秩序、保障人权、促进公正和效率等。这就要求审判机关内部监督制约机制能动而不机械、温情而不呆板，防止法律的教条执行，在机制设置时更注重司法监督制约与司法独立、法官人权的维护相结合等，例如，在加强对法官违法行为的纪检监察时，防止干涉法官对案件的独立判断，注意保护法官独立办案的积极性，赋予法官对自己行为的申辩权等。

2. 强化司法规律对机制改革的完善作用

司法规律是指国家通过司法途径解决社会纠纷时的规律性

特征，体现着司法活动过程中各种要素之间的内在联系，① 包括审判工作规律、审判管理规律、权力运行规律、监督制约规律等类型。司法规律对于审判机关内部监督制约机制而言，有三个显著作用：

一是统摄着机制改革的内容。健全和完善审判机关内部监督制约机制前，司法规律是对现行审判机关内部监督制约机制运行的状况和效果进行评估的重要依据，决定着机制完善、健全的切入点和机制改革的范围、重点，进而对机制完善、健全的目标设计和方案选择产生关键性影响。司法规律不仅决定现行机制"需不需要改"，而且决定现行机制"如何改""改得如何"，统摄着机制建设的各个环节，支配着机制建设的各项内容，如理论界和实务界普遍认为，目前审判机关内部监督制约机制改革的主要方向是司法独立和司法公正、廉洁，重点是审判权力运行的关键部门、关键岗位，主要的措施是通过程序的法治化加强审判权的制约，就是从"诉诸审判机关解决纠纷是公民权益的终极救济途径，审判权是处断纠纷的终极司法裁断权，审判独立、公正和廉洁是审判机关裁断纠纷达到定分止争的内在要求和必要保障"这一司法规律出发，结合当前审判权异化，人民法院司法公信力低下的现实提出的。原因是审判机关这些行为违背了上述司法规律，导致整个司法权运行机制不畅，效果不佳。

二是决定着机制建设的质效。审判机关内部监督制约机制的完善往往通过改革这种自我完善的活动实现，人们认识、掌握、运用司法规律的程度，往往决定着改革的质量和效果，例

---

① 阮传胜：《遵循规律推进司法改革》，载《学习时报》2015 年第 4 期，第 13 页。

如，以促进办案质量、效率和加强司法独立为目标的司法责任制，如果改革者只关注到了司法规律有关司法公正和司法效率的内在要求，却忽视了"司法主体运用司法权进行司法活动必须与特定的司法机制相匹配"这一司法基本规律，不对法官所处的行政化管理体制变革，也不能科学设计追究司法责任的具体标准，则主办法官可能会因只是增加了办案的权、责，没有得到行政职位的升迁的评价，缺乏主动指挥办案和担责的动力，而由于没有追责的科学标准，主办法官消极履职的行为也得不到实质的追究，很可能导致该制度虚设。

三是矫正着审判机关内部监督制约机制建设的方向。认识、掌握司法规律是一个渐进的过程，随着认识的深化和运用司法规律的能力提高，人们会以司法规律为标准，对已经推行的各项审判机关内部监督制约机制是否准确、科学、有效进行验证、评价，对各项不合理的机制进行纠偏，逐渐调整机制建设的重点、步骤和措施，把各种不符合或者远离司法规律的机制改革及时拉回到司法规律的运行轨道上来，使得审判机关内部监督制约机制建设的情状趋势越来越符合社会经济结构的变迁对上层建筑提出的要求，越来越符合审判权依法、公正运行的内在要求。实践证明，审判机关内部监督制约机制不是一蹴而就的，规范化量刑机制等审判机关内部、外部改革措施之所以不是推行一段时间后萎缩，而是渐趋推广、深入，最终上升为法律制度，归根结底是法、检两机关根据司法规律的内在逻辑不断调整、优化其对象、内容、方式等方面的结果。而另一些审判机关内部监督制约机制改革，如案件请示机制，由于多头、多层级监督不仅强化了审判机关的行政管理，影响了审判独立，也影响了办案效率，在实践中引起了负面效应而备受指责，究其原因也是基于司法规律的内在要求矫正改革思路所致。

司法规律的认识过程是一个观察—分析—比较—推理的过程，需要在科学理论指导下，不断积累经验、探索尝试，认真观察规律在实践中的轨迹，逐渐形成对规律的认知，此后，在实践的反复论证和检验中不断修正、丰富和深化。审判机关内部监督制约机制建设是有目的的实践活动，必然有实践活动本身对于司法规律的本质属性的要求。必须把认识和运用司法规律与审判工作的特点、审判权的司法属性和审判工作的阶段性要求、长远性要求有机结合起来，才能既保证审判机关内部监督制约机制建设正确的方向和机制鲜活的生命力，又充分发挥机制的效能，推动审判工作的公正性、效能性不断提高；要找到审判职能、审判制度、权力监督制约原理与机制的相适点，不断解决好二者的矛盾、冲突，减少二者的内耗，使得机制中不利于发挥审判职能、促进审判权依法、公正、高效运行的因素的负面影响最小化，同时努力追求机制的积极影响最大化。当前，亟须运用司法规律抓好以下几项机制改革：

一是以提升审判权运行公正度为目标，探索构建有效的法官准入、遴选监督制约机制。以人为本、通过促进法官的职业化、专业化促进司法公正是最基本的司法规律。如果把司法看作是一座雄伟的大厦，则法官是整个司法大厦的基石。很多西方国家都设置有严格的法官准入和遴选制度，如在法国，法学院录取学生的比率往往不足报考学生人数的20%，法学院学生能够毕业的人数不足一年级录取的30%，毕业后的法学院学生才有资格进入法官学院进行实务学习，只有通过严格的法官学院考试考核的学生才能够按照成绩高低相应分配到生活环境优劣不同的城市基层法院去工作。法官实行分级考核制，根据考核成绩和工作年限逐级遴选，巴黎上诉法院的法官大多数已超过六十岁。相比而言，我国的法官准入、遴选制度虽然持续发展进步，但迄今为止，仍然存在诸多不科学之处，如法院招录工作人员多样，有通过公务员考试招录的，有通过考核面试以事业人员身份、聘用制书记员身份招录的，有的单位要求通过司法考试，有的单位并不要求通过司法考试。被录入法院后，很多法院只要转正期满并通过司法考试、具有公务员身份，就可直接成为法官助理，但这些法官助理能否成为主任法官，不完全取决于其工作年限、业务水平，还取决于其行政级别、该法院是否有空缺员额、上级领导对该人员的印象等。这种法官准入、遴选程序具有浓烈的行政化、主观性色彩，实际上给招录、遴选法官不公正预留了充分的空间，影响了法官队伍的职业化、优质发展。要解决这一问题，根本的是构建科学、严格、司法化的法官准入、遴选机制。目前情况下，亟须探索构建有效的法官准入、遴选监督制约机制，不仅要督促依法、全面落实现有的法官准入、遴选制度，而且要防范违规招录、遴选法官和规避制度的行为；不仅要注意监督制约显性的违规违法行为，而且要注意隐性的不公正行为（如有的单位提前向职工子弟透露招录信息，在面试时提前打招呼、透试题），通过严格、有效的监督制约把好法官的入门关、晋级关，使现有法官准入、遴选制度最大限度促进法官队伍的健康发展。

二是以破解审判权地方化为目标，探索构建科学的省以下地方法院人、财、物统一管理监督制约机制。通过优化资源配置、提供科学的管理保障、实行科学的管理机制是审判管理工作规律的应有之义。长期以来，不科学的法院管理体制导致审判权地方化，名义上的"国家法院"已经蜕化为"为当地经济保驾护航"的"本地法院"。① 为有效解决这一问题,《中共中央关于全面深化改革若干问题的决定》提出"改革司法管理体制,推动省以下地方法院、检察院人财物统一管理"。各地以此为指针,陆续开展了试点探索。毋庸置疑,目前不管是有些地区实行的由省级法院统管模式还是一些地区试点的由法院以外人员成立的司法委员会统管模式,虽然能够解决地方对法院的干扰问题,但是在统管过程中省级法院的行政权力都会加大,基层法院对省级法院的依附性也随之加强,因此需要建立有效的监督制约机制防止出现省级法院利用统管权力对下级法院行使司法权力进行非业务、行政性干涉,也要防止省级法院对下级法院脱离实际情况区别对待,从而滋生腐败。建议采取以下措施:其一,进一步省级人民法院与下级法院的业务关系。在业务上,省级人民法院主要通过个案审判对下级法院裁判结论进行监督和指导,向下级法院传达自己的观点。其二,进一步规范省级人民法院对下级法院的审判管理关系。省级法院对下级法院的审判管理应着重于宏观管理,不涉及具体案件的程序与实体管理。其三,进一步规范省级人民法院对中级人民法院的管理授权行为。省级统管后,省级人民法院的事务增多,但不能因此将对基层人民法院人财物的管理权授权给中级人民法院,中级人民法院与基层人民法院只能有审级上的监督关系,否则中级人民法院作为最重要的上诉法院,掌控着更多的审判职权,就会有更多的可能利用司法管理权干涉基层法院审判权的独立、公正行使。

三是以遏制审判权行政化倾向为目标,探索构建科学的主

---

① 谭世贵:《司法独立问题研究》,法律出版社 2004 年版,第 50 页。

审法官监督制约机制。为加强审判权的司法化,《中共中央关于全面深化改革若干问题的决定》在审判权运行机制改革方面,重点提出了"完善主审法官、合议庭办案制,让审理裁判、由裁判者负责"的要求。目前,各地法院已开始试点探索,推动了此项改革纵深发展。然而,"有权必有责、用权必监督"是权力运行规律的必然要求,在主审法官的地位和作用不断受到强调的改革背景下,试点地区的主审法官(审判长)的作用正在被强化,权力有不断扩张的趋势,亟须构建科学的监督制约机制保障主审法官权力在法治轨道上行使。就目前各试点地区试行主审法官的情况看,机制亟须解决如何防止审判长行政权力过大导致审判长评议案件专断、合议庭制度虚置的问题。在法院内部审判管理去行政化的改革趋势下,院庭长的审批权限正逐步取消,这就使得合议庭成员之间的相互监督制约日显重要。然而,主审法官制度的实行,扩大了审判长的权限,这极易导致合议庭成员评议案件时的互相监督和制约流于形式。① 为此,建议构建严密的主审法官遴选程序监督机制,严把主审法官的进口,力促业务强、品格好的法官进入主审法官队伍;在此基础上,明确主审法官与合议庭成员的权、责,区分主审法官个人责任和合议庭、审判委员会的集体责任,制定明确、可行的冤、错案标准,构建案件质量终身追究机

---

① 北京市第二中级人民法院在调研报告中称,"审判长由过去的临时性职务变成了相对固定的职务。这种变化使审判长在合议庭中具有超然的地位和职权,成为合议庭的又一个核心,对合议制而言同样是危险的",参见朱江等:《完善合议制度提升司法公信——北京市第二中级人民法院关于完善合议制度的调研报告》,载《人民法院报》2014 年 2 月 27 日。

制，从制度上倒逼主审法官依法、公正履行职权。这方面，天津市第二中级人民法院的探索实践提供了可行范例。该院规定合议庭成员对认定事实、适用法律、开庭审理、案件评议和文书制作等各个环节负共同责任，解决了审判长专权问题；将审判长常任制改成资格制，实行定期选任、优胜劣汰，使其回到了办案人、审判活动组织者的本源状态，同时，对于长期固化的合议庭组织形式所带来的权力封闭运行状态而产生的审判思路趋同、利益交换默契等问题，也进行了一定程度的遏制。①

3. 强化系统论思想对机制功能的提升作用

理想的审判机关内部监督制约机制是一个从机制的目的性、整体性和层次性出发，结构协调、要素科学配置、和谐统一的系统。同时，审判机关内部监督制约机制也是整个审判机关监督制约系统中的一个子系统，其建构也需要实现审判机关内、外部监督制约机制的有机统一。就当前的审判机关内部监督制约机制而言，亟须通过加强机制的系统化改革增强机制整个系统的协同作用，减少内耗，防止监督制约空白、失控、失衡而导致的审判权滥用，保障机制的良性运行。具体来说，应从以下几方面努力，弥补机制的系统漏洞，促进系统功能的最优化：

一是要完善监督制约规范。无规矩不成方圆。现行审判机关内部监督制约机制存在监督制约范围空白、监督制约标准不完善、监督制约程序过于笼统和可操作性不强等问题，亟须加以完善，如《人民法院审判人员违法审判责任追究办法（试

① 转引自杨宗仁、程方伟：《主审法官责任制的隐忧与化解》，载贺荣主编：《司法体制改革与民商事法律适用问题研究》（上），人民法院出版社 2015 年版，第 350 页。

行)》应对过失违反法规造成严重后果的"严重后果"作出界定，对由谁向有关审判组织提起确认错案作出规定，并增强对本院审委会讨论决定造成的错案的认定程序的可操作性等。案件的质量评查机制作为各级、各地普遍实行的内部监督制约机制也极需由最高人民法院根据立法原意制定全国统一的标准，使得案件质量的监督制约有依据、有针对性，而不应由各法院自行决定。另外，在当前的审判机关内部监督制约工作中仍存在不少监督制约空白，亟须消除监督制约真空，健全审判机关内部监督制约机制范围的相关规定，实现对审判机关所有人员的一切与职务有关的行为的监督制约。这方面，审判机关内部监督制约的人员应当包括普通的办案法官、院长、庭长以及综合部门可能对办案人员形成影响的人员；监督制约的行为不仅包括审判人员处理案件的行为，也包括审判作风、法官形象，因为这极有可能成为社会认知审判机关形象和权威的窗口；监督制约的案件应当涵盖审理、调解、执行等各个环节，尤其是调解结案的案件，因为无法上诉，不会进入二审程序，某些审判人员利用当事人法律知识的缺乏和慑于法官权威的心理，久调不决，甚至诱骗调解，压迫调解，严重损害了一方当事人的利益，调解案件成为徇私案件的"重灾区"，宜在《人民法院审判人员违法审判责任追究办法（试行）》中将法院调解活动中的违法行为列入追究的范围。此外，监督制约的时空也应当不仅限于上班时间，对于法官在家中或其他场合讨论案情，参加公款支付的宴请和各种高消费娱乐活动，出入不健康场所，接受当事人及其委托代理人的宴请或款物，私自参加非组织聚会活动等行为同样应当监督制约。另外，"先其未然谓之防，发而止之谓之救，行而查之谓之戒"，针对当前审判机关内部监督制约机制重事后监督、轻事前监督的缺陷，应当加大对法院审判过程监督制约的规范力度，通过保障程序公正端正审判作风，及时救济当事人合法权益，维护司法权威。

二是要明确监督制约权责。明晰监督者与被监督者各自的权限和责任，才能做到权力落实，责任明确，权责统一。在现行审判行政管理体制下，案件请示机制的盛行，层级管理的加强，审判委员会的集体决策，容易使一些审判人员为了规避办理疑难案件带来的风险，往往动辄向院庭长、审判委员会请示、汇报，请示上级法院的案件数量也相应增加。造成本应由审判人员自己承担责任，变成了集体承担责任或由院庭长、上级法院承担责任，结果是谁也不承担责任。改变这种现象，最根本的是要废除案件请示制度，加强审判机关内部监督制约机制的诉讼化改造，着力构造一个由程序控制、权力制约主导的审判机关内部监督制约良性自循环系统。在目前情况下，其一，要明确审判委员会的审查范围，规范进入审判委员会讨论的案件的审查程序，防止不符合立法规定、可由合议庭、审判人员自行作出判断的案件进入审判委员会讨论程序；要逐步减少个案讨论，审判委员会应以讨论答复非个案的适用法律请示、总结审判经验、决定审判工作的重大事项为其主要职能。其二，要依法保障独任审判员、合议庭独立行使审判权，通过细化独任审判员、合议庭独立行使审判权的案件范围，充分"放权"，鼓励其大胆行使权力。其三，要严格控制上、下级法院之间的内部个案请示，对于该类案件，一般应鼓励下级法院严格依照法律规定的上诉程序、审判监督程序办理，对于那些与当事人切身利益急迫相关的案件，即使为了缩短诉讼流程，也要严格甄别和控制，防止审判机关内部诉讼监督制约程序空置。

三是要健全监督制约机构。目前的审判机关内部监督制约机构呈多元合成模式，职能重叠、监督方式各自为政。审监庭只管案不管人，监察室只管人不管案，信访室只接访不查实，没有形成一个有机协调的系统，监督制约合力不显。亟须科学设置监督制约机构，整合各内部监督制约力量，加强各监督制约主体的配合、协调，促进监督制约效力的提升。可以由最高人民法院统一规划监督机构的设置及各自的监督职责，如成立院长领导下的监督委员会，将纪检组、监察室、信访室、案件质效评估组织、审监庭等部门归为一体，各自负责一个环节，这些环节相互衔接，形成一个监督职能协调互补、有机联动的综合监督体系。事实上，建立一个相对超脱的监督制约机构更符合监督制约规律，更易保证监督制约的客观性、公正性。可以借鉴法国监督法官、检察官在法院外部设置法官监督委员会（在法国，检察官也属于法官）的经验，在法院内部设置法官监督委员会。该机构的级别应高于其他部门，与现有的法院纪检组合署办公，统一行使法院内部监督权，即除审级监督和审判管理监督外，由该机构统一行使其他内部监督权，以此解决多头监督、职责重复、各监督部门监督脱节等问题，也可以解决当前法院内部监督机制处于"本院内部人监督内部人、自己监督自己"，难以打破情面，监督流于形式的问题，并弥补上级法院监察部门对下一级人民法院及其院长、副院长、副院级领导干部由于时间、空间上的距离，往往难以进行及时、全面、深入监督的缺陷。当然，要想使法官监督委员会对审判权进行有效监督，法官监督委员会的成员必须政治素质过硬，精通审判业务，因此也应实行严格的法官监督委员会成员的准入制度，以提高监督的效能和权威。

四是要完善配套机制。目前审判机关内部监督制约机制在法官职业纪律和职业道德方面作了禁止性规定，应进一步完善法官的职业道德规范，为法官以职业良知为内在驱动，进一步从正面为法官遵纪守法建立"标杆"，与禁止性规范相辅相成，维护法官公正、正义的形象。针对法官法仅规定了任职亲属回避的现状，可借鉴英美法系国家的经验，建立法官任职地域回避机制，规定本地区出生、学习、工作的人不得在本地区从事法官工作，减少"人情案""关系案"；建立科学的法官考核体系，将法官的审判工作实绩、思想品德、审判业务和法学理论水平、工作态度和审判作风等各方面的考核评定与法官的奖惩、任免、晋升相联系，为法官创造一个公正司法的环境，在法院内部形成有效的竞争激励机制，从而提高整个队伍的素质。实行规范、有序的省级以下人、财、物统管机制和法官分类管理机制，建立科学的法官遴选机制，加强法官职业保障，使法官的薪资水平得到明显提升，司法官与助理之间的职业保障保持相对平衡。这方面，广东省的经验可资借鉴，可以建立法官等级定待遇机制，明确各职务等级对应的薪级，建立各地区法官职业津贴计发比例与办案数量、质量挂钩的绩效考核机制，并根据经济发展、财政收入、物价增长等因素，建立津贴正常增长机制，适当延长一线法官的退休年龄，避免法官薪资未提高而责任加大导致更加剧烈的司法腐败，防止司法系统人才流失。

4. 强化"科学化"原理对机制效能的优化作用

所谓"科学化"，是指人类以科学知识为基础，遵循科学规律，采用科学方法，使自己的行为在形式上更加严谨、规范、合理，在功用上更能有效地实现目标。"科学化"的基础在于认识规律、遵循规律，精神在于求真务实、崇尚真理、勇于创新，要点在于坚持辩证唯物主义思想路线和思想方法，用发展的而不是静止的、联系的而不是孤立的、全面的而不是片面的观点看问题、想办法、干事情。健全审判机关内部监督制约机制的初衷是通过在法律框架内合理设置审判机关各监督制约主体、对象的权力关系，提高内部监督制约的效能，实现内部监督制约工作力度、质量、效率和效果的有机统一。由此，亟须采取有力措施提升机制的科学化水平，做到监督制约活动的内在规律与审判工作规律、要求、资源条件的有机结合，监督制约主体、对象、模式、责任、标准等监督制约要素与科学方法相结合，从而最大程度地发挥机制的整体功能和综合效应。

一是要处理好机制构建与维护审判权独立的关系。我国《宪法》规定了审判权独立，不受任何行政机关、社会团体、个人干涉的原则。审判权独立包括两个内容：一方面，是指法院依法独立行使审判权，即法院在组织机构、活动方式上独立于立法职能、行政职能、检察职能以及政党、团体、社会舆论等其他政治因素、社会因素，不受外部权力的干预；另一方面，是指审判人员对案件享有独立的审理和裁决权。即审判人员在审理和裁判案件过程中，只依据事实和法律，根据自己的内心判断、意愿和理性自由作出决定、采取行为，不受任何行政机关、社会团体或个人的支配与干预，同时也不受法院内部非程序性的违法干预。审判权独立原则的最终落脚点是法官、合议庭、审判委员会的独立。当然，从监督理论和权力制约理论上说，没有不受监督制约的权力，不受"干预"并不意味着不应当接受监督制约，事实上，接受良性的监督和制约，有利于提升审判权威，建立良好的审判环境，促进更好的审判独立。因此，审判机关内部监督制约机制的构建应当是为审判人员在依法的前提下，独立自主作出公正裁判创造优质环境。要避免监督形式化导致审判人员滥用自由裁量权，同时要避免监督泛化而对审判人员独立审判积极性的挫伤，非确为必要不启动监督程序，防止审判人员为回避责任而不敢自主对重大、疑难案件作出裁判，而是编造分歧意见，将矛盾上交庭长、院长、审委会，回到行政审批的老路。法治社会建设的基础是法治信仰的确立，其中一个重要方面是社会信任司法，尊崇司法的权威。因此，审判机关内部监督制约机制对审判机关人员权力的监督制约建立在对审判机关人员独立行使审判权的信任基础上，而不是防范、怀疑和假设审判机关人员独立行使审判权的非廉洁性。这对于培养和树立审判机关人员职业尊荣感同样重要。同时，要树立司法权威，首先审判机关人员自己对其职业要有一种认同感。如果审判机关内部监督制约使法官感到举步维艰的话，监督制约也就失去了它存在的价值。

二是要处理好审判职能监督与行政职能监督的关系。审判职能监督主要依照诉讼程序针对案件的审理和裁判情况进行监督，行政职能监督则主要对法院内部人员的行为进行规制，目的是为审判活动的正常进行提供良好的外部环境和条件。实践中个案裁判不公，有的是因为认识原因，例如过严运用证明标准，导致认定案件事实、性质错误，进而致使裁判不公；有的是因为审判人员知识局限，如对某专业领域的知识了解不够，对案件发生的背景了解不全面，或者对法律理解片面、不到位等，导致认定案件事实偏颇，认定案件性质错误，裁判有失公正；大多数则往往源于审判人员的违法违纪行为，常见的如违法送达、缺席判决导致的裁判不公。对于这些错误裁判，通过审判职能监督纠正裁判的同时，也需要履行行政监督职能，纠正审判人员的违法违纪行为，才能完全"回复"司法公正，修补不公裁判对司法不公的损害。反之，履行行政职能监督，对于案件质量的评价、审判人员违法违纪行为的认定，尤其是一些以"情节""后果"为要求的行为的认定，也要依仗审判职能监督对裁判本身的认定。因此，两种监督实际是一种相互联系、相互依存、相互配合的互动关系，审判机关内部监督制约机制构建中应避免二者相互脱节和分离，从而削弱监督的力度和监督职能的强度。同时，两者性质不同，监督的范围和对象不同，因此，机制构建中也应当尽量避免二者混同，否则可能违反法治原则，导致监督制约越位、错位。

三是要处理好机制各要素的对立统一、协调化等关系。一种监督制约机制包含监督制约主体、对象、客体、依据、标准、范围、行为、方式、程序、效力等构成要素。相应地，任何一套监督制约机制必须处理监督制约标准、程序的设定、调整，监督制约主体的选任、监督制约范围的确定、监督制约方式的选择、监督制约效力的保障等问题，并分析研究监督制约对象、客体的性质、特征，监督制约成本与收益之间的比较、评估等。这就要求处理好机制中具有对立地位的要素，如监督制约主体与对象的关系，在努力形成双方牵制、约束，促使双方在法制轨道上履行职能的同时，既维护各自独立性，防范监督制约干涉对方空间，又防止双方相互勾结规避监督制约。此外，机制中多数要素是相互联系、相互支撑发挥效用的关系，也需要科学设置，尽可能做到要素之间形式、功用匹配、效能互补、目标协调化一，防止其中一个方面出问题导致机制卡壳失灵，或归于形式。

四是要加强审级监督的双向制约。现有的审级监督关系是上级法院对下级法院的单向监督。这种监督模式下，上级法院对下级法院的审判行为是全方位审查，而下级法院对上级法院的监督却不能反向制约。同时，人民法院级别越高，监督范围越广，监督权力越大，而受到的监督制约更少，这就给监督主体滥用监督权力、损坏监督权威制造空间，亟须加强审级监督的双向制约，加强程序上的自循环管控，加以防范。从目前的立法内容看，一方面，宜规定二审、再审程序中所主张事项一旦经上一程序审查或未按规定提交上一程序审查即不得提交下一程序，一旦经上一程序确定即对下一程序产生拘束力；另一方面，应有效规制上级法院随意改判、发回重审、启动再审的裁量权。例如，对二审可径行改判的情形可规定不能发回重审，此类案件上级法院发回重审的，下级法院可拒绝办理，并有权向决定发回重审的法院的上级法院报告备案；对下级法院经审判委员会讨论作出裁判的案件，须改判或发回重审的，上级法院原则上也须经审判委员会讨论作出裁判，等等，目的是加强审级监督的针对性，防止审级监督沦为上级法院推卸工作量、规避监督风险的跳板，脱离"依法"的轨道而异化。

四、健全检察机关内部监督制约机制研究

检察内部监督制约机制问题，是司法机关内部监督制约机制的另一重要方面，是当前司法体制机制改革的重要课题之一。相较审判机关，检察机关除了与审判机关一样，在诉讼中（尤其是刑事诉讼中）承担着重要的任务外，还承担着法律监督的专门职责。从"监督者应当比被监督者更为公正、廉洁""自身正才能正他人"的一般认识看，为了保证检察机关法律监督的权威性，检察机关行使检察权更应当受到严密的内、外部监督制约，健全检察机关内部监督制约机制更有理论意义和现实意义。当然，由于检察权与审判权的权能内容和在诉讼中的定位、承担的任务不同，宪法和诉讼法律对两种权力规定了不同的运行方式，健全检察机关内部监督制约机制也应遵循不同于审判机关内部监督制约机制的司法规律，探索尝试与检察

权配置、运行相匹配的完善路径。

(一) 检察机关内部监督制约立法的主要内容

从现行立法的规定看，检察机关的内部监督制约，主要包括上级检察院对下级检察院的监督和同一检察院内设机构之间在行使检察权能时进行的相互监督制约，在诉讼法上体现为上级检察院对下级检察院的领导、指导和一级检察院内设各机构行使诉讼监督权、公诉权、职务犯罪侦查权时在各诉讼环节上的不同分工所形成的监督制约。此外，根据最高人民检察院出台的相关司法解释和内部管理规定，一级检察院内各内设机构还实行检察组织监督、检察管理监督和监察监督。

1. 上级检察院对下级检察院的监督

我国《宪法》第 132 条明确规定，"最高人民检察院领导地方各级人民检察院和专门人民检察院的工作，上级人民检察院领导下级人民检察院的工作"。我国《人民检察院组织法》第 10 条第 2 款明确规定，"最高人民检察院领导地方各级人民检察院和专门人民检察院的工作，上级人民检察院领导下级人民检察院的工作"。最高人民检察院高检发〔2007〕8 号文《关于加强上级人民检察院对下级人民检察院工作领导的意见》要求下级人民检察院要认真执行上级人民检察院的请示决定和部署，坚持和完善下级人民检察院的请示和报告制度，坚持和完善下级人民检察院向上级人民检察院的报请备案和审批制度，加强检察工作一体化机制建设，加强对检察队伍特别是领导班子、领导干部的管理和监督，进一步完善考评机制和责任追究机制，等等。基于这些规定，最高人民检察院在《人民检察院刑事诉讼规则（试行）》和相关法规中也详细规定了上下级检察机关之间的请示报告制度、指令纠正制度、案件调取、交办制度、检查指导制度、重大案件备案制度、报批机制等。

近年来，为解决职务犯罪侦查工作中的突出问题，最高人民检察院出台相关规定，对省级以下检察院办理的职务犯罪案件，在继续实行撤案、不起诉报上一级检察院批准机制的基础上，实行逮捕报上一级检察院审查决定机制；针对当下一些地方办理的诽谤案件出现的问题，建立批捕诽谤案件报上一级院审批机制，以此进一步加强上级检察机关对下级检察机关的领导和监督，保证检察权的统一、正确、高效行使，保障检察机关作为法律监督机关，严守我国宪法、法律的规定，成为严格依法办事的表率。此外，上级检察院对下级检察院的案件办理还进行管理性的监督，如上级检察院对下级检察院办案数量、质量进行考核、通报，对下级检察院的人员任免、人员编制、检察官等级进行管理等，以此牵制、约束下级检察院依法、正确行使检察权，服从上级检察院的领导、指导、指挥、监督。

2. 检察机关内设机构之间的诉讼监督制约

检察机关内设机构之间的诉讼监督制约，是指根据我国《刑事诉讼法》《民事诉讼法》《行政诉讼法》等法律法规赋予检察机关在诉讼阶段的职能、任务，针对某一案件，检察机关内设机构在不同诉讼环节行使各自职权形成的相互监督制约。这些监督制约有些是诉讼法律直接规定的，如公诉、侦查监督、职务犯罪侦查部门之间在办理检察机关职务犯罪自侦案件时形成的相互监督制约；有些是最高人民检察院通过司法解释或内部工作规定细化明确的，如最高人民检察院于 2013 年 9 月 23 日以高检发释字〔2013〕3 号发布的《人民检察院民事诉讼监督规则（试行）》第 5 条规定："民事诉讼监督案件的受理、办理、管理工作分别由控告检察部门、民事检察部门、案件管理部门负责，各部门互相配合，互相制约。"此外，对于诉讼法律明确规定的一级检察机关内部各部门在办理案件上的诉讼监督制约，最高人民检察院也陆续发布内部工作规定，明确和细化这些法律规定，强化这些规定的可操作性，增强内设机构监督制约的强度和效率。如对于检察机关办理的职务犯罪侦查案件，最高人民检察院 1998 年 10 月 21 日以高检发〔1998〕27 号颁布了《关于完善人民检察院侦查工作内部制约机制的若干规定》，对直接受理立案侦查案件实行侦、捕、诉分开，即分别由三个不同的部门来履行这三项职能；之后又对其做了进一步的修改和补充，于 2004 年 6 月 24 日重新颁布了《关于人民检察院办理直接受理立案侦查案件实行内部制约的若干规定》，规定职务犯罪的查处工作在不同的阶段分别由举报中心、反贪污贿赂部门、渎职侵权检察部门、侦查监督部门、公诉部门、控申部门和财务部门等不同内设机构分别承办；凡侦查工作中需要对嫌疑人做出程序性处理的，都要由侦查部门以外的其他部门进行审查；侦查工作实行集体决策机制，避免个人决定事项；侦查工作中的各项处理决定分别由不同部门作出，并具体规定了各职能部门之间相互制约的具体程序和期限。2005 年 11 月 10 日最高人民检察院进一步以高检发办字〔2005〕23 号印发《人民检察院直接受理侦查案件立案、逮捕实行备案审查的规定（试行）》，2009 年 9 月 11 日以高检发办字〔2009〕19 号印发了《最高人民检察院关于完善抗诉工作与职务犯罪侦查工作内部监督制约机制的规定》，2015 年 8 月 14 日又以高检发办字〔2015〕32 号印发了《人民检察院侦查监督、公诉部门介入职务犯罪案件侦查工作的规定》，规范和加强了立案、逮捕工作、抗诉工作、公诉工作与职务犯罪侦查工作在诉讼环节上的内部监督制约。

3. 检察机关内部非诉讼性监督制约

关于检察机关内部非诉讼性监督制约，现行立法主要规定了三方面的内容：一是院领导、处领导的案件审签、检察委员会的业务最终决策等组织监督；二是检察机关纪检部门、检务督察部门对本院检察人员的纪律、作风的监督；三是检察机关通过考核、通报、案件管理对各内设机构办理案件数量、质量的管理监督。关于检察机关内部组织监督，《人民检察院组织法》《检察官法》和最高人民检察院出台的《检委会工作议事规则》有明确规定。管理监督方面，2003 年最高人民检察院颁布《关于加强案件管理的决定》，提出了办案流程和质量管理的案件管理监督构想，并在地方开始试点。在此基础上，2012年颁布《案件管理暂行办法》，明确了案件管理部门的管理、监督、服务职能。检务督察监督方面，2005 年最高人民检察院下发《关于进一步深化检察改革的三年实施意见》提出建立检务督察制度，对检察机关各个办案环节进行全程监督，2007 年颁布《检务督察工作暂行规定》，明确了督察内容、方式、权限等内容，检务督察工作逐步规范化。纪检监察监督方面，近年来，最高人民检察院先后颁布《检察人员任职回避和公务回避暂行办法》《关于检察机关党员领导干部报告个人有关事项的暂行规定》《检察机关党风廉政建设责任制实施办法》《关于规范检察人员与律师交往行为的暂行规定》，重点加强对领导班子和领导干部的监督。2014 年以来，陆续出台了《检察人员八小时外行为禁令》《最高人民检察院机关严肃纪律作风的规定》（以下简称"15 条禁令"）《职务犯罪侦查工作的八项禁令》（以下简称"八项禁令"）《关于全面加强和规范刑事执行检察工作的决定》（以下简称"十项禁令"）等规定，进一步推进党风廉政建设，加强对检察队伍的管理。除此之外，最高人民检察院还将执法办案监督作为检务督察监督、纪检监督、案件管理监督的重点。2014 年，最高人民检察院颁布《关于加强执法办案内部监督防止说情等干扰的若干规定》明确报告情形、报告程序和责任追究等内容，进一步强化执法办案内部监督；同年颁布《人民检察院刑事涉案款物管理规定》明确扣押冻结、保管和处置相分离，办案部门与案件管理、计划财务装备等部门分工负责，侦监、公诉、控申部门以及纪检监察部门予以监督，进一步规范刑事涉案款物的管理；2015 年颁布《最高人民检察院关于检察机关贯彻执行〈领导干部干预司法活动、插手具体案件处理的记录、通报和责任追究规定〉和〈司法机关内部人员过问案件的记录和责任追究规定〉实施办法（试行）》，明确相关记录、通报和责任追究，进一步规范检察权运行，保证办案质量。

（二）检察机关内部监督制约立法的缺陷剖析

检察权作为我国国家权力的重要组成部分，具有权力的一般特性，必须接受制约，防止滥用。从世界主要国家的司法理论和实践看，对检察权的限制和制约主要通过外部力量的监督制约（如美国的大陪审团制度、日本检察审查会制度）和内部力量的监督制约（如日本的检察一体制和法国的检察一体制）两方面途径实现。我国对于检察权的监督制约，在立法上也构建了外部监督制约与内部监督制约相结合的完整体系。其中，检察机关内部监督制约立法上形成了上、下级检察院层级监督与检察机关内设机构横向监督制约、诉讼内外监督制约相结合的网络体系。很多上级检察院定期对下级检察院进行执法检查、案件质量评估，一级检察院内部不仅依法加强诉讼性监督制约，也通过错案责任追究、纪律监督、案件管理监督等非诉讼性监督制约，加强队伍建设和管理，促进公正执法，对检察权的依法、统一、正确行使起了重要的保障作用。尽管如此，由于各种主客观原因，我国检察机关内部监督制约立法也存在明显的缺陷和不足，影响了内部监督制约的效果，主要体现在以下几方面：

1. 监督制约角色有冲突

目前立法上检察机关内部监督制约主体和对象呈现多元、交错、混同等特色。有些部门既是监督制约主体，又是监督制约对象，就"制约"而言，符合"制约"的双向性特征，但就单向的、依靠监督主体权威保障监督效力的"监督"而言，则造成了监督与被监督的紊乱。例如，检察委员会是检察机关的业务最高决策机构，兼具监督功能。但是，根据《人民检察院组织法》等法律和司法解释的相关规定，一般案件经办案人、处长、检察长（主要是分管该办案部门的分管副检察长）逐级上报、审批后，仍认为是重大、复杂、疑难的案件，提交检察委员会讨论决定，而检察委员会的成员除了检察长以外，一般由分管各部门的副检察长与协管各部门的专职委员及主要业务部门的处长组成。也就是说，检察委员会必然包括对案件提出处理意见的处长、专职委员、副检察长，这就导致作为监督主体的检察委员会的成员实际上同时又是作为监督对象的办案成员。又如，对于刑事公诉案件，公诉部门既作为案件控方在法庭上提起公诉，人民法院对案件作出裁判后，公诉部门又作为本该居于中立地位的监督主体对法院裁判进行监督，对其自己作为控方提出的意见作出判定。还有，为了保证一些检察机关自由裁量权运用程度较高的案件的质量，要求检察机关对这类案件上提一级作出决定，对上级检察机关作出的决定不服的可以申请复核，但复核机关仍为该上一级检察机关；等等。检察机关内部各种监督职能角色的交叉及其相互抵触，反映了我国目前立法对检察机关各种主体的角色定位不清，从而导致了一级检察院内部决策者、执行者以及监督者的角色混乱，影响了监督的权威和实效。

2. 监督制约范围不全面

从权力监督制约理论上说，没有不受监督制约的权力。因此，凡是有检察权运行的地方，就应该都存在权力监督与制约。然而，综观现行的检察机关内部监督制约立法，现行相关法律规定了下级检察院要以请示汇报、案件报批备案、接受考核通报等形式接受上级检察院的监督，但却未规定如何通过内部监督制约保证最高人民检察院与履行监督职责的上级检察院依法、公正履行职责，更未明确上级检察院履行监督职责形成的错案、处理失当案件，如何划分上下级检察院的责任。以民事检察监督案件为例，最高人民检察院制定的《人民检察院民事诉讼监督规则（试行）》细化了《民事诉讼法》第 209 条的规定，确定了当事人可向各级检察院申诉但由作出申诉裁判的人民法院的同级检察院优先办理的原则。这样，再审检察建议与提请抗诉监督方式成为监督法院生效民事裁判的主要方式。然而，实践中，上级检察院审查下级检察院上报的提请抗诉案件案卷材料以书面方式为主，而有时下级检察院上报的案卷材料侧重于支持其支持监督一方，而对有利于对方当事人的证据反映不全面；有时案卷书面材料并不能反映案件发生的真实场景，而考量法院裁判错误必须结合案件发生的具体情境，如当地的民俗、案件发生的特定场景条件来判明，这就造成上级检察院作出支持或不支持下级检察院提请抗诉意见并不能做到件件公正，在此情况下，不但需要对下级检察院选择性极送材料的行为予以规制，也需对此种情形造成的监督失当，公正划分上、下级检察院的责任，同级监督方面，现行《刑事诉讼法》及其司法解释、最高人民检察院的工作规定对检察机关在刑事案件中行使各类职权作了较为全面、细化的相互监督制约规定，尤其是对自侦、公诉等社会关注度高的部门业务规定较系统完备，而对其他业务部门及其重点执法环节监督较少。如对于民事、行政检察监督案件的同级内部监督，只限于案件管理部门与民事行政检察部门之间的管理性监督，纪检监察部门对民事行政检察部门的纪律、作风监督，难以深入到案件办理的实体部分；对于在办案过程中强制措施采用及变更、案件当事人及诉讼代理人权利告知、案件退查等重点办案环节的监督制约也鲜少规定，这也给检察人员违法违规办案尤其是违法违规行使监督自由裁量权造成了可乘之机。

3. 监督制约措施不协调

一是重"监督"，轻"制约"。从现行立法上看，无论是上级检察院对下级检察院还是纪检、监察、案件管理部门对业务部门，在权力约束上都是以单向的"监督"为主，而无双向的"制约"。通过各种检察权力在内循环中的相互支撑、配合和牵制，形成权力之间既相互依赖又相互防范、不需要在权力运行之外再另付权力约束成本的"制约"，只存在于刑事诉讼的同级部门之间，这就导致监督效果主要依赖于监督主体的权威。当监督主体的法律地位同于或低于监督对象，或者监督主体的法律地位高于监督对象但监督主体因与监督对象缺乏利益的连接（如上级检察院对下级检察院的人、财、物没有管理权）难以形成对监督对象的威慑时，则监督效果很难保障。同时，"监督"这种手段本身的外在性也可能导致监督主体无法客观、全面掌握监督对象的执法信息，也可能导致监督失当或监督不力。二是重"惩戒"，轻"激励"。综观当前检察机关内部监督制约立法，明显地表现出以惩戒手段保障监督制约效力的特征。"惩戒"固然能通过威慑对人的行为起到控制作用，但从组织行为学的视角和人性本身看，"激励"对于人的事前积极导向作用应当比事后"惩戒"更能激发检察人员的"正能量",从而促进他们形成自律意识,发挥主观能动性,自觉公正执法。同时,以考核、奖励等"激励"手段为主,"惩戒"手段为辅的监督制约模式,不仅能使检察人员充分感受到组织对自己的信任,促其在主观上"不愿"违法,也能防止因"惩戒"立足于追究检察人员的主观过错,造成的检察人员重实体、轻程序,重错案防范、轻质量提高的倾向,避免违反程序或质量不高但未达到错案标准的案件脱离监督制约的视野,促进办案人员积极学习,自发、自觉地提高案件质量和办案能力、水平。三是重业务,轻政务。目前关于办案活动的内部监督制约规定较多,而关于综合、党务、后勤等部门和这些部门的工作的规定较少。大量的相关立法规定是针对或主要针对业务部门和执法办案一线干警,甚至为了强化对业务部门和执法办案一线干警的监督制约,有的在制度设计上叠床架构,对于综合、党务、后勤等部门和这些部门人员的监督制约规范则少而粗疏。四是重"行为",轻"效力"。目前检察机关监督制约立法还存在对违法违规行为规制较多,对违法违规行为的标准规定不明确、原则,对违法违规行为的法律后果规定形式化等问题。如一直以来实行的错案追究制,对于"错案"的标准始终莫衷一是,对于集体负责制下的"错案"责任规定模糊原则,影响了监督制约的效果和权威。

4. 监督制约制度不配套

从立法技术的要求看,有效的监督制约必须具备两个条件:一是监督制约主体和监督制约对象要有层级关系或职能上的牵制关系,可以使监督制约主体对监督制约对象产生隐性震慑力,使得监督制约对象要时刻保持紧绷状态;二是监督制约信息要公开透明,保持畅通,以便监督制约主体及时知晓监督制约对象的真实情况，作出客观公正的判断。监督制约对象也会慑于舆论而在内心加强自律意识，从而自觉规范行事。从当前检察机关内部监督制约立法看，上级检察院与下级检察院之间确实存在层级关系，但我国现行司法体制下，检察机关的经费来源主要依靠中央财政和地方财政，检察人员的行政级别由党委和组织部管理，法律职务由人大任命，上级检察院的权力仅限于协管和建议，因此上级检察院对下级检察院领导监督，由于上级检察院对下级检察院并不存在根本的、实质的牵制，缺乏必要强度的威慑，也就导致此种监督实际松散，经常流于形式。同一级检察院内部，上、下级之间、各诉讼职能部门之间，确实存在人事任免和职能上的牵制，但纪检监察部门与侦监、公诉、民行、职务犯罪侦查等部门之间既是平级，也无职能上的牵制关系。同时，从工作程序上看，由于分工的明确性和案件的保密性，每个诉讼环节上每个职能部门办理案件都是在相对封闭的环境运行，案件的具体运行情况，只有具体案件办理参与人员和听取汇报的领导知晓，同一级检察院内部各部门之间尚未形成有效的沟通衔接机制。例如，检察机关直接受理立案侦查的案件既可以先报侦查监督部门批准逮捕，再报公诉部门审查起诉，也可"直诉"公诉部门，侦查监督部门和公诉部门对直接受理立案侦查案件的审查常常各自为政，何时进入审查逮捕和审查起诉阶段，相互间并不清楚；监所检察部门也往往对诉讼进行到哪一阶段不知晓，不能及时收到各个部门的文书，也就无法形成相互制约机制。检委会的监督也是如此，其监督的范围仅限于重大疑难、复杂的案件和必须提请检委会的个案，执法信息并不公开，也不透明。以上问题影响了检察机关内部监督制约的时效和质量，亟须制定配套制度，如上级检察院对下级检察院的人事任免制度、代管中央财政拨付经费制度、法定范围内检察机关内部案件信息公开制度等，赋予监督制约主体对于监督制约对象的信息知情权，保障监督制约的及时性、客观性和效能。

5. 监督制约内容难操作

综观检察机关内部监督制约的立法内容，虽然已有不少成文规定，但很多规定只是关于某项检察业务或某项工作的监督制约，并没有一部统一的监督制约纲领性法律或其他规范性文件，这就导致各类内部监督制约规范性文件交叉、矛盾时，没有权威的执法标准统一实际操作。同时，目前关于各职能部门相互制约关系的规定也较为笼统，可操作性不强，也影响了法律实施效果。例如，我国《宪法》和《人民检察院组织法》规定检察机关上下级之间属于领导关系，最高人民检察院也规定了上级检察院对于下级检察院实施领导监督可采取的方式方法，但对上级检察院领导监督下级检察院的程序规定并不全面，只散见于某种检察业务的领导监督程序，如自侦案件逮捕权上提一级的监督程序，致使司法实践中，上级检察院对下级检察院的监督，随意性较大，往往通过打电话、当面交代或找人带话口头指示的方式做出，虽然简便易行，但并不利于对检察权的有效监督和制约，甚至会干扰检察权的正确行使。又如，我国现行《刑事诉讼法》对于如何监督自侦部门的侦查活动没有明确规定，而且只规定对本院侦查部门应当立案而没有立案的案件实行监督，而没有将不应当立案而立案的情形列为监督内容；对于行使羁押必要性审查权的主体也未明确，造成至今为止，检察机关侦查监督部门、公诉部门、监所部门均开展了此项工作，易造成执法乱象、责任推诿。再如，近年来最高人民检察院虽然出台了诸如《关于人民检察院办理直接受理立案侦查案件实行内部制约的若干规定》《人民检察院直接受理侦查案件立案、逮捕实行备案审查的规定》《人民检察院错案责任追究条例》等大量内部监督制约规定，有些省、市院也出台了配套的落实性的规范性文件，但是对检察机关内部监督制约的一些基础问题并未明确。如当监督主体与监督对象角色混同、冲突时，它们在监督制约中的地位如何确定；监督制约范围如何界定；监督制约中的责任划分、追究的标准；监督制约规范性文件与相关实体法律在一些重要问题上的衔接等。检察机关内部监督制约的途径、方式方法等问题也缺乏系统梳理和清晰界定。另外，目前各级检察院都制定了适用于本院的内部监督制约规定，这些规则的制定权限和责任问题也需要明确。这些问题的存在，是目前检察机关内部监督制约机制在一定程度上存在形式化问题，监督乏力、权威性不足的根源。

6. 监督制约效力欠刚性

如前所述，目前立法上，上、下级检察院之间并不存在经费、人事任免等方面的层级制约关系，这就导致上级检察院对下级检察院的领导、监督只限于业务上的领导、监督，而由于上级检察院对于下级检察院没有根本性的制约手段，即使是这种业务上的领导、监督也常常流于形式，甚至有令不行。典型的如云南文山检察机关实行公安局长列席检察委员会制度，早已被最高人民检察院叫停，但迄今为止，全国各地仍有不少地区视而不见，仍然实行此制度。此种情形在当前深化司法改革形势下尤为普遍。同时，一级检察院内部，也是通过机构设置、部门划分、权力分解、配置来实现对检察权的同级内部监督制约。在主管领导通过审批案件进行监督制约情形下，主管领导并不亲办案件，只是通过听汇报来行使审批权，监督制约力度明显欠缺，多是走过场，更趋向于亲和性或一致对外，而且在这种层级审批制度下，即使出现错案，也是集体负责制，追责往往由于难以划分责任而不了了之，并无刚性效力；在各职能部门诉讼制约情形下，以自侦案件为例，由于自侦案件的特殊性，其在案件侦破过程中往往由院、局领导双重指挥，有关侦查人员共同参与工作，这就会产生分工不明、责任不清的现象，也极其导致监督流于形式，不发生效力。纪检监察自身也存在责任追究失之于软、失之于宽、失之于轻的问题。在此情形下，诚如有的学者所言：检察机关内部监督制约更像是"和风细雨"的协调，相互间的制约关系被弱化，导致监督制约刚性不足，从而使内部监督制约效果不尽如人意，处理问题不够及时和有力。①

（三）检察机关内部监督制约机制的现状评析

早在二百多年前，法国资产阶级启蒙思想家孟德斯鸠就曾指出："一切有权力的人都容易滥用权力，这是万古不变的一条经验……从事物的性质来说，要防止权力滥用，就必须以权力制约权力。"作为宪法规定的一项独立的、由检察机关专门行使的国家权力，检察权同样难以摆脱扩张性和侵犯性的权力特质。加之，检察机关在刑事、民事诉讼程序中还负有法律监督职责，在刑事诉讼程序中还拥有查处国家工作人员职务犯罪的重要权力，更易成为权力侵蚀的对象，社会转型期下矛盾多元化、复杂化情势一定程度加剧了检察权扩张的风险。在此情形下，健全、完善检察机关内部监督制约机制，通过能动的改革创新落实立法要求，弥合立法缺陷，强化检察机关内部监督制约功能，对检察权进一步加强内部监督制约是加强检察机关外部监督制约之外的防止检察权"异化"的又一必然举措。

---

①　苏志广、张永杰：《建立检察权内部制约机制思考》，载《国家检察官学报》2006 年第 2 期，第 23 页。

1. 机制建设的积极进展

毋庸置疑，检察机关自恢复重建以来，伴随着立法的不断改进、完善，在健全内部监督制约机制方面进行了不懈、持续的努力，积累了很多加强内部监督制约的工作经验，维护了检察机关的良好形象。具体表现在：

（1）内部监督制约机构及其职能逐步健全。检察机关内部监督制约机构的建立和发展是随着法律的变化和完善而逐渐进行的，体现了检察制度逐步走向成熟的过程。检察机关恢复重建时，检察机关办理公安机关侦结的普通刑事案件通常由刑事检察部门既负责审查决定逮捕，又负责审查起诉；办理检察机关直接立案侦查的自侦案件则采取"一竿子插到底"的工作方式，即同一部门既负责立案侦查，又负责审查决定逮捕和审查起诉，不存在由检察机关不同职能部门对同一案件在各个诉讼环节上的内部诉讼制约，也没有专门的内部监督制约机构履行内部监督制约职能，检察机关的内部监督制约主要通过上级检察院对下级检察院发挥领导监督功能和一级检察院内部部门领导和检察长对案件监督把关实现。1988 年，最高人民检察院召开全国检察长工作会议，确立了检察机关办理直接受理立案侦查案件由自侦、批捕、起诉三个部门分别行使相应职权。[1] 1991 年，最高人民检察院制定《刑事检察工作细则》，规定由控申部门受理复查被害人、被免诉人提出申请的免诉案件。1997 年《刑事诉讼法》修改、实施后，全国检察机关陆续将刑事检察部门分设为审查逮捕部门和公诉部门。1998 年最高人民检察院发布《关于完善人民检察院侦查工作内部制约机制的

---

[1] 张穹：《人民检察院刑事诉讼理论与实务》，法律出版社 1998 年版，第 364 页。

若干规定》，举报中心成立。2004 年发布《关于人民检察院办理直接受理立案侦查案件实行内部制约的若干规定》，该两项规定对检察机关办理自侦案件由自侦部门、审查逮捕部门、审查起诉部门分工、相互制约予以明确和详细的规定，由检察机关各职能部门根据职责权限，履行法定职能，移交案件物品、线索，发挥不同检察权间的监督制约作用，检察机关内部诉讼监督制约机制逐步形成并日渐完善。其中，举报中心处理案件线索的接受、移送和复核，反贪、反渎职侵权部门决定立案、采取各项调查措施和强制手段，侦查监督部门批准逮捕、侦查监督，公诉部门决定刑事案件的起诉和不起诉决定，控告申诉部门处理被害人、被不起诉人、报案人、犯罪嫌疑人、控告人的控告申诉，监所检察部门监督纠正超期羁押，各部门互不隶属，都直接向检察长负责，如发生争议报请检察长决定。21 世纪初，各级检察机关又设立了纪检组、监察室，最高人民检察院和省、市级人民检察院相继成立了巡视组。2006 年起，最高人民检察院和省、市级人民检察院分别成立了检务督察机构。2012 年开始，全国检察机关普遍成立了案件管理部门。至此，我国检察权的内部监督制约机构形成了纵、横两大体系，即上下级检察院之间院对院的纵向监督；一级检察院内部检察委员会、检察长、处长、办案人员纵向的案件质量监督和纪律、作风监督；一级检察院内部各业务部门之间横向的处理刑事案件的诉讼制约；一级检察院内部由案件管理部门对各业务部门横向的案件办理流程的管理性监督；一级检察院内部由纪检监察部门、检务督察部门对检察人员行使的查处其违法违纪行为的组织监督；一级检察院内部政工部门、后勤保障部门对各业务部门横向的人事、财务监督等，为检察机关内部监督制约活动提供了制度保证。

（2）内部监督制约机制及其内容逐渐完善。检察机关恢复重建以来，各级检察院不断健全内部监督制约机制，形成了一系列内部监督制约的规范，形成了纪检监察、检务督察、案件办理、案件管理"四位一体"的监督格局，创造了现场督察、案件评查、流程管理等多元化、多样化的监督方式，适应了不同检察权运行状态对内部监督制约手段的多元化需求，提升了检察机关内部监督制约的科学性和有效性，促进了检察机关公正、廉洁执法。检察人员纪律、作风监督方面，从最高人民检察院到地方各级人民检察院都陆续制定了各类加强检察人员办案纪律的单项制度或系统、系列制度，如2015年最高人民检察院颁布《贯彻落实〈领导干部干预司法活动、插手具体案件处理的记录、通报和责任追究规定〉和〈司法机关内部人员过问案件的记录和责任追究规定〉实施办法（试行）》，明确相关记录、通报和责任追究机制；颁布《检察人员任职回避和公务回避暂行办法》《关于检察机关党员领导干部报告个人有关事项的暂行规定》《检察机关党风廉政建设责任制实施办法》《关于规范检察人员与律师交往行为的暂行规定》，重点加强对领导班子和领导干部的监督。甘肃省人民检察院近年来制定了《检察人员异常行为管理规定》《厅级以上干部督导调研工作规定》等，加强对检察人员纪律、作风的监督与整肃。执法办案监督制约方面，从1998年最高人民检察院颁布的《关于完善人民检察院侦查工作内部制约机制的若干规定》到2004年最高人民检察院《关于人民检察院办理直接受理立案、侦查案件实行内部制约的若干规定》，实现了自侦案件从内部逐步形成由不同内部机构分别行使侦查、审查批捕和审查起诉等职权以及相互间彼此制约和监督的机制。在此基础上，2008年最高人民检察院颁布实施了《人民检察院执法办案内部监督暂行规定》，2011 年最高人民检察院下发《关于加强检察机关内部监督工作的意见》，强化检察机关内部监督制约的思路更加清晰。2014 年最高人民检察院颁布《关于加强执法办案内部监督防止说情等干扰的若干规定》，明确报告情形、报告程序和责任追究等内容；同年又颁布《人民检察院刑事涉案款物管理规定》明确扣押冻结、保管和处置相分离，办案部门与案件管理、计划财务装备等部门分工负责，侦监、公诉、控申部门以及纪检监察部门予以监督，进一步规范刑事涉案款物的管理，进一步强化执法办案内部监督，确保检察权独立公正行使。案件管理监督方面，2003 年最高人民检察院颁布《关于加强案件管理的决定》提出了办案流程和质量管理的案件管理监督构想，在地方试点基础上，2012 年又颁布《案件管理暂行办法》，明确了案件管理的管理、监督、服务职能，各级检察院针对本地区的实际情况普遍制定了实施办法。检务督察方面，2005 年最高人民检察院下发《关于进一步深化检察改革的三年实施意见》，提出建立检务督察制度，对检察各个办案环节进行全程监督；2007 年颁布《检务督察工作暂行规定》，明确了督察内容、督察方式、督察权限等内容，检务督察工作逐步规范化。

（3）内部监督制约效果初见成效。检察机关恢复重建以来，随着内部监督制约机制的逐步完善，内部监督制约逐步实现了主体多元化、形式多样化、流程动态化、范围全覆盖，一定程度消解了执法不公不廉风险点，最大限度调动了各主体的积极性，较好保障了检察权依法公正高效行使。各级人民检察院纪检监察部门依法依规查处了不少检察干警违纪违法案件，纠正了一些错捕、错诉案件，办理了一些刑事赔偿案件，检察人员纪律作风建设和执法规范化建设进一步加强，案件质量进一步提升，维护了法律的严肃性、权威性，有力提升了检察机关的执法公信力。2015 年，最高人民检察院对近两年办理的案件逐案排查，让不规范行为"见人、见事、见案件"，分阶段连续三次组织对各省区市检察院全覆盖的督导检查，对 148 起司法不规范案件挂牌督办，对 32 起典型案例向社会公开通报；针对查找出的突出问题，颁布职务犯罪侦查工作八项禁令、涉案财物管理规定、指定居所监视居住监督规定，以及违法行使职权行为纠正、记录、通报及责任追究规定；同时，要求全国检察机关认真学习贯彻廉洁自律准则和纪律处分条例，严格落实主体责任；制定纪律作风禁令，紧盯司法办案，紧盯八小时外，持续整治"四风"突出问题，公开通报检察人员违反中央八项规定案件，对 10 个省市部分检察院执行办案纪律情况进行督察。严肃查处违纪违法检察人员 465 人，同比上升15.1%，其中最高人民检察院 4 人，内部监督制约在执行层面取得了明显实效。

2. 机制建设的问题分析

总体上看，检察机关内部监督制约机制建设取得了长足进步，但近年来冤假错案的存在，检察人员滥用权力、超越权力、违反诉讼程序等问题的发生，表明现有机制仍然没有完全克服立法的缺陷，不仅如此，由于探索创新的思维方式和方向偏差，在机制建设中还出现了一些新问题，检察机关内部监督制约机制建设仍有较大提升和加强的空间，主要表现在：

（1）机制改革力度尚需推进。当前检察机关内部监督制约机制的健全，使得内部监督制约工作有了实施、责任主体；全国各级检察院大量内部监督制约规范性文件的出台，使得内部监督制约立法规定更加明确、细化，可操作性更强，落实力度更大；一些改革举措的出现，如省级以下检察院人、财、物统管和司法责任制改革，在一定程度上弥补了立法的不足。应当说，检察机关重建以来，随着立法的不断充实、完善，检察机关内部监督制约机制总体上在科学化道路上不断前进，在弥补立法不足、落实立法要求、提升法律实施效能等方面取得了长足进步。与此同时，由于传统观念根深蒂固，我国司法体制的根本制约，内部监督制约机制本身的功能局限性等原因，我国检察机关内部监督制约机制建设仍存在主导思想落后、方向保守等问题，机制建设没有解决当前司法体制制约检察机关内部监督制约的主要问题，对于弥合立法关于检察机关内部监督制约的不足，如加强内部监督制约范围的全面性，增强内部监督制约规定的协调性、可操作性，削减内部监督制约的行政化，力度也显不足，步幅趋于保守，直接影响了机制建设的发展进程和效果，如检察人员分类管理和司法责任制改革的主要目的是为了促进检察办案人员的专业化、职业化，解决检察人员管理行政化问题，促进检察司法办案人员责、权、利的统一，在检察人员执法办案监督制约方面，形成权、责分明的检察机关内部监督制约体系。但实践中，很多检察院确定主任检察官入额初选人员时，院领导、部门负责人对该人员的业绩考核评分占据了较大比例，最终入额人员也以院领导、部门负责人为主，这就导致没有从根本上解决在执法办案内部监督中院领导、部门负责人既当裁判员，也当运动员的角色冲突，由此导致的监督虚化问题非但没有解决，还会由于院领导、部门负责人入额成为主要办案人而更加严重。又如，近年来各级检察院都对检察委员会监督检察业务机制进行了改革，甘肃省检察院完善了检察委员会的议事范围、议事程序，检察委员会规范化建设经验在全国检察机关相关工作会议上进行了多次交流，全国各级检察院有的设立了检察委员会的专家咨询委员会，大多数检察院设置了检察委员会专职委员岗位，用以提高检察委员会议事的专业化。即便如此，全国各级检察院对于检察委员会的改革也未触及到影响检察委员会监督质量、监督权威的根本性问题，那就是全国各级院检察委员会成员仍然按照行政职务确定，绝大多数是主要关注检察行政管理事务的院领导、党组成员，大多数检察院的检察委员会成员甚至连业务部门负责人都没有，或者业务部门负责只占较少比例，检察委员会行使业务监督权的人员的专业性无法保证，检察委员会成员由于平时行政事务繁多，即使需要检察委员会讨论决定的案件或事项提前提交检察委员会成员，委员在开会时即时熟悉案件、事项情况的现状也没有大的改变，导致形成办案人员研究、办理了一个月甚至更长时间的案件、事项，检察委员会成员在几分钟内熟悉情况马上作出决定的怪圈。检察委员会的回避程序也没有完善，检察委员会成员包括曾经对提交案件或事项提出处理意见的副检察长、部门负责人，容易为了维护自己的威信而坚持自己之前的处理决定。检察委员会议事方式相对封闭的状况亦没有改观，现行机制下，检察机关内部对检察委员会的工作几乎没有任何监督，检察委员会人人对决策责任负责却又人人无责，导致检察委员会讨论的案件出现问题时，经常无人承担责任，这就使得检察委员会成员参与议事，履行监督，缺乏压力，容易导致发表意见随意，从而影响决策监督的质量和权威。

（2）机制体系构建失衡加重。检察机关恢复重建以来，尤其是近年来紧随中央司法改革步伐，各级检察院以强化检察机关内部监督制约为目标，制定了大量规范，进行了很多探索尝试，完善了检察机关内部监督制约体系，推动了机制建设的法治化进程。与此同时，检察机关内部监督制约体系构建中也存在盲目性、运动化、"头痛医头，脚痛医脚""一窝蜂"等缺乏统筹规划、"强者愈强、弱者愈弱"等问题，导致立法上原本就存在的检察机关内部监督制约体系失衡的问题更加严重，影响了监督制约的总体效能。

一是"监督"愈强，"制约"仍弱。检察机关近年来通过实行一系列报批制度，不断强化了上级检察院对下级检察院的诉讼监督，如规定省级以下人民检察院对职务犯罪案件撤案、不起诉必须报上一级检察院批准；省级以下（不含省级）检察院立案侦查的案件，需要逮捕犯罪嫌疑人的，应当报请上一级检察院审查决定；人民检察院办理刑事赔偿确认案件拟作不予确认决定报上一级人民检察院批准等。同时，通过严格"八项规定"、落实违反"四风""三严三实"责任等措施强化非诉讼监督。然而，这些机制都更注重上级对下级的单向监督，缺乏下级对上级的制约。近年来，虽然设立了案件管理部门，但案件管理部门也只是对同级业务部门实行流程管理监督，同样缺乏业务部门对案件管理部门的反向制约，"监督"愈强、"制约"较弱的局面仍未得到改善。由于无论上级（包括上级检察院、一级检察院内上级部门）监督还是同级案管部门的监督，监督者都缺乏亲历性，可能导致监督信息缺失而错误监督。而且，这些监督都是单向的，没有被监督者对监督者的反向制约，即使监督者监督错误，被监督者的权益也得不到救济，导致被监督者对监督者的排斥加强，既有损于监督者的权威，也导致监督者为规避风险而有情不举等情形的加重。

二是非诉讼监督愈强，诉讼监督仍弱。近年来，最高人民检察院通过加大司法解释力度、加强案例指导，各省级检察院通过加强对下级检察院上报请示案件的讨论、答复、指导力度，各级检察院通过出台内部办案规定，加强了诉讼监督，如2012年《刑事诉讼法》《民事诉讼法》《行政诉讼法》实施以来，最高人民检察院出台了实施上述法律的诉讼规则；甘肃省检察院 2011 年出台了关于民事行政检察部门与自侦部门相互配合、制约挖掘职务犯罪线索的相关规定。2013 年以来，出台了侦查监督工作落实《刑事诉讼法》的九项规定、未成年人检察部门落实《刑事诉讼法》的相关规定、职务犯罪封存记录的相关规定等，进一步细化三大诉讼法的实施标准，加强了非法证据排除、未成年人刑事案件、民事检察案件、行政公益诉讼等案件办理的监督力度。尽管如此，相比非诉讼监督，检察机关内部诉讼监督由于有法律"底限"的限制，在范围、力度、方式等方面仍显不足。相比检察机关通过重复强调立法要求，甚至限缩解释立法规定（如最高人民检察院 2011 年出台落实《民事诉讼法》的相关司法解释，规定检察机关只对二审生效裁判监督，导致县级检察院无民事检察抗诉案件可办，市级院对县级检察院在民行工作方面失去了监督的"抓手"），诉讼监督形式上加强的程度高、实质上强化的程度低的情况，上级检察院对下级检察院、一级检察院内部通过加强层级管理监督、案件流程监督，实施业务办案的考核、通报、案件评查、督导检查等方式强化非诉讼监督，后者更加凸显实效，导致检察机关内部监督制约行政化加强，极易导致违反监督规律，造成监督异化，短期内可能对遏制检察司法腐败有较高功效，长远上却可能造成各级检察权职能混同，有损于检察权独立而不利于检察制度的科学发展。

三是对各类检察权监督制约失衡。从目前检察机关内部监督制约立法上看，对于职务犯罪侦查权的内部监督制约始终是检察机关内部监督制约的重中之重。近年来，全国各地各级检察院适应三大诉讼法修改，制定了诸多规定，尤其是关于落实《刑事诉讼法》的内部规定层出不穷，但主要内容仍然集中于检察机关职务犯罪侦查权的监督制约。如很多检察机关制定内部规范加强羁押必要性审查权、非法证据排除权技术侦查决定权的监督制约，都较注重该类案件中如何加强职务犯罪侦查权行使的监督制约，普通刑事案件的量刑规范化监督虽有涉及，但相比对职务犯罪侦查权的内部监督制约机制构建，明显力度不足。至于对民事行政检察监督权、纪检监察权、普遍刑事案件公诉权、侦查监督权、监所检察监督权的监督机制则更为鲜见。

四是事后监督强、事中监督的状况未得到有效改善。目前，除强制措施和强制性措施的内部审批属于事前控制机制外，职务犯罪撤案、不起诉、相对不起诉的决定等监督的时序都有所提前，但检察机关内部监督制约的"事后"性、惩戒性特征仍然存在。侦查监督部门、公诉部门、纪检监察部门之间的平级制约、上级检察院对下级检察院、一级检察院内部上级领导对下级通过审批、案件评查、数据考核通报等方式进行的层级监督，基本上仍采取对案件处理结果（或结论性意见）的审查方式和"事后"追责方式来实现。监督时间的滞后性极易导致发现问题时能够证明违法行为存在的证据已流失，使得违法行为的确定存在证明上的困境；"事后"监督相较过程监督，能够进入监督视线的内容也相对有限，往往只是全部内容的一小部分；违法行为发生后才进行监督，也可能致使犯罪嫌疑人、被告人、当事人的合法权益无法救济，与现代诉讼制度保障人权的目的也不契合。

五是对人的监督更注重责任追究，相关配套制度仍然不能同步跟进。目前检察机关内部监督制约机制仍然较注重用惩戒、责任追究等方式对检察人员"敲警钟""敲边鼓"，迫使检察人员在机制的威慑下被动依法、正确行使权力，这相对于基于内因动力而自发、自觉、主动正确行使权力而言，投入的成本更高，收到的效果更小。因此，应当进一步加快检察人员分类管理、司法责任制改革步伐，加大检察人员职业保障力度，让检察人员从内心由衷地产生职业尊荣感，对检察权自觉地敬畏，从根源上逐渐消弭由检察人员主动作为产生的权力腐败。

（3）机制创新内容有待矫正。改革创新是健全检察机关内部监督制约机制的动力和有效举措。然而，在实践中，由于机制建设的观念、方法等导向原则、思想认识上的分歧多样等原因，即使是同一项机制改革，实际做法上的差异也层出不穷，对检察机关内部监督制约机制乃至检察制度的科学发展形成了不利影响，例如，《人民检察院刑事诉讼规则（试行）》第183条规定："人民检察院对于直接受理的案件，经审查认为有犯罪事实需要追究刑事责任的，应当制作立案报告书，经检察长批准后予以立案。在决定立案之日起三日以内，将立案备案登记表、提请立案报告和立案决定书一并报送上一级人民检察院备案。上一级人民检察院应当审查下级人民检察院报送的备案材料，并在收到备案材料之日起三十日以内，提出是否同意下级检察院立案的审查意见。认为下级人民检察院的立案决定错误的，应当在报经检察长或者检察委员会决定后，书面通知下级人民检察院执行。下级人民检察院应当执行上一级人民检察院的决定，并在收到上一级人民检察院的书面通知或者决定之日起十日以内将执行情况向上一级人民检察院报告。下级人民检察院对上一级人民检察院的决定有异议的，可以在执行的同时向上一级人民检察院报告。"基于此，我国检察机关对直接受理案件的立案程序实行的是"下级检察院决定是否立案，上级检察院备案监督"的程序。然而，在实践中，一些上级检察院规定对于一些类型职务犯罪案件的立案侦查，在正式立案之前，需经过上级检察院相关部门或者领导的批准，在一定程度上限制了下级检察院依法独立办案，容易造成上下级检察院之间关系的紧张，不利于上级检察院监督工作的开展。2013 年年底，最高人民检察院出台了《检察官办案责任改革试点方案》，至今为此，全国各地检察院都进行了不同程度的试行。试行过程中，有人认为，此次实行的检察官办案责任制改革试点不如 2000 年最高人民检察院推行的主诉检察官办责任制的改革。因为那时的改革考虑并落实了权责利相统一原则，而此次改革只考虑了权与责的统一，对"利"没有充分考虑。为此，在改革试点中有的检察院向当地党政部门争取主任检察官津贴、人员编制甚至领导职数。事实上，此次司法改革中的核心理念是保障司法机关依法独立公正地行使职权，检察官办案责任制的主要目的是通过加强检察机关内部办案责任制建设从内部去行政化，从而提升检察机关内部监督制约的司法性。① 为了去行政化、强司法化而去从外部争取利益导致检察权行使地方化加重，恰恰与检察机关内部监督制约机制建设在保障检察权独立行使前提下公正行使的核心价值相冲突。

（4）机制实际效能形式化、虚化并存。当前，检察机关内部监督制约机制主要通过上、下级检察院之间、一级检察院内部各部门、检察干警的"自治"和部门之间的职能制约以及检察长或检察委员会行使对案件的批准权、决定权，实现对办案人员和办案过程的监督与管理。这种模式下，上级检察机关对下级检察机关的人事权和经费保障无法给予有效领导，检察机

---

① 谢鹏程：《检察官办案责任制改革的三个问题》，载徐汉明主编：《问题与进路：全面深化司法体制改革》，法律出版社 2015 年版，第 220 页。

关对地方党委、人大、政府和财政部门依附性较强，造成上级检察院对检察权行使地方化的问题常常无力监督。同时，上下级检察机关之间的监督基本是以条线为单位纵向分块进行的，极易导致相同业务的条线之间囿于定式思维，不能及时发现问题，也常导致综合性业务缺乏监督。一级检察院内部监督制约方面，内部各职能部门的相互制约机制虽然已经建立，但由于各职能部门都代表检察长行使职权，相互间的制约关系容易被淡化而流于形式。而且，依照法律，各职能部门行使职权的目的不同，证明标准不同，导致对案件质量的认识标准不一，制约缺乏案件质量标准规范，也可能导致制约形式化或对于所发现问题的处理不了了之。同时，部门利益掣肘监督制约的力度。同一检察院内部，经常存在由于监督后果与监督本人有特殊关系；同一检察院内部，同事之间较为熟悉，往往合作大于监督制约。在涉及单位、干警利益或权力的威慑、诱惑时，常常会受检察院一盘棋思想和"家丑不可外扬"意识的影响而失去监督的动力，最终"大事化小，小事化了"，不了了之。另外，作为专门的法律监督机关，检察机关每一项权力的行使都通过检察干警实施法律、参与诉讼程序实现。由于诉讼的每一个环节都是办案人员运用专业知识，根据主观上对法律规定的理解，结合收集到的证据，还原已发生案件事实的过程，必然因成文法本身内涵的多样性、不同人员对法律、证据理解的视角不同、理解、运用法律的能力不同等原因而具有办案风险。出于对普遍意义上的干警办案积极性的保护立场，与外部监督相比，检察机关的内部监督就凸显出把关不严、力度不大、降格处理经常化等问题。在大多数情况下，除非是违法行为已造成较恶劣的社会影响、较严重的后果，检察机关才会启动监督程序进行查处追责。否则，一般情况下，以批评、教育等为主。监督时，也大多体现为对"事"的监督，主要是对案件定性和事实的认定等实体问题的考量和评定，而对于移送的案卷材料是否齐全、案卷是否装订、侦查活动是否合法等，则采取了比较宽松的标准，导致监督的力度、刚性、普适性都大大降低，信任度、认同度也同时降低，监督公信力不高。还有，现行的检察机关内部监督制约机制总体针对立法缺陷进行的改革力度有限，多元的监督制约主体权责混同交叉、监督制约程序不合理的总体情形并未改观，加之以上主观原因导致的监督制约动力不足，一些检察机关监督制约能力的限制，机制实施中，多表现为对显性违法行为的监督，如对职务犯罪案件办理过程上扣押、冻结款物、程序违法、刑讯逼供等明显违法行为的监督制约，这些违法行为多以办案人员主动作为的形式出现，而对于该批捕不批捕、该起诉不起诉、该抗诉不抗诉、该纠正违法不纠正违法等以隐性方式表现的不作为违法违纪行为未引起足够关注，甚至监督缺位，致使检察机关怠于行使职权行为泛滥，严重影响人民群众对检察机关司法公正的信赖度。违法责任的追究方面，由于检察机关对于执法活动的违法违纪行为，较多依靠当事人申诉、上访和群众举报而发现，此时，已形成错案的违法后果，检察机关急于"熄火""灭火"，往往在纠正错案、弥补违法后果的同时忘记对执法责任的追究。检察办案集体负责制的规定也影响了监督制约责任的落实。现行办案体制下，普遍实行层层审批，有的经检委会集体研究，当办案人运用影响力影响上级或检委会的观点时，执法办案责任更很难落实到个人身上，往往以"集体责任"完结了事。在此情况下，尽管《检察官法》《检察机关执法办案规范》等诸多法律、制度、规范规定了检察官的办案责任，也因落实不到位成为形式，严重影响了监督效果。

3. 影响机制科学发展的原因分析

上述检察机关内部监督制约机制存在的问题，是监督制约理念、内在动因、环境条件等多重因素作用的结果。概括起来，主要有以下几方面原因：

（1）缺失与时俱进的理念支撑、引导。正确的理念是机制创新的支撑和脉搏。深入思考当前检察机关内部监督制约机制建设存在的问题，实际上反映了支撑和引导机制建设的理念的传统和滞后，如缺乏检察权应当接受监督制约的理念，导致很多检察人员缺乏主动接受监督制约的自觉，本能地排斥监督、对抗制约，阻滞检察机关内部监督制约机制建设步伐，造成很多机制更注重宣示检察机关愿意接受监督制约的姿态，而实质内容不多、实际可操作性不强。事实上，公权力必须受到监督和制约，是具有普适性的公理，也是法治的要件之一。那种受传统中国社会、政治文化影响，权力本位而非权利本位、公权至上而非人民民主权益的观念早已过时，主动、自觉接受监督制约不仅有利于检察权更加顺畅、有效地运行，更能够促进检察权坚持人民主体地位，达到司法制度最终保障社会公平正义、保障人权的根本目的，又如，误判监督制约程序对于实现公正的重要作用，造成一些检察机关虽然迫于当前形势需要开展检察机关内部监督制约机制改革，但实际操作中，往往因理念上难以厘清公正与效率的关系甚至隐存完善监督制约程序会影响办案效率而在机制构建上敷衍了事，或者实施机制效果不彰。典型表现为当面临案件积压和办案超期等问题时，把在检察机关内部权力运行过程中增加设置制衡环节，作为影响检察权行使效率的重要因素，从而尽量规避监督制约，造成机制建设形式化。检察机关内部监督制约机制建设中系统理念不强也是影响机制建设进程的一个重要主观原因。司法改革或检察改革都是一个长期复杂的工程，其中任何一部分，都可能"牵一发而动全身"。检察机关内部监督制约机制不仅应当紧随司法改革、检察改革的步伐，而且在其自系统内，也应有机协调、相适相辅相补。但当前检察机关内部监督制约机制改革，与司法改革、检察改革大局、大方针不相协调的情况还大量存在，各级、各地检察院各自为阵、各行其是、缺乏统筹规划的现象也不为鲜见。甘肃省检察机关去年以来清理了恢复重建以来制定的规范性文件，被清理出的大量规范性文件，广泛存在时过境迁、相互之间矛盾冲突、与上位法冲突等问题还一直长期使用的问题，其中也不乏检察机关内部监督制约机制方面的相关规范，干扰了执法的统一，影响了机制的效率。

（2）缺乏因循法治道路改革创新的勇气、能力。法治是现代国家治理的基本方式，相对于其他国家治理方式而言，法治以秩序、公正、人权、效率、和谐为基本价值，强调通过法律和制度的普遍性、原则性、稳定性、可预期性，形成稳定秩序，克服特权行为，实现公平正义。党的十八大报告提出，要"更加注重发挥法治在国家治理和社会管理中的重要作用，维护国家法制统一、尊严、权威"。克服人治、策治、群治等非法治思维。坚持法治道路，是司法机关作为法律实施机关应当带头遵守的基本原则。当前，司法体制改革和工作机制改革作为"推进'法治中国'设的必然要求，推进国家治理体系和治理能力现代化的现实需要"，[①] 由酝酿准备到"两高"自主启动，由司法机关内部推动向中央决策组织推进，由完善工作机制向触及司法体制改革三大转变与跨越，已取得了明显的阶段

---

① 周强：《积极推进社会主义法治国家建设》，载《人民日报》2013年8月12日。

性成果。同时，也存在顶层制度设计系统性、整体体、协同性不够、改革力度问题导向不足、改革步伐层面滞后于经济、文化、社会体制改革等问题①，具体折射到检察机关内部监督制约机制建设方面，表现为：很多改革举措仍属于工作方式方法调整与改进，并未触及影响和制约司法公正的深层次问题，一些阻滞机制建设发展的体制性障碍、机制性束缚、保障性困扰尚未突破，机制建设总体仍呈现出明显的"避难就易"特点，反映出机制建设中广大检察机关和检察人员缺乏足够的改革创新的勇气和能力。检察工作机制改革的实质是要对引发检察权脱离司法规律要求的职能和机制进行重组和完善。当前，我国司法体制机制改革已进入深水区，不允许再推延问题、积累矛盾。检察机关内部监督制约机制建设中的上述问题实际上反映了机制建设中对中国法治道路、检察司法规律的研究不足，导致对机制建设的方向、重点和有效措施迷惑、茫然，亟须在"法治"引领下建立"理论自信、道路自信和制度自信"。也就是说，当前形势下，检察机关内部监督制约机制建设虽然包含着很多探索性、不确定性，但绝不是不可预知的，也不是盲目的、随意的。在法治思维引领下，在法治理性保障下，在法治规则规范下，即使机制建设中的许多实际问题无经验可循，也可以通过理性查找机制建设中存在的深层次原因找到改革的突破口、着力点，并保证机制建设在法治轨道上科学发展。

（3）受制于司法体制机制的限制、束缚。检察机关内部监督制约机制建设归根结底是检察制度的健全与完善，法治原则

---

① 徐汉明：《深化司法体制改革的理念、制度与方法》，载徐汉明主编：《问题与进路：全面深化司法体制改革》，法律出版社 2015 年版，第 10 – 11 页。

是其应当遵循的基本原则。这表明，机制建设必须在我国的宪政体制和司法制度框架下进行，不能突破宪法、法律关于检察制度的基本规定。就目前的检察体制机制而言，存在检察权性质不明、行使行政化、配置不合理、机构设置有待优化等诸多弊端，而正是现行检察体制机制的这些内容决定了检察机关内部监督制约机制的基本框架、基本模式。在这些问题尚未得到解决的情形下，并无可能通过检察机关内部监督制约机制变革使得检察机关内部监督制约立法上存在的问题、在实践中造成的不利影响得到根本改观，例如，检察机关监督制约机制的正常运行，前提是监督制约者要有发现问题的能力，但在现行检察权配置模式下，上级检察院监督下级检察院，对于需要监督的下级检察院的办案活动缺乏亲历性，根据相关诉讼法律和最高人民检察院相关工作规定，往往依靠下级检察院的请示报告、上报备案等方式来发现问题，获悉监督信息渠道窄、方式被动、获悉的监督信息客观性不强。实践中为了克服这种体制对上级检察院监督下级检察院的制约，很多检察院创设了考核制度或数据通报制度，对下级检察院实行定期或不定期的突击执法、督导调研，但并不能根本改变上级检察院获取监督信息方面对被监督者的依赖性；又如，检察机关对地方党委、政府等部门在人权、事权、财权的依附性，使检察权依法、独立、公正行使受到了检务保障来源的根本制约，检察权地方化的现象在各地普遍存在。在此情况下，上级检察院为了不因监督影响检察机关与地方的关系，打击下级检察院的工作积极性，在很多情况下只好"睁一只眼，闭一只眼"，任其为之；再如，现行检察委员会体制下，有些检察委员会成员在案件提交检察委员会之前，参与过对案件的处理，在检察委员会委员参与案件讨论的回避制度没有建立的情形下，这些委员既是监督者，也是被监督者，自己监督自己的状况并未得到改变，当然检察委员会监督的公正性也就难以通过相应机制改革得到保障。与此类似的还有现行检察体制中案件办理的层级审批制度、集体负责制，同样也影响了检察机关内部监督制约的公正性和效率性，影响了监督制约发现、查处的违法行为的追责、落实，但在这些制度没有被改革、健全之前，检察机关内部监督制约机制的形式化、表面化、效能虚化等问题也难以得到根本解决。此外，现行一级检察机关内部监督制约机构的多元性、交叉性、职能的重复性，使得机制建设无法解决提高监督效能的前提问题（监督主体、监督范围、监督标准、监督责任等）；纪检、监察、案管部门与业务部门的职级平行，使得纪检、监察、案件管理监督的效力大打折扣，在检察机关内部机构设置的相关问题没有得到解决的情况下，纪检、监察、案件管理监督的效力问题无法得到根本提升。现行司法体制机制对检察机关内部监督制约机制建设的束缚更深层次地体现在对监督者和被监督者的理念影响。最常见的表现在长期实施行政管理体制使得检察干警行使检察权时，相比法律，更信从上级的决定。办理案件中，很多干警在领导意见与自己意见相左的情况下，往往很难坚持自己依照法律、证据全面客观、审查提出的正确意见。即使有的干警坚持己见，在案件提交部门会议、检察委员会讨论时，由于领导意见对其他参与会议讨论的成员的影响力，也常常在"少数服从多数"原则下被否决。在此情形下，院内部的层级监督在信上级不信法的理念下虚化，如果由此发生了错案，监督程序又在信上级不信法的理念下难以启动，即使启动，又由于集体负责制的影响而常常监督无果。

（四）健全检察机关内部监督制约机制的对策建议

我国宪法把检察权规定为一种独立的国家权力，并设有检察机关来专门行使该种权力，既借鉴了列宁的法律监督思想和苏联的检察制度模式，也传承了我国悠久的历史文化传统，其合理性毋庸置疑。同时，检察权与审判权虽然同为司法权，但由于权能内容和主体诉讼立场的不同，相对于审判权，检察权不但与审判权在程序进程中关系定位不同，对犯罪嫌疑人、被告人的程序处遇影响不同，因而具有不同于审判权的异质性，而且在诉讼程序中对审判权进行监督制约，但现行立法对于检察权相比审判权的规制则少得多，尤其体现在检察机关内部监督制约立法方面。近年来，随着我国逐步融入全球经济一体化和人权保护的普遍化，借鉴世界各国检察制度中长期积累的有益经验，围绕促进司法公正、保障公民基本权益，不断改革完善检察机关内、外部监督制约机制的呼声也日益迫切。多年来，检察机关虽然以中央司法体制机制改革为契机，在健全、完善司法机关监督制约机制方面进行了不懈的努力，但从上述分析看，仍有很大提升的空间。当前情形下，应当围绕检察权的运行的重点环节，与时俱进提高监督制约意识，平心静气认识司法规律，通过实行内外结合、环节互动、上下统一的全方位监督制约，弥补立法缺失，补齐监督制约"短板"，使检察工作的整体运行态势和质量效果得到自主有效的监管调控，最终达到公正、高效、文明执法，防止腐败现象发生的根本目的。

1. 强化自觉接受监督制约的意识，夯实机制思想基础

强化对司法机关的监督制约，是党的十八大以来以我党新时期法治建设思想的重要内容，是推进依法治国，实现"四个全面"（"全面建成小康社会、全面深化改革、全面依法治国、全面从严治党"）的战略思想的重要举措。当前形势下，检察机关在办理案件中，权力范域相对较广，享有广泛的自由裁量

权，具有较大的被犯罪分子拉拢利用、违法违纪的风险。实践中，在当今社会严峻的腐败现象影响下，检察机关中滥用检察职权违法乱纪，办"人情案""关系案"，甚至刑讯逼供、收受贿赂和徇私枉法等违法犯罪事件时有发生，严重损害了检察机关作为"法律守护人"的社会形象。检察机关在积极接受外部监督制约的同时，亟须充分发挥内部监督制约信息成本低、发现和预防失范行为概率大、控制失范行为影响力强的优势，进一步强化内部监督制约机制，强化自觉接受内部监督制约的意识。要充分认识到检察机关作为国家的专门法律监督机关，有权监督公安机关的立案和侦查活动、法院的审判活动以及监狱的刑罚执行，有权对全部国家机关工作人员利用职务实施的各种犯罪活动直接立案侦查，必须在司法机关中自觉作严守法纪法规的表率；要认识到自觉运用法治思维、法治方式从严治检，自觉接受内、外部监督制约，是检察工作融入构建法治社会的大局、实现"四个全面"战略布局大局的有效途径。检察机关只有"自身正"，才能"正他人"，才能维护司法公正，引领社会公平正义，提升法治在全社会的公信力，强化公民法治信仰，树立法治权威，推进依法治国方略的全面实施。当然，强化检察机关内部监督制约机制不仅是落实从严治检、建设高素质检察队伍的迫切需要，本质上也是对广大检察人员的真正关心和爱护，是对他们切身利益的真正维护。必须充分统一思想认识，自觉夯实检察机关内部监督制约机制的思想基础。

2. 遵循检察工作规律，校正机制建设方向

检察机关内部监督制约机制植根于检察实践这块土壤，归根结底为提高检察权运行的品质而存在，监督制约是手段，通过监督制约促进检察人员养成自觉守法、规范执法的自律习惯

才能根本解决检察权行使不规范、不廉洁、不公正等问题，因此受检察权运行规律、检察工作管理规律和人的发展规律等客观规律制约。健全和完善检察机关内部监督制约机制，就是要在充分认识、准确理解支配机制运行、发展、变化的这些检察工作基本活动规律的基础上，发挥人的主观能动性，积极探寻这些规律通过机制各个要素相互制约、相互联系的合理方式，发现这些规律与检察机关内部监督制约工作如何相适、协调，促进检察机关内部监督制约机制始终沿着符合检察工作要求和发展的轨迹运行。

（1）遵循检察权运行规律。如检察权一体化行使是检察权运行的基本要求和基本规律，要求检察机关行使检察权是一个整体统筹、上下一体、协作配合的过程。这表明，相对于外部环境，检察机关要作为一个整体，保持独立；在内部，各种检察权之间则既强调分工负责、相互制约下的配合，为此，检察机关内部监督制约机制建设，既要注意不因监督制约程序的介入而破坏检察权内部组织系统的和谐统一，保证检察权的一体化行使，又要防止过分强调配合而导致监督制约机制虚化。这方面，无论是上、下级检察院之间的内部监督制约机制还是一级院内各部门之间的监督制约机制，应当进一步加强监督制约主体的协调性、执法标准和行为准则的统一性，防止多元、层叠监督制约和监督制约主体、监督制约对象对监督制约标准的认识不一而弱化监督制约的效能。应当充分发挥检察长在一级检察院内监督制约机制中的主导作用，加强检察长的话语权和责任，激发检察长工作的积极性和责任心，促进检察长在内部监督制约机制中的指挥、统筹、协调作用的发挥。又如，检察官的客观公正义务是检察制度与生俱来的内在要求，是贯穿检察执法的核心精神。为此，健全和完善检察机关内部监督制约机制，既要考虑以监督制约促进检察人员规范执法、公正执法，保证检察机关和检察官站在客观公正的立场，履行查明案件真相、准确执行法律、既打击犯罪又保障人权的客观公正义务，又要防止因监督制约过度或不当影响检察人员履行职务的积极性，束缚检察人员的手脚，造成检察人员消极、怠于执法。后者同样不利于检察机关和检察人员履行客观义务。在检察机关内部监督制约机制建设中遵循检察权运行规律，还要注意处理好检察机关和外部环境的关系，保证检察权依法独立行使。如有些实行考核制度的检察院，单纯以检察机关引导侦查取证的数量考评业绩，而不依法设置引导侦查取证的条件，可能会造成检察权不当干涉公安机关的侦查权；民行办案指标中，单纯以其他机关的办案结果评价检察权行使的结果，而不限定抗诉案件维持原判成为错案的条件（有的抗诉案件没有改变原判是由于当事人再审时不能通知到庭，当事人不服原审，抗诉后又与对方当事人自行和解，抗诉后原审判决依据的法律、政策已变化等客观原因），可能会造成检察机关在办理抗诉案件时以法院的办案理念和思维为准据，造成检察权行使的弱化。

（2）遵循检察工作管理规律。检察工作管理的规律性形成于两个方面，一是工作性质，二是法律规定。其中，法律业务工作是检察工作的主要方面，其性质是依据实体法和程序法的规定执行法律，履行职能，而法律业务管理则是通过对法律业务工作执行法律、履行职能活动的监督与保障，保证检察机关和检察人员依法、正确、高效地履行职责，从而维护司法公正，保障公民的合法权益，保证依法追究犯罪。这就要求检察机关内部监督制约机制建设中，要研究清楚、琢磨透彻刑事、民事、行政诉讼法律规定的检察机关办案涉及的每一个程序，如此才能根据程序法规定设置科学的办案流程，搭建加强各职能部门诉讼程序制约的平台；要确实理解、掌握法律规定的每一个诉讼阶段的办案质量标准，如此才能在检察机关内部案件质量管理监督方面，设置规范的评价标准，作为业务工作质量监督的依据标准。遵循检察工作管理规律，当然也包括要遵循检察工作财务保障规律和人力资源管理规律。要充分认识检务保障与司法公正的辩证关系，善于运用检察机关人、财、物管理规律对检察办案、检察人员进行科学管理，实现对检察人员办案活动既依法约束又有效激励。甘肃省检察机关近年来充分认识到检察机关人、财、物管理对维护、促进、保障司法公正的作用，健全财务制度，加强财务监管，严格执行政府采购制度，凡重大开支和设备采购，一律邀请纪检监察部门全程监督；开发财务支出审签电子报账软件，堵塞各项经费支出漏洞；加强重点环节管理，对经常性支出项目、重大开支项目严格实行经费预算管理，防止滥开口子、随意超支；构建涉案款物监督检查机制，每年都会同院纪检监察部门赴全省各市县院或部分市县院就扣押冻结款物集中统一管理执行情况进行专项检查，纠正问题，总结经验，有效预防了内部腐败。

3. 坚持法制建设基本原则，提升机制创新能力

检察工作活动规律，是健全、完善检察机关内部监督制约机制的内在遵循；机制建设应当遵循的基本原则，则从立法技术和监督制约权力运行需要来研究和分析健全、完善机制需要参考的因素，目的是挖掘机制建设的内在潜力，提升机制创新的能力和水平。

（1）坚持系统原则。检察机关内部监督制约机制是一个系统，这就要求健全、完善机制，必须注重整体与各要素之间的关系，既要使得机制本身的要素健全、内容完整，又要使机制各要素有机协调，能够促进机制整体功效发挥。

一是要坚持机制目标的一致性。实践中，检察机关内部监督制约机制的种类和表现形式多种多样，无论是诉讼性监督制约机制、非诉讼性监督制约机制，还是检察执法监督制约机制、检察管理监督制约机制，各类机制的目标都应具有万象一宗的价值追求，这就是提升检察机关内部监督制约立法的实施效能，促进检察权的规范行使，保障检察机关依法公正行使检察权，正确履行法律监督职责。各级检察机关制定的内部监督制约机制的所有目标，都要始终围绕这个价值追求，确保各类检察机关内部监督制约机制在总的价值追求上高度一致，以此为轴心组成目标连锁。

二是要坚持机制内容的协同性。各类检察机关内部监督制约机制可能会因监督制约对象不同，因机制创建时所处的阶段工作要求不同，而在具体表现形态上各异，但它们始终具有目标的一致性、职能的一体性，因此在内容上必须互相结合、互相补充、互相支持从而发挥更大的整体效能，例如，在诉讼性监督制约中，公诉部门对于职务犯罪侦查部门移送起诉的案件有权要求其补充侦查，如果后者不配合甚至抵制时，就可能启动非诉讼性监督制约程序，对其行为进行调查，看其行为是否违纪违法；反之，如果在非诉讼性监督制约中发现检察人员违纪违法行为，也可能启动对该检察人员违纪违法办理的案件的质量监督程序，看是否有错案需要纠正，检察机关内部监督制约机制建设中应充分考虑各类机制在内容的协同性，在功能的互补性。

三是要坚持监督制约标准的统一性。各类检察机关内部监督制约机制对于同一监督内容，都应当保护监督制约标准的统一性，至少要保持监督制约标准依据的统一性，例如，对于何为"错案"，无论从"案"的角度监督，还是从"人"的角度监督，都应当以诉讼法为依据，确定行为的性质和行为人的责任，而不是凭任何人的理解想怎么界定就怎么界定。

（2）坚持职、权、责明晰原则。职、权、责明晰，是健全检察机关内部监督制约机制的前提，是检察机关内部监督制约机制公正、有效实施的保障。就当前多元、重叠、交叉监督制约的现状而言，亟须明晰各监督制约主体的职责，并努力做到各监督主体的职能性质、职权范围与其承担的监督制约责任相适、相称。

一是要明晰各职能机关、职能部门、检察人员各岗位的规范标准，明确规定应当做什么、怎样去做和禁止做什么，规范要具体、明确、切实可行。

二是要针对不同性质的监督制约关系对监督制约应当遵守的规则、程序、时限、责任等作出明确、具体的规定，力求事事有据可依，以减少司法中的主观随意性。

三是要通过完善的内部管理机制做到任务明确、责任到人、定职定责。

四是要处理好集体决策与个人分工负责的关系，明确规定哪些是集体决策的事项，哪些事项可以由检察长或主办（诉）检察官个人决定，使个人既不能擅权，又善于决断。

以健全、完善死刑复核检察监督内部监督制约程序为例，《人民检察院民事诉讼规则（试行）》对死刑复核检察监督中最高人民检察院与省级检察院既相互配合又相互制约，但也存在省级检察院与最高人民检察院的制约程序缺失、规定较模糊影响实际操作的问题，如未规定省级检察院不履行报告和配合义务的后果，未规定最高人民检察院受理省级检察院提请监督报告后的处理程序、反馈程序，《人民检察院刑事诉讼规则（试行）》第 607 条规定，"省级人民检察院发现死刑复核案件被告人自首、立功、达成赔偿协议取得被害方谅解等新的证据材料和有关情况，应当及时向最高人民检察院报告"，第609条规定，"最高人民检察院在必要时可以审阅案卷、讯问被告人、复核主要证据"，其中的"及时""必要时"涵义都较模糊，造成实践中办案人在个案中理解不一，在案件任务繁重的情况下，可能造成办案人对"有必要"审阅案卷、讯问被告人、复核主要证据的案件以"无必要"为由，怠于履行职责，造成严重后果。为此，应对省级检察院向最高人民检察院报告相关情况的期间作出明确规定，以促使省级检察院积极、高效地履行职责；应对省级检察院错误履行职责和怠于履行职责的行为以禁止性条款作出规制，防止由此造成严重后果；应对最高人民检察院"必要时"讯问被告人、复核证据的内容予以明确，形成省级检察院参照的明确规范，省级检察院可以据此对与此相关的证据材料的收集特别关注，防止最高人民检察院核实时，此类证据因时过境迁等原因流失。

各级检察院、一级检察院内部各部门的性质、地位和各部门各岗位在检察工作中的作用是界定各监督制约主体职能、职权、职责的基础。在此基础上，明晰各监督制约主体在机制中的职、权、责要符合以下三个标准：

第一要符合功能标准。要根据各监督制约主体在诉讼中的职能内容和在检察机关中承担的工作任务，确定其在检察机关内部监督制约机制中的功能，从而对监督制约事项进行专业分类、分工，加强人、财、物的统一分配和使用，提高监督制约效率。

第二要符合程序标准。要根据检察工作流程和诉讼阶段分配各监督制约主体在检察机关内部监督制约机制中的职权，确定它们的职责，加强内部监督制约工作程序的标准化、规范化，加强内部监督制约管理，提高监督制约质效。

第三要符合监督制约对象的性质。要根据内部监督制约对象的性质、所属种类等确定各监督制约主体行使职权的对象和承担职责的限度，做到监督制约主体的职能性质与监督制约对象的性质相匹配。

以刑事检察部门内部监督制约机制为例，根据上述三个标准，可以规定由内勤统一收案，及时登记，规范受案程序和手续，确保无遗漏、无错误；规定部门负责人、案件承办人依照办案流程，规范履行各自岗位职责。尤其是在办案程序上，每起案件每个法律文书进、出口都要经内勤之手，需要由部门出具印章的，也必须由内勤专门管理，经部门负责人批准用印。内勤、案件承办人、部门负责人之间也应有反向监督制约，通过部门负责人、案件承办人对内勤工作的牵制、督促，使其规范履行工作职责。

（3）坚持公正与效率相统一原则。加强内部监督制约的最终目的是维护司法公正，但公正与效率并不是截然对立的，某种意义上反而是密切相关的，没有效率的公正就是不完整的公正。我们在健全检察机关内部监督制约机制时，应当充分考虑到机制的效率。这里所说的效率，不单指时间，也包括为之支出的人力、物力等诉讼成本。有一种观点认为，内部监督制约的程序越细越好，越可能达到公正。其实不然，每个监督制约程序也都存在犯错误的可能性，程序多可能能够达到"密不透风"堵塞漏洞的效果，但同时也必然带来效率问题。监督程序越多，在各个环节滞留的时间也就越多，所以，检察机关内部监督制约机制构建时，必须考虑效率因素，本着精干、高效的原则，对现有的有限的司法资源进行合理、有效地配置，在公正与效率之间谋求一个最佳的平衡点，达到公正与效率的有机统一。

一是要把握好内部监督制约工作的重点环节，通过在检察权行使关键环节上建立严密关口，解决检察权行使中有碍司法公正的突出问题。这方面，群众反映强烈的突出问题事关人民群众切身利益，关乎检察机关形象和执法公信力，尤其要针对此类问题特别是其中的司法办案程序问题、司法效率与作风问题和遵纪守法问题，采取有针对性的内部监督制约措施，及时纠正司法办案中不作为、乱作为和监督不到位的现象。职务犯罪自侦案件是检察司法不规范的"重灾区"，也要加大对此类案件的监督制约，尤其是办案安全的监督制约，深入办案一线，同步监督每一个办案安全措施的落实情况，共同防止安全事故和违规办案的发生。

二是要加强各监督制约主体的协作配合，通过优化、整合内部监督制约的资源和力量，提升监督制约合力，从而提高监督制约效率。由于纪检监察部门是检察机关专门的内部监督制约部门，建议形成以纪检监察部门为龙头，以各业务职能部门为主体，以案管部门为助力的内部监督工作格局。纪检监察部门应加强与案件管理部门、人民监督员的联系，深入业务部门，深入一线，及时了解掌握个案办理情况，针对苗头性或反应大的问题有针对性地加强监督检查，对有质量问题的案件和可能追究司法过错责任的案件进行重点监督，有效防止权力失控、行为失范。各业务部门要积极配合，担负好"一线监督"的职责，通过事前监督、事中监督、事后监督的紧密结合、纪检监督、检务督察、流程监督、职能监督的相互协作，使监督制约贯穿于检察权行使的全过程，保证权力沿着正确的轨道运行。

三是要强化机制的效能保证。检察机关内部监督制约活动维护的是检察机关的公信力，必须具有一定的权威性，对监督对象有一定的影响力，因而，检察机关内部监督制约机制规定任何一项监督制约权力，都应当明确其效力，规定其后果。同时，为切实解决机制形式化、可操作性差、实际效果不彰的问题，检察机关内部监督制约机制建设中也要重视机制可行性的实践评估，重视在实践中校正和丰富机制的内容。要在充分收集实践资料的基础上对实际情况进行分析研判，对机制的内容、可行性予以全面考量、综合权衡；要重视民主沟通、实践改进，在实践中不断探索、修正错误。只有如此，才能克服机制建设中盲目的经验化与感性化，找准机制创新的切入点，使机制建设不断朝着契合实际的方向发展，真正实现公正与效率的统一。

4. 加强体系化建设，实现机制科学发展

以上为健全、完善检察机关内部监督制约机制在理念指引和方法论上提供了思路建议。具体到机制健全、完善的路径上，针对当前检察机关内部监督制约机制在立法上和实践中存在的问题和原因，亟须加强机制的体系化建设：

（1）优化检察权职权配置。所谓"优化配置"，就是在依法的基础上，对检察权合理分解，通过不同的内部机构行使不同的检察职权，以达到互相配合、互相制约，从而实现各项检察职权公正、高效行使的目标。[1] 这是健全、完善检察机关内部监督制约机制的基础。从前分析可见，目前检察机关内部监督制约机制存在的诸多问题，与现行司法体制机制的根本束缚有关，而这种束缚重点则体现在现行司法体制机制下对检察权

---

[1] 张智辉主编：《检察权优化配置研究》，中国检察出版社2014年版，第355页。

职权配置的混乱、重叠、缺失、不合理等问题，亟须根据各项检察职权的法律特性、价值目标、运行特征和诉讼规律对其科学分类、合理配置，实现检察权目的与手段匹配、权力行使的有效性与可控性平衡、权力运行中相关主体协调、权力运行的需求与供给满足等权力优化配置目标。具体到检察机关内部监督制约机制中，目前，需要在以下方面实现检察权的优化配置：

第一，赋予监督制约必需的结构性权力。如赋予主体知悉监督对象执法行为的权力，防止监督制约无序、与实际情况脱节；赋予纪检监察部门对违法行为的调查权、确认权及纠正、惩戒相关违法行为的处理建议权、程序启动权，以增强监督的刚性；赋予监督制约对象对监督制约行为的抗辩权，加强前者对后者的反向制约，促进监督制约公正。

第二，明确检察权的内容。目前，对于检察机关业务方面的职权分类较为清晰，但对检察机关其他方面的职权界定模糊，应对检察领导权、检察人事管理权、检察财务管理权、检察装备权、检察机关作为机关法人的民事权益等各项检察权的权力内容和其分解在各职能部门的具体内容用权力清单等形式加以明确，避免监督制约内容不明导致监督真空、监督形式化以及权力越位等，例如，课题调研中发现一些地方检察院往往运用职务犯罪侦查权等公权力迫使相关部门批准其建设用地、增加拨款力度，推动实现其合法的或非法的"法人"利益。

第三，合理确定检察权的归属。即要根据检察权分解后形成的职权单元合理设置检察机关内设业务机构，确保各业务机构的设置在本质上能够体现检察机关作为法律监督机关的宪法定位，在属性和职权内容上与诉讼法规定对应、协调。目前，检察机关主流观点提出将职务犯罪侦查部门、预防部门整合成一个大的机构，对刑事公诉部门、民事行政检察部门按照诉讼法的要求，分解为公诉部门、刑事审判监督部门、民事检察部门、行政检察部门，合并刑事申诉检察部门和控告检察部门，笔者同意此类建议，认为该分类体现了检察职能部门与检察机关承担诉讼任务的程序对应性，体现了职、责、权明晰原则，明确了检察机关内部监督制约的责任主体、监督范围，有利于解决现行立法和机制中监督制约主体不明、范围不清、责任推诿等问题，为从根本上提高内部监督制约效能夯实了制度基础。

（2）完善检察机关内部监督制约体系。如前所述，目前检察机关内部监督制约体系虽然总体上形成了完整的框架，但仍存在内容缺失、原则性规定较多、各要素不协调、效力缺乏刚性、可操作性不强等问题。针对这些问题，应从以下五方面进一步完善检察机关内部监督制约机制体系：

一是要完善上下级检察院之间的监督制约机制。现行法律、法规就上级检察院对下级检察院开展监督的内容和程序，进行了明确规定，各地、各级检察院通过机制创新对此进行了完善，但仍未走出程序监督和事后监督的局限，导致监督缺乏权威性。今后，应通过明确上、下级检察院在监督制约中的职权、丰富上级检察院对下级检察院监督的方法、拓展上级检察院对下级检察院监督的内容、强化上级检察院对下级检察院监督的权威，进一步加以完善。具体来说，在上、下级检察院监督制约职权设置上，要明确上级检察院指挥下级检察院依法办案的权限，获取下级检察院执法信息的渠道，明确下级检察院向上级检察院请求汇报的案件事项范围，赋予下级检察院维护正确行使检察权的逆向保障。在监督制约的方法、内容、途径上，可以规定上级检察院对下级检察院要开展经常性的督导调研，上级院的业务部门应重视和突出具有本业务特点的对下指导、沟通和监督，明确业务规定、规范运行程序、监督进展情况；下级院对立案侦查的大、要案，要及时报送上级院备案，备案审查的程序要具体、明确，期限要合理、确定，保证上级院审查及时，并适时做好大、要案查处的督办工作；上级院要坚决纠正有令不行，有禁不止的现象，严肃处理检察人员的各种违法违纪行为，保障对下监督的有效性；上级院发现下级院有违法违纪行为时，可责成下级院纪检监察部门查处，必要时，上级院纪检监察部门可以直接查处，以进一步解决上级检察院监督制约下级检察院走过场、形式化、缺乏刚性等问题。当然，任何一个权力结构中，上级滥用权力的可能性更大，为了解决上级检察院在履行监督职能中自身滥用权力的问题，在强化上级检察院对下级检察院监督的同时，完善上下级检察机关监督制约机制还必须加强下级检察院对上级检察院的制约。建议出台侧重于检察业务规范、有别于检察职业道德的检察官职业群体行为规范，一旦上级检察院作出不合理的指令，下级检察院可以据此对上级检察院作出抗衡；设立下级检察院异议救济制度，在下级检察院认为上级检察院的指令违法或不当时，可以向上级检察院提出异议，请求变更指令；在考评上级检察院的指标中，设立下级检察院评价上级检察院履职能力的硬指标，由此对上级检察院违规下达指令、以权压法、工作作风等情况形成一定制约。

二是要完善检察委员会对业务工作的监督制约机制。检察委员会制度是中国特色检察制度的重要组成部分，检委会是人民检察院在检察长主持下的议事决策机构，对检察工作中的重大疑难案件和重大问题进行讨论决定，对检察业务工作具有最高决策权力，① 其对检察业务工作的监督制约质量直接影响到检察办案质量，影响着检察权行使的公正水平。当前，针对各地、各级检委会工作普遍存在的司法属性淡薄、议事程序不规范、议事效率与质量不高、执法责任不规范等问题，有必要在提升检委会规范化水平上下功夫，通过加强检委会规范化建设提升检委会监督制约检察办案的质量和水平。

第一，要促进检委会办事机构常设化。各级检察院都应当同时设专职委员、专职秘书，为检委会工作提供有力的组织保证。

第二，要推动检委会议事内容、程序规范化。从调研甘肃省检察机关的情况看，目前各地检委会工作上出现两极分化现象：有的院很少召开检委会，每月连一次都不到；有的院一周要召开两、三次甚至更多次的检委会，院领导由此疲于应付，两个极端都造成检委会监督制约作用不能正常发挥，亟须明确检委会讨论决定重大问题和重要事项范围，规范检委会的议事范围，科学界定、严格区分检委会、党组会、检察长办公会议事范围，充分体现检委会的议事效果。

第三，要推进检委会决定督办常态办、执法责任制度化。应赋予检委会办公室跟踪督办的职能，制定统一的督办类法律文书样本，明确有章不循、决而不行的纪律责任和执法违法后果。要建立检委会管理考核评价机制，强化执法责任，鼓励、鞭策基层院检委会要敢于负责，在职责范围内负责任的解决执法中的大问题，绝不推卸责任，上交矛盾。可以授权检委会办公室负责对委员履行职责情况进行考核，考核范围包括参会次

①　梁永娟：《加强检委会正规化建设　努力维护社会公平正义》，载《中国检察论坛》2005 年第 6 期。

数、发言次数、发言质量、遵守保密纪律的情况等，并据此会同政治部门对不称职委员每届或届中进行一次考察调整，打破任用上的"终身制"，增强检委会委员使命感、责任感和危机感。

三是要完善侦监部门对自侦部门的监督制约机制。侦监部门担负着审查逮捕、刑事立案监督和侦查监督三项职责。现行《人民检察院刑事诉讼规则（试行）》规定："人民检察院侦监部门发现本院侦查部门对应当立案侦查的案件不报请立案侦查或者对不应当立案侦查的案件进行立案侦查的，应当建议侦查部门报请立案侦查或者撤销案件；建议不被采纳的，应当报请检察长决定。"此项规定不仅过于原则，而且缺乏可操作性，在实践中落实的不尽如人意。鉴于此，建议在侦监部门与自侦部门的职能监督制约机制构建上，加强侦监部门对自侦部门的立案监督。可以规定侦监部门发现本院自侦部门对应当立案侦查的案件不立案侦查的，应当提出立案侦查的建议，报经分管检察长同意后，送侦查部门；侦查部门同意立案侦查的，应当在报经检察长批准作出立案决定后，将立案决定书复印件送侦监部门；不同意立案侦查的，应当书面说明不立案理由，报分管检察长同意后回复侦监部门；侦监部门认为不立案理由不能成立的，应当报分管检察长同意后，报请检察长决定。同时，侦监部门应着重从侦查部门的侦查活动或者决定、执行、变更、撤销强制措施等活动中发现和纠正违法行为。

四是要完善公诉部门对自侦部门的监督制约机制。目前该项机制的完善重点在于程序的细化、完善上。可以规定公诉部门对重大、复杂的职务犯罪案件提前介入侦查，与自侦部门共同研究案情，立足庭审需要，要求自侦部门提供充分的证据材料，对证据的收集、固定提出符合起诉条件的要求，以此来引导侦查工作，使自侦案件侦查终结时，认定犯罪事实和证据经得起庭审质证，同时也使自侦部门的办案质量得到提高；公诉部门在审查起诉中，发现犯罪嫌疑人、证人推翻原供、原述证言，或者其他证据发生重大变化，足以影响对案件主要事实的认定及定罪量刑的，应当及时报告分管检察长，并书面通知自侦部门；公诉部门认为需要退回补充侦查的，应当列明需要补充侦查的具体事项，报经分管检察长同意后退回自侦部门补充侦查；犯罪嫌疑人、被告人在押的，公诉部门应当将退回补充侦查的起止时限书面通知监所检察部门；自侦部门应当按照公诉部门的要求，在法定期限内及时补充侦查，对于证据确实难以补充的案件，应当作出书面说明，报经分管检察长同意后移送公诉部门；公诉部门发现应当起诉而未移送审查起诉的案件，应当报经分管检察长同意，建议自侦部门移送审查起诉，自侦部门采纳的应当及时审查起诉，不采纳的应当书面说明理由，报经分管检察长同意后回复公诉部门，公诉部门仍坚持移送审查起诉意见的应当报检察长或者检察委员会决定。

五是要完善侦监部门与公诉部门的监督制约机制。为便于对自侦部门办理案件及时监督和制约，侦监部门与公诉部门应加强联系，可以规定侦监部门对自侦案件决定逮捕、提出补充侦查意见、变更强制措施等应及时通知公诉部门，公诉部门发现决定逮捕确有错误的，向侦监部门提出纠正建议，发现决定逮捕有遗漏犯罪嫌疑人的，应向侦监部门提出建议自侦部门提请决定逮捕的意见。同时，对公安机关和国家安全机关移送审查的案件，可以规定侦监部门作出批捕决定后，应及时将批捕情况告知公诉部门，以便于公诉部门熟悉案情，提高公诉效率。

六是要完善检务督察机制。建议最高人民检察院、省院及有条件的地级院，应单设检务督察室，不具备条件的市级院和基层院，可将检务督察室与纪检监察部门合署办公。检务督察机构在检察长的领导下开展工作，可以根据工作需要，经检察长批准派出检务督察组，委任督察工作人员，采取暗访督察、现场督察、专项督察等方式，紧紧围绕遵守和执行国家法律法规以及检察系统重大工作部署、决议、决定、指示的情况，在执法办案活动中遵守办案程序和办案纪律、落实办案安全防范措施的情况，执行各项规章制度的情况，严明执法作风、遵守检容风纪的情况，检察长交办的其他事项等，切实履行督察职责。

（3）完善执法办案廉政风险点的防控体系。党的十八届六中全会聚焦全面从严治党，对营造风清气正的政治生态提出了全面要求和制度安排。当前，检察人员违纪违法的表现形式多种多样。虽然形式不同，但大多数与行使检察权有关，也就是说，大多数违纪违法案件是在执法办案过程中发生的。要预防检察人员在执法办案过程中违纪违法，在十八届六中全会精神引领下，严格贯彻落实最高人民检察院《检察人员纪律处分条例》，逐步通过构建一套严格预防不能为、严格监督不敢为、严格自律不想为的廉政风险防控机制，努力从源头上防止和解决违纪违法问题。

一是要加强自侦部门廉政风险防控机制建设。自侦部门执法办案内部监督风险问题主要体现在三个环节和一个方面，即线索管理、初查工作、适用强制措施和侦查工作规范。近年来，自侦部门在内部监督方面从源头抓起，形成了相关机制，促进了办案规范化建设，但是，制度的生命在于执行，所以，进一步加强监督检查，不断完善提高制度执行力仍是防范风险的重点。

第一，要加强线索管理制度执行情况监督检查。目前，案件线索管理系统涉及控申、自侦和案管等部门，各部门都有一套管理制度，其中有些制度还是刚刚实行，针对这一点，应监督检查所有线索登记录入和线索进入案管之前的筛选、评估和分流情况，要防止该查的不查，不该查的查了的情况发生；要及时掌握制度执行中遇到的问题，尤其是涉及相关部门协作的问题，要加强沟通融合，提出完善意见，更好地发挥制度应有的作用；要加强制度执行情况监督检查，对制度不落实或故意"回避"制度规定而不执行有关规定的，及时提出整改意见。

第二，要加大对线索初查情况的监督检查。要对线索初查情况设置预警提示，凡经线索管理部门登记入号由自侦受理的线索，按规定三个月必须写出初查计划或一年内无特殊情况初查未结案的，只要超过时限即预警提示，及时监督、跟踪线索初查工作规范开展。要对初查不立案进入缓查档案的线索实行定期检查监督制度，即可对这类线索初查质量进行"体检"，发现问题，提出指导性意见，又可通过检查监督，防止人情案，还可通过检查"回放"，总结线索初查措施正确与否，进一步提高线索初查质量。要发挥线索跟踪、催办的监督制约作用。线索管理部门与自侦部门要相互协作，要转变跟踪、催办仅了解线索下落而不作重新评估的做法。跟踪、催办要履行对存查、缓查线索进行二次审查的职能，实现线索利用的最大化。

第三，要充分利用自侦与线索管理部门衔接机制，实现初查工作有效监管。目前，初查工作已逐步规范化，相关部门负有管理、监督和保障程序质量职能，自侦部门则有保障查案实体质量的职能，初查工作如何在线索管理部门的"管理、监督"下更加规范有效，两部门需要进一步融合，充分利用信息共享平台将初查有关工作内容、规范性要求、制度规定及初查期限等预警提示纳入系统中，实现监控初查管理流程和掌控初查质量目的。第四，要变更强制措施实行预警联网。对职务犯罪嫌疑人变更强制措施情况可以通过网络技术设置预警提示，并可与监所检察看守所释放已被逮捕的犯罪嫌疑人信息系统并网，接入自侦信息共享平台，通过预警提示，引起重视，更好地防止人情案、关系案。

二是要加强侦监部门廉政风险防控机制建设。侦监部门的风险问题主要在不捕案件和附条件逮捕两个环节，前者主要涉及违纪违法的风险问题，后者主要涉及严格执行制度，规范办案的风险问题。针对上述风险问题：

第一，要为不捕案件增加设置必要的监督检查条款。通过对不捕案件的监督检查，及时发现不捕案件办案中存在的问题，特别是对不捕案件出现明显非正常情况的单位，突出原因分析，从中发现问题，总结教训，增强上级业务指导权威，促进办案质量提高。

第二，要强化对附条件逮捕案件执行制度规定的监督检查。附条件逮捕一般是不符合逮捕标准而逮捕的案件，也是捕后撤案、撤诉的重要源头，严格执行附条件逮捕有关规定，对防止错案风险意义重大，将附条件逮捕制度执行情况列入例行监督检查机制，对提高附条件逮捕案件质量大有裨益。

三是要加强公诉部门廉政风险防控机制建设。公诉工作是检察机关受理案件的最后出口，也是办案风险较大的部门之一，公诉环节存在的主要风险问题包括：撤回起诉制度执行上的问题、不起诉案件执行上的问题、取保候审案件审查起诉期限问题。为此：

第一，要定期对撤回起诉案件开展分析、进行通报，对撤回起诉案件反映出来的问题，提出指导性意见。

第二，要加强对不起诉案件的监督检查。不起诉是检察机关对犯罪嫌疑人作出终止刑事诉讼的一项法律决定，作为执法办案重要风险环节，有必要进一步加强监督检查，尽管现行不起诉规定比较完善，但在执行中仍可能发生风险问题。当前，建议最高人民检察院、各省级院公诉部门在对现有相对不起诉规定进行梳理和完善的同时，有重点的增加内部把关、监督等程序内容。

第三，要加强对公诉阶段自由裁量权适用情况开展分析检查。公诉阶段自由裁量权也是一个重要风险点，随着量刑建议广泛适用、"两扩大、两减少"进一步推进，公诉自由裁量成分也在扩大，建议在对公诉自由裁量权适用情况进行检查分析的基础上，根据现有要求提出规范性指导意见。

第四，要重视取保候审案件审查起诉审理期限问题。建议在调查分析的基础上，提出一个既不违反法律规定，又符合办案实际，同时又能促进办案效率的规范性指导意见。

四是要加强监所部门廉政风险防控机制建设。监所检察工作地重点环节有两个方面，即对刑罚变更执行的监督和查办刑罚执行与监管活动中的职务犯罪案件等。这两个重点环节也是监所检察工作两个突出的风险点。

第一，要将刑罚变更执行审查纳入网络。监督刑罚变更执行案件的检察意见已成为法院裁定的必要依据，其重要性更加突出，建议进一步研究把书面规定融入到软件技术上去，特别是把一些重要程序设计进去，实现未走程序即刻预警，且与整体监管系统联网，实现制度加科技的目标。

第二，要加强对刑罚变更执行的全面监督。在加强对刑罚变更执行监督中，既要重视对"不当提而提"案件的监督，也要加强对"当提不提"情况的监督，前者可能存在监管人员受说情打招呼的隐情，后者可能隐藏着刑罚执行监管的问题，且可能带来安全隐患。

第三，要实行查办职务犯罪案件回避制度。查办监管人员职务犯罪，实行监管场所检察人员回避制度，防止"熟人社会""情面关"的影响。

第四，要实现监控逮捕对象释放情况的联网，使看守所释放已被逮捕的犯罪嫌疑人的信息能够及时反馈到监所检察部门，同时建议将犯罪嫌疑人的释放信息不仅要反馈到监所部门，还应反馈到批捕的侦监部门，自侦案件还要反馈到自侦部门，形成网络化，真正发挥及时预警、及时跟踪和及时监督作用。

五是要加强民行部门廉政风险防控机制建设。民行检察涉及的业务比较宽泛，随着法律监督触角的进一步延伸，其法律监督重要性越来越显现，执法办案中的风险问题越来越值得关注，就现在来看主要有两点：

第一，申诉案件立案标准的风险问题。当事人申诉是民行部门受理案件的主要来源，有的当事人向检察机关申诉，想假借检察机关法律监督公权力，达到自己的诉讼请求。有的当事人委托律师进行申诉，律师实行按阶段收费，且不同阶段收费标准不一样，而检察院受理、立案、抗诉，往往会成为三个阶段。所以，无论是当事人或是当事人委托的律师，都会通过各种手段、关系游说民行干部，这种行为往往又是通过非正常渠道进行，对民行干部来说就面临可能的风险。

第二，内部监督制度欠缺的风险。民行部门执法办案出台了不少规范性意见，但在加强内部监督制约方面的建设尚欠不足，如存在单独或在非办公场所接待当事人，有的将内部规定和讨论意见提供给当事人，还有与律师交往甚密等，目前，该方面的监督制约性制度尚不够完善。

针对上述问题，首先，要进一步深化和完善申诉案件立案条件。随着民行业务的拓展，当前或今后可能还会遇到涉及立案条件的问题，有必要加强研究，加强指导，这不仅是规范申诉案件立案条件的需要，更是在防止人情案、关系案的风险上增设一道"防火墙"。其次，要加强和完善内部监督制度建设。要严格办案纪律，进一步完善内部监督制约机制，制定民事行政检察办案纪律规范。

（4）完善检察队伍管理机制。检察队伍是指检察机关的各级领导依据相关的法律、规章、制度以及现代管理科学、行为科学理论，对所属的检察人员进行领导、组织、协调、监督和教育等活动的总称。检察队伍管理行使各项检察权的基础和保障，是各项检察工作的根本。针对检察队伍管理影响检察机关内部监督制约机制的突出问题，当前，迫切需要从以下三个方面完善检察队伍管理机制：

一是要加强纪检监察队伍管理。任何一种检察机关内部监督制约机制，只要涉及追究责任，都绕不开纪检监察部门。作为执法过错责任追究的唯一主体，监察部门在执法办案内部监督中具有不可替代性。只有监督者的能力强于被监督者，才能发现问题，切中要害，监督才有说服力。由此，应当进一步严格纪检监察人员的准入制度，探索制定纪检监察人员专业化的普遍标准和岗位具体标准，进一步优化纪检察监察队伍的年龄、文化和专业结构；进一步加强纪检监察人员的学习和培训管理，提升纪检监察队伍的政治素质和业务素质。可以在检察人员分类管理改革中，在纪检监察部门配备一定数量的检察官，由这类人员专职执法办案内部监督，实现检察业务监督和检察事务监督相分离，促进纪检监察工作的专业化。

二是要进一步深化主任检察官办案责任制改革。目前开展的主任检察官办案责任制改革通过对不同的办案组织设置不同的办案模式，已经蕴含了对不同执法办案责任主体监督制约的因素。下一步改革中，应进一步探索将日常监督的制度性设计渗透于执法办案之中的形式，如规定检察长领导全体检察官的办案工作，有权随时检查主任检察官办案组、主任检察官、检察官办理的案件；规定职务犯罪侦查办案组由主任检察官决策指挥的办案模式来确保权力不被滥用，法律监督办案组通过主任检察官主持下的合议形式来防止案件处理的轻率和偏颇，主任检察官对承办人所办案件有不同意见的，可以通过主任检察官联席会议等形式，对案件进行研究讨论，等等，将原本外在的监督转化为内在的工作机制和工作流程，通过各责任主体的相互制约更加完美地发挥内部监督制约的效果。

三是要突出抓好检察队伍职业道德、纪律作风建设，抓好职业道德建设是确保队伍自身干净的思想基础。因此，要以忠诚、公正、清廉、为民为核心，大力加强检察职业道德建设，把检察职业道德建设与执法规范化建设紧密结合起来，把检察职业道德的基本要求变成执法、司法工作的规则、机制，真正使检察人员成为社会公平正义的守护者。检察人员因接触社会阴暗面多，加上社会上各种不良风气的影响，检察干警面对腐蚀的考验将更加严峻，加强检察干警自身反腐的要求日益迫切。自身反腐败，教育是基础。按照中央和高检院的要求，坚持严格教育、严格管理、严格监督，不断提高队伍的廉洁公正执法的能力和水平。要把监督的关口前移，将对检察干警执法办案的监督制约落实到办案的每一个环节；要将监督触角延伸到检察干警八小时以外，全时限防止违法违纪事件的发生；要突出加强对一线办案人员的监督，通过推行"廉洁自律卡""办案告知卡"和"回访监督卡"（"一案三卡"）制度，将办案工作完全置于本院纪检监察部门、发案单位以及当事人的全方位监督之下；要逐步建立执法档案制度。将检察人员办理案件情况记入个人执法档案，作为考核评价、晋升奖惩的重要依据，促进执法作风的转变，提升执法品质，实现检察司法公正。

五、结语

以上全面梳理了现行立法关于司法机关监督制约的规定，剖析了其缺陷；客观阐述了司法机关监督制约机制在实践中的具体样态，分析了其不足；对如何健全、完善司法机关外部监督制约机制、审判机关内部监督制约机制和检察机关内部监督制约机制进行了认真的思考，结合实践提出了机制建设的方法和具体方案。通过研究，笔者得出这样几个基本结论：

第一，健全司法机关监督制约机制是一个系统工程，目前机制总体形成了一个完整的体系，但法治理念的缺失、认识和运用司法规律能力不足、系统论思想的不深入，以及各部门、各级、各地构建机制的自行其是，造成了机制繁杂多样而可操作性不强、落实不力，没有实现应有的效能。因此，本章总体认为，现行机制的数量和种类已经过于庞杂，目前健全机制的总体思路是取其精华、去其糟粕，对现行机制进行梳理、整合、优化，而非推翻重新构建，进一步增加机制的数量和种类，导致机制体系更加混乱、繁复、内耗、矛盾重重甚至影响法制统一。

第二，健全司法机关监督制约机制是对立法规定的落实、立法缺陷的弥补和对完善立法的探索。因此，如果严格遵循法制原则，机制的健全只能从技术上解决法律实施中的一些权宜问题，而对于掣肘司法机关监督制约效能的一些根本问题，如司法行政化问题，则依赖于立法对于司法体制、司法制度的完善。对于目前在司法改革推动下，为解决立法存在的体制性问题，一些地区存在的改革"越界"行为，我们认为，有关机关应当及时引导和规范，能够促进司法权依法、公正运行的机制应当尽快通过立法确认，反之，应及时制止，目前各地在加强机制建设过程中的改革"乱象"对于法治社会建设的影响值得担忧。

第三，目前司法权较之行政权总体羸弱，因此，我们在强调强化对司法机关行使公权力监督制约的同时，也应当同样重视从立法上充实、加强司法权能，以保障司法权与行政权有相互制约的能力，保障司法权独立行使。为此，本章内容研究报告提出在未来的监察委员会制度建设中，由检察机关负责对监察委员会和审判机关人员职务犯罪的查处，也是希望我国的权力制约体系能够更加合乎法理，更加行之有效。

当然，本章的内容和思想只是抛砖引玉，由于课题研究报告主要立足于司法机关监督制约机制体系的健全，着眼于如何改革机制现存的普遍缺陷，因此，从宏观上对健全机制的方法、重点论述较多，一些重要、热点的机制改革，仅择其要论述对其改良的具体思路、方法、内容，没有对某一机制的构建提出完整的具体方案，留待以后深化研究，加以完善，对本章研究进一步提升。

第二章　新修改检察监督制度
实施状况研究[*]

　　法律的生命在于实施，强化检察机关专门法律监督是法律统一、正确实施的重要保障。2012 年《刑事诉讼法》《民事诉讼法》和 2014 年《行政诉讼法》修改赋予了检察机关诸多新增职能，旧法中原有的部分检察职能的内容、履行程序等方面也在修订中发生了重大变化，检察监督工作面临前所未有的机遇，同时也必须及时适应新法对于检察监督工作的新要求，应对实施新法所面临的风险和挑战。由于检察机关是实施新修改检察监督制度的中心主体，本章内容以检察机关尤其是甘肃省检察机关实施制度的情况为基础研究对象，通过数据采集、典型案件阅卷、实地调研、集体座谈、个别访谈等方法，对新修改检察监督制度的实施状况进行实证研究，以期真实呈现并客观评估新修改检察监督制度的实施现状和效果，反映制度实施过程中亟须解决的突出问题，为立法完善、实践中依法正确、统一实施新修改检察监督制度提供可行的对策建议和有益的研究参考。

一、新修改刑事检察监督制度实施状况评估和对策

　　刑事检察监督制度是我国检察监督制度的重要内容，也是

---

　　[*] 本章内容系中国法学会 2014 年度"法律实施问题"专项重点委托课题研究报告，于 2016 年年初结项。收入本书时，又根据 2016 年检察监督制度实施情况的变化作了相应修改。

刑事诉讼制度的重要组成部分。检察机关作为刑事诉讼的重要参与者，是刑事诉讼法律的重要执行主体。2012年3月14日十一届全国人大五次会议通过、2013年1月1日起正式实施的修改后《刑事诉讼法》在扩展刑事检察监督范围、新增刑事检察监督内容的同时，适当增加了刑事检察监督的手段，细化了刑事检察监督的程序，明确了刑事检察监督效力。适应修改后《刑事诉讼法》的新要求，实现新旧刑事诉讼法律的顺利对接，完成新法赋予刑事检察监督制度的新使命，已成为检察机关在当前阶段实施刑事检察监督制度需要解决的重大课题和重要任务。

（一）制度修订的主要内容

根据现行法律规定，检察机关对刑事诉讼的法律监督主要体现在四个方面，即刑事立案监督、刑事侦查监督、刑事审判监督、刑事执行监督。此次《刑事诉讼法》对刑事检察监督制度的修改几乎贯穿于刑事诉讼各个阶段，形成了应然层面上较为完整和科学的刑事检察监督机制。

1. 立案和侦查监督制度

检察机关通过履行审查逮捕和审查起诉职能，依法对侦查机关的立案和侦查活动是否合法进行监督。不仅包括对侦查机关立案、侦查活动过程和结果合法性的监督，也包括对行政执法机关向司法机关移送涉嫌犯罪案件工作的监督。[①] 此次《刑事诉讼法》修改，对刑事立案监督制度未作变动，仅在第52条第2款规定了行政执法机关移送涉嫌犯罪证据制度，为强化行政执法与刑事司法衔接工作提供了有利契机，但在侦查监督

---

① 郑青主编：《诉讼监督的范围与方式》，中国检察出版社2012年版，第53-54页。

制度方面却作了较多的补充和完善：

（1）扩充了监督的范围。与 1996 年《刑事诉讼法》相比，此次《刑事诉讼法》修订新增第 47 条建立了对辩护人、诉讼代理人权利的检察监督机制，规定："辩护人、诉讼代理人认为公安机关、人民检察院、人民法院及其工作人员阻碍其依法行使诉讼权利的，有权向同级或者上一级人民检察院申诉或者控告。人民检察院对申诉或者控告应当及时进行审查，情况属实的，通知有关机关予以纠正。"检察机关监督司法人员尤其是侦查人员侵犯辩护人诉讼权利有了法律依据；新增第 55 条，规定检察机关对于侦查人员的非法取证行为享有调查核实权、提出纠正意见权和追究刑事责任权，在保障检察机关排除非法证据的权力在实践中得以落实的同时，也要求检察机关通过切实履行监督职能，加强对侦查机关权力的制约，确保侦查活动依法开展；新增第 73 条，明确检察机关对指定居所监视居住的决定和执行是否合法进行监督；新增第 115 条，首次构建了侦查阶段的程序性审查机制，规定检察机关对查封、扣押、冻结等强制性侦查措施进行监督，强化检察机关对侦查权行使过程的监督，加强检察机关对犯罪嫌疑人、被告人合法权益的保护职责，要求检察机关增强人权保障意识，通过检察监督对侦查机关滥用权力形成有效制约，切实保护当事人、辩护人、诉讼代理人、利害关系人的合法权益。

（2）细化了逮捕适用的条件。司法实践中，逮捕的适用率一直非常高，一方面是因为我国逮捕的适用条件比较原则，导致其难以发挥控制逮捕适用范围的作用，另一方面是因为检察机关审查批准逮捕主要采用书面方式，难以保证批捕的质量。①为解决这一问题，修改后《刑事诉讼法》不仅在第 86 条对审查批准逮捕的程序进行了改革，而且在第 79 条对审查批准逮捕的条件进行了细化。该条第 1 款在保留 1996 年《刑事诉讼法》规定的"有证据证明有犯罪事实""可能判处徒刑以上刑罚"两项条件的基础上，修改了逮捕的第 3 项条件，即删除了以往实践中难以裁量把握的"有逮捕必要"的表述，将采取取保候审不足以防止发生"社会危险性"的情形作了"可能实施新的犯罪的""可能毁灭、伪造证据，干扰证人作证或者串供的""可能对被害人、举报人、控告人实施打击报复的""企图自杀或者逃跑的"几种具体情形的列举，凡是符合上述条件的，即"应当予以逮捕"。同时，该条第 2 款在前款一般逮捕条件之外，又明确了"有证据证明有犯罪事实，可能判处 10 年有期徒刑以上刑罚的""有证据证明有犯罪事实，可能判处徒刑以上刑罚，曾经故意犯罪的""有证据证明有犯罪事实，可能判处徒刑以上刑罚，身份不明的"三种"应当予以逮捕"的特殊情形；在该条第 3 款还规定了"可以予以逮捕"的情形，即被取保候审、监视居住的犯罪嫌疑人违反取保候审、监视居住规定，情节严重的，可以予以逮捕。相比 1996 年《刑事诉讼法》，规定更加明确具体，可操作性更强，为实践中检察机关准确适用逮捕措施、监督侦查活动提供了依据。当然，新增规定中有关社会危险性的"可能""现实危险""企图"等情形，置于纷繁复杂的具体案件中，仍然存在具体如何把握的难题，需要检察机关与侦查机关对这些规定所包含的情形达

---

① 陈国庆：《全面加强刑事诉讼的法律监督》，载《法制资讯》2012 年第 21 期。

成共识，建立可操作性的审查判断标准和证明机制，防止放纵犯罪或随意扩大逮捕措施的适用。

（3）完善了监督程序。修改后的《刑事诉讼法》在对审查批准逮捕的条件进行细化的同时，相应地在第 86 条对审查批准逮捕的程序进行了改良，并在第 170 条审查起诉程序中将第 86 条体现的法律精神一以贯之。第 86 条规定，"人民检察院审查批准逮捕可以讯问犯罪嫌疑人"，有下列情形："对是否符合逮捕条件有疑问的""犯罪嫌疑人要求向检察人员当面陈述的""侦查活动可能有重大违法行为的"，应当讯问犯罪嫌疑人，"人民检察院审查批准逮捕，可以询问证人等诉讼参与人，听取辩护律师的意见，辩护律师提出要求的，应当听取辩护律师的意见"；第 170 条规定，"人民检察院审查公诉案件，应当讯问犯罪嫌疑人，听取辩护人、被害人及其诉讼代理人的意见，并记录在案。辩护人、被害人及其诉讼代理人提出书面意见的，应当附卷"，该规定增强了检察机关监督侦查活动的程序性，要求检察机关在审查批准逮捕和审查起诉活动中全面了解案件有关的各种信息，及时发现侦查过程中的违法行为并提出纠正意见。修改后的《刑事诉讼法》还新增了逮捕后继续羁押必要性审查程序，确保通过检察监督对不应当被继续羁押的犯罪嫌疑人、被告人及时解除羁押。第 93 条规定，"犯罪嫌疑人、被告人被逮捕后，人民检察院仍应当对羁押的必要性进行审查。对不需要继续羁押的，应当建议予以释放或者变更强制措施。有关机关应当在 10 日以内将处理情况通知人民检察院"，要求检察机关在诉讼进程中及时关注被追诉人羁押必要性的变化情况，并在被追诉人无羁押必要时，督促办案机关及时解决羁押并施以必要的监督，填补了我国现行强制措施救济机制的不足。① 第 95 条规定，人民检察院在收到权利人申请变更强制措施申请后，"应当在 3 日以内作出决定，不同意变更强制措施的，应当告知申请人，并说明不同意的理由"；第 96 条规定，犯罪嫌疑人、被告人被羁押的案件，不能在刑事诉讼侦查、起诉阶段法定期限内办结的，应当对犯罪嫌疑人、被告人予以释放；第 171 条规定，人民检察院审查案件，认为公安机关可能存在以非法方法收集证据情形的，可以要求其对证据收集的合法性作出说明，同样贯穿了此次《刑事诉讼法》修订中的人权保障精神，使检察机关原来单方面审查侦查机关移送材料、颇具行政化色彩的侦查监督程序，更具诉讼化特征，有利于检察机关加强证据审查，及时发现和纠正非法取证行为，准确适用监督措施。另外，第 165 条还有条件地延长了职务犯罪拘留期限，规定人民检察院对直接受理的案件中被拘留的人，认为需要逮捕的，在特殊情况下，决定逮捕的期限可以在法定 14 日基础上延长 1 日至 3 日，有利于缓解检察机关"上提一级"办案期限紧张的难题，提高职务犯罪案件审查逮捕质量。

2. 审判监督制度

关于刑事审判监督的内涵，"广义说"认为，刑事审判监督既包括检察机关作为专门的诉讼监督机关对法院实施或不实施某些诉讼职权行为是否合法进行的监督，又包括对刑事诉讼中诉讼参与人的活动是否合法进行的监督；"狭义说"则认为，刑事审判监督仅指检察机关对法院实施或不实施某种诉讼职权

---

① 陈光中：《〈中华人民共和国刑事诉讼法〉修改条文释义与点评》，人民法院出版社 2012 年版，第 333－334 页。

行为是否合法进行的监督。① 本章认为，鉴于刑事审判监督是检察机关作为法律监督专门机关依照法律授予的权限、法律规定的程序针对法院诉讼行为实施的专门性活动，刑事审判监督既不是对诉讼参与人在刑事诉讼中行使诉讼权利行为的监督，也有别于刑事诉讼中法院通过上诉制度、再审制度进行内部监督的活动，而是公权力对公权力的监督，即检察机关作为专门法律监督机关对审判机关行使诉讼职权的合法性的专门监察督促活动。基于此理解，综观此次《刑事诉讼法》修改对刑事审判监督制度的完善，除普遍加强检察机关对法院审理公诉案件的程序监督，如第 200 条细化法院审理公诉案件的中止程序、第 202 条延长法院审理公诉案件的期限规定之外，突出体现在：

（1）加大检察机关对简易程序审判活动的监督力度。此次《刑事诉讼法》修改在第 208 条扩大了简易程序的适用范围，增加规定适用简易程序审理的案件必须是被告人承认自己所犯罪行、对指控的犯罪没有异议的案件，赋予被告人对案件审理程序适用的选择权。同时，第 210 条规定适用简易程序的案件，检察机关应当派员出庭，增加了检察机关对法院适用简易程序案件监督的数量和内容，要求检察机关在简易程序中派员出庭支持公诉，及时发现简易程序在运作过程中存在的错误和违法行为并加以纠正，维护审判的公正性和合法性。

（2）加强检察机关对法院内部监督程序的监督。此次修改后的《刑事诉讼法》第 115 条同样适用于检察机关对法院工作人员在一审、二审、再审等程序中审判违法行为的监督。新法

---

① 张幸民：《刑事诉讼监督的价值与制度构建》，载许海峰主编：《法律监督实践者的理性思考》，法律出版社 2005 年版，第 229 页。

还针对司法实践中一些法院有悖 1996 年《刑事诉讼法》第 187 条关于二审案件原则上要开庭审理的要求，对于二审上诉案件大多通过书面审理方式结案的情形，通过第 223 条第 1 款明确了二审开庭审理的案件范围，要求检察机关根据该条规定细化对法院二审案件审理活动的监督，纠正司法实践中该开庭而不开庭的做法，充分保障诉讼当事人的合法诉讼权利，有效防止冤假错案的发生，更好地保障案件质量。针对实践中个别上诉审案件多次发回重审、案件久拖不决的问题，第 225 条第 2 款明确规定发回重审仅限 1 次，要求检察机关对此加强监督，确保法院提高诉讼效率，促进司法公正。另外，此次《刑事诉讼法》修订还将"可能影响量刑"规定为法院启动再审程序的限制条件，增设非法证据排除、"违反法律规定的诉讼程序，可能影响公正审判"的再审启动条件、再审案件异地审理规定、人民检察院派员出席再审法庭规定，丰富了检察机关监督法院审理再审案件的内容，要求检察机关加强对法院再审审理活动的程序监督，进一步保障法院再审程序的公正性。

（3）加强检察机关对法院自诉案件、刑事附带民事诉讼活动的监督。此次修订后《刑事诉讼法》第 99 条规定，"被害人死亡或者丧失行为能力的，被害人的法定代理人、近亲属有权提起附带民事诉讼"，增设法定代理人、近亲属作为提起附带民事诉讼的主体；第 100 条规定，"人民法院在必要的时候，可以采取保全措施，查封、扣押或者冻结被告人的财产。附带民事诉讼原告人或者人民检察院可以申请人民法院采取保全措施，适用民事诉讼法的有关规定"，完善了附带民事诉讼案件中的保全措施，明确了人民法院查封、扣押被告人财产的性质及这些保全措施应适用的法律；第 101 条规定，"人民法院审理附带民事诉讼案件，可以进行调解，或者根据物质损失情况作出判决、裁定"，明确人民法院在附带民事诉讼中进行调解的依据，重申了附带民事诉讼赔偿的范围，对检察机关监督法院自诉案件、刑事附带民事诉讼活动，保障诉讼当事人实现其合法权益，保证裁判结果的客观公正提出了更细、更严、更高、更规范的要求。

（4）强化检察机关对死刑复核程序的监督。此次《刑事诉讼法》修改，对死刑复核程序进行了改造，明确规定在死刑复核程序中，最高人民检察院可以向最高人民法院提出意见，最高人民法院作出核准或者不核准死刑的裁定后，应将死刑复核结果通报最高人民检察院。此外，第239条规定，"最高人民法院复核死刑案件，应当作出核准或者不核准死刑的裁定。对于不核准死刑的，最高人民法院可以发回重新审判或者予以改判"，明确了最高人民法院死刑复核的处理方式；第240条规定，"最高人民法院复核死刑案件，应当讯问被告人，辩护律师提出要求的，应当听取辩护律师的意见"，明确了辩护律师在死刑复核中的作用，增强了检察机关在死刑复核中的责任，增加了其监督死刑复核的职责内容，对检察机关如何以《刑事诉讼法》上述规定为依据，上下一体，合力互补，更好地履行法律监督职责，贯彻少杀、慎杀死刑原则提出了新课题。

（5）细化公诉案件中公诉人的举证职责。此次修改后的《刑事诉讼法》第182条第2款规定，"在开庭以前，审判人员可以召集公诉人、当事人和辩护人、诉讼代理人，对回避、出庭证人名单、非法证据排除等与审判相关的问题，了解情况，听取意见"；第187条规定，"公诉人、当事人或者辩护人、诉讼代理人对证人证言有异议，且该证人证言对案件定罪量刑有重大影响，人民法院认为证人有必要出庭作证的，证人应当出庭作证"，"公诉人、当事人或者辩护人、诉讼代理人对鉴定意见有异议，人民法院认为鉴定人有必要出庭的，鉴定人应当出庭作证。经人民法院通知，鉴定人拒不出庭作证的，鉴定意见不得作为定案的根据"；第 192 条第 2 款规定，"公诉人、当事人和辩护人、诉讼代理人可以申请法庭通知有专门知识的人出庭，应鉴定人作出的鉴定意见提出意见"；第 193 条第 1 款规定，"法庭审理过程中，对与定罪、量刑有关的事实、证据都应当调查、辩论"，细化了公诉人排除非法证据、提取证人证言、鉴定意见等举证职责，要求公诉人提出与审判相关的问题、提取证人证言、鉴定意见等应通过法院庭前会议、证人、鉴定人出庭陈述证言、意见、有专门知识的人出庭对鉴定意见提出意见等方式，回应当事人、辩护人、诉讼代理人对公诉证据的异议；同时要求公诉人不但要就定罪有关的事实、证据进行调查、辩论，还要就量刑有关的事实、证据提出意见并举证、辩论。上述规定对于提高公诉人举证的公开性、透明性、准确性和促进裁判结果的科学化提出了新的要求。

3. 刑罚执行监督制度

由于对"刑罚执行"内涵和外延理解的不同，关于刑罚执行监督制度，学术界有不同的理解。① 本章认为，根据修改后《刑事诉讼法》第 265 条的规定，结合 2012 年 2 月最高人民法院、最高人民检察院、公安部、司法部印发的《社区矫正实施办法》的有关规定，刑罚执行监督制度一般是指检察机关依法对刑事判决、裁定的执行和执行机关执行刑罚的活动进行的监督，也包括检察机关对监管场所的监管活动以及社区矫正活动是否合法进行的法律监督。相比 1996 年《刑事诉讼法》，此次

---

① 周其华：《中国检察学》，中国法制出版社 1998 年版，第 273 页；李庆照：《监所检察概论》，河南大学出版社 2006 年版，第 3 页。

《刑事诉讼法》修改对刑罚执行制度进行了诸多完善，相应也对检察机关履行刑罚执行监督职责提出了新要求、新任务。

（1）交付执行刑罚的监督。一是第253条明确了交付执行的法院将有关法律文书送达的时间（判决生效后10日内），补充了送达的机关（公安机关）；二是将被交付执行刑罚前，由看守所代为执行的条件由剩余刑期"在1年以下"修改为"3个月以下"，要求检察机关应当监督交付执行的法院在法定期限内及时将法律文书送达公安机关、监狱和其他执行机关。同时，监督执行机关是否根据生效的法律文书及时地执行刑罚、公安机关交由看守所代为执行刑罚的罪犯是否符合法定刑3个月以下的条件。

（2）暂予监外执行的监督。此次《刑事诉讼法》修改对暂予监外执行制度进行了较大完善，主要体现在：一是第254条第1款对暂予监外执行的情形进行了补充，规定，"生活不能自理，适用暂予监外执行不致危害社会的""被判处无期徒刑的罪犯，有怀孕或正在哺乳自己婴儿的妇女情形的"，可以暂予监外执行；二是第254条第2款明确暂予监外执行的决定机关，规定，在交付执行前，由法院决定，交付执行后，则由监狱或者看守所提出书面意见后，报省级以上监狱管理机关或者设区的市一级以上公安机关批准；三是第255条明确检察机关可以就暂予监外执行向决定或者批准机关提出书面意见；四是第257条规定暂予监外执行的罪犯及时收监的三项法定情形，同时还规定罪犯通过贿赂等非法手段被暂予监外执行以及监外执行期间脱逃，其期间不计入执行刑期。这些新增规定要求检察机关注意把握暂予监外执行的适用范围、决定机关和暂予监外执行的罪犯及时收监的法定条件，不符合法律规定的应及时提出纠正意见，同时要求检察机关不仅应监督暂予监外执行活动中的违法行为，还应将通过贿赂等非法手段被暂予监外执行作为监督重点，依法查办其中可能存在的职务犯罪行为。

（3）减刑、假释裁判合法性的监督。修改后的《刑事诉讼法》第262条增加了将减刑、假释建议书副本抄送人民检察院，人民检察院可以向人民法院提出书面意见的规定，使过去检察机关对减刑、假释活动的事后监督转变为同步监督，大大提高了刑罚执行监督的有效性和及时性，要求检察机关对减刑、假释活动、裁定和执行、监督管理活动加强监督，发现违法违规行为的，应及时提出纠正意见或向有权监督的上级检察院报告，切实保障刑罚执行的公平公正性和监管活动的安全稳定性。

（4）社区矫正机构执行活动的监督。修改后的《刑事诉讼法》第258条将被判处管制、宣告缓刑、假释或者暂予监外执行的罪犯纳入社区矫正范围，明确了社区矫正的对象。根据新法第265条规定及2012年2月最高人民法院、最高人民检察院、公安部、司法部印发的《社区矫正实施办法》的有关规定，检察机关对社区矫正的执行活动也有权进行监督，加强了检察机关刑罚执行监督的职责。

4. 特别程序监督制度

与1996年《刑事诉讼法》不同，此次修改后的《刑事诉讼法》第五编"特别程序"共分四章总计34个法条，分别规定了未成年人刑事案件诉讼程序、当事人和解的公诉案件诉讼程序、犯罪嫌疑人、被告人逃匿、开启案件违法所得的没收程序以及依法不负刑事责任的精神病人的强制医疗程序，对检察机关履行刑事检察监督职责提出了新的要求：

（1）未成年人刑事案件诉讼程序监督。修改后的《刑事诉讼法》第五编第一章第 266 条至第 276 条规定了未成年人刑事案件诉讼程序。根据该章的要求，检察机关对犯罪的未成年人实行教育、感化、挽救的方针，坚持教育为主、惩罚为辅的原则；办理未成年人刑事案件，应当保障未成年人行使其诉讼权利和得到法律帮助，并由熟悉未成年人身心特点的检察人员承办；未成年犯罪嫌疑人没有委托辩护人的，应当通知法律援助机构指派律师为其提供辩护；办理未成年人刑事案件，根据情况可以对未成年犯罪嫌疑人的成长经历、犯罪原因、监护教育等情况进行调查；对未成年犯罪嫌疑人应当严格限制适用逮捕措施；审查逮捕、审查起诉时应当讯问未成年犯罪嫌疑人，听取辩护律师的意见；讯问未成年犯罪嫌疑人、询问未成年被害人、证人，应当通知其法定代理人到场，无法通知或者法定代理人不能到场或者是共犯的，可以通知其其他成年亲属、所在学校、单位、居住地基层组织或者未成年人保护组织的代表到场；讯问女性未成年犯罪嫌疑人、被害人、证人，应当有女工作人员在场；对于未成年人涉嫌《刑法》分则第四章、第五章、第六章规定的犯罪，可能判处 1 年有期徒刑以下刑罚，符合起诉条件，但有悔罪表现的，可以作出附条件不起诉决定，检察机关负有对附条件不起诉未成年犯罪嫌疑人的监督考察职责，并可以对具有法定情形的附条件不起诉未成年犯罪嫌疑人撤销附条件不起诉决定；检察机关应当对犯罪时不满 18 周岁，被判处 5 年以下有期徒刑的未成年犯罪嫌疑人的犯罪记录予以封存。上述规定，推进和完善了中国特色的未成年人刑事司法制度，要求检察机关在履行刑事检察监督职责中加强对未成年犯罪嫌疑人的挽救、保护。

（2）刑事和解及其监督制度。修改后的《刑事诉讼法》第 277 条至第 279 条对当事人和解的公诉案件诉讼程序进行了专门规定，根据这些规定，检察机关可以在公诉案件中开展刑事和解，包括对当事人双方达成和解的案件，听取当事人和其他有关人员的意见，对和解的自愿性、合法性进行审查，主持制作和解协议书等；对达成刑事和解的案件，可以依法从宽处理，或建议法院从宽处理。上述规定，扩展了检察监督的手段，对刑事和解的适用范围和程序进行了明确，要求检察机关开展刑事和解必须符合法定的案件范围和适用条件，不能违反法律规定开展刑事和解或者认可当事人之间违反法律规定达成的和解，对公安机关因当事人达成刑事和解而撤销已涉嫌犯罪的公诉案件的，如不符合法律规定，应当予以监督纠正。

（3）对犯罪嫌疑人、被告人逃匿、死亡案件违法所得的没收程序的监督。为有效打击腐败等重大犯罪，使得犯罪嫌疑人逃匿或者死亡而无法到案时，诉讼程序得以启动，犯罪分子的犯罪所得得以追缴，2012年《刑事诉讼法》第五编第3章规定了犯罪嫌疑人、被告人逃匿、死亡案件违法所得的没收程序，检察机关对法定机关适用此程序的活动应当进行法律监督。同时，根据该法第280条的规定，检察机关在提供相关证据材料并列明财产的种类、数量、所在地及查封、扣押、冻结的情况下，对于贪污贿赂犯罪、恐怖活动犯罪等重大犯罪案件，犯罪嫌疑人、被告人逃匿，在通缉1年后不能到案，或者犯罪嫌疑人、被告人死亡，依照刑法规定应当追缴其违法所得及其他涉案财产的，可以向法院提出没收违法所得的申请，并可根据该法第282条的规定，对法院适用此程序中作出的裁定提出上诉、抗诉。

（4）对依法不负刑事责任的精神病人的强制医疗程序的监督。2012年《刑事诉讼法》修改前，对于精神病人强制医疗程序的监督仅限于《刑法》第18条的规定，2012年《刑事诉讼法》第 4 章专门规定了强制医疗程序，为确保有肇事危险的严重精神病患者不致再次实施危害社会的行为，确保精神病患者得到有效治疗提供了法律保障。同时，该法第 289 条规定："人民检察院对强制医疗的决定和执行实行监督"，明确了检察机关对依法不负刑事责任的精神病人的强制医疗的监督职责和监督范围。

（二）制度实施的基础要求

新修改刑事检察监督制度实施的基础要求，是指实施新修改刑事检察监督制度所必须具备的理念、设施、能力、机制等认知、环境、人员素质方面的前提性、基础性条件。如前所述，修改后的《刑事诉讼法》在诸多方面对刑事检察监督制度进行了修改，赋予了检察机关更多的职权，同时也加重了检察机关的职责，要求检察机关在执法理念、执法能力、人员、物资、机制保障等方面同步跟进，解决新法实施中的诸多问题，顺利实现新、旧法实施的过渡与衔接，推进我国刑事检察监督制度从纸面到实践的真正变革和更新，从而有效达到新法修订的预期目的。

1. 转变执法理念

一部法律无论制度设计如何科学和完善，如果没有先进的执法理念，其不过是纸面上的法律，难以体现在司法实践中。[1]2012 年《刑事诉讼法》修改，通过赋予检察机关技术侦查权、完善检察机关侦查职务犯罪的权能和手段、规定检察机关可以要求公安机关对证据收集的合法性进行说明、设置公诉案件庭前会议制度约束公诉权等方式，优化了各司法机关之间的职权

---

[1]　陈卫东：《更新理念 创新模式 有效贯彻修改后刑诉法》，载《人民检察》2012 年第 5 期，第 45 页。

配置；加强了辩护人、犯罪嫌疑人、被告人、当事人及其诉讼代理人权利保护，明确并贯彻了尊重和保障人权原则；通过科学化、民主化刑事诉讼各关键节点的程序设置，加强检察机关法律监督的同时，制定一整套程序性制裁措施，贯穿了司法权力制约理念；通过未成年人刑事案件诉讼程序、当事人和解的公诉案件诉讼程序等程序设置，强调了宽严相济政策，要求新修改刑事检察监督制度实施过程中，各实施主体尤其是检察机关应及时树立惩治犯罪与保障人权并重、程序与实体并重、权利与义务对等、义务与制裁对称、行使权力必须接受监督、司法公正与司法效率相统一等理念，通过从法律精神实质上对新法科学、正确的理解和消化，转变执法理念，统一执法理念，达到消除认识分歧、正确、统一实施新法的目的。

2. 强化执法保障

"兵马未到，粮草先行"。检察机关要依法独立、全面、有效履行检察监督职能，必须以充分的人力、物力、财力及其相关制度与政策环境等保障资源为基础。如前所述，2012 年《刑事诉讼法》修改，对刑事检察监督制度进行了大幅修订。制度实施后，检察机关职能更加丰富，履行职能的程序更加严格、细致、复杂，工作的要求更高，难度更大，需要投入更多的人力资源应对新法实施带来的工作量的成倍增长和工作要求、难度的大幅提高；同时，由于各级院要建设相对固定的监视居住场所，所有检察机关办案区要按照"全部、全面、全程"的要求实行视频监控，在看守所及办案区讯问均要实行同步录音录像，大要案指挥中心、案件管理、行政执法与刑事司法衔接均要实现信息化管理等，新法实施也对检察办案基础设施、信息化及装备建设提出了更高的要求，而新增业务也继而使检察日常公用经费保障面临新的挑战，这都要求检察机关积极应对，统筹谋划，不仅需要根据新修改刑事检察监督制度的刚性需求，加大人财物投入，而且需要根据制度的变化，做好资源的优化配置与调整，切实保障制度顺利实施、检察工作正常开展，保障检察执法的公正与效率。

3. 提升执法能力

此次《刑事诉讼法》修改，一个重要特点是全面增强了检察功能。这与1996年《刑事诉讼法》修改相比，可以说是最大的区别。① 检察机关法律监督权力在《刑事诉讼法》中的强化，使检察机关获得了更好的执法条件，同时，新增的职能、细化的程序、新设的非法证据排除制度、辩护人介入制度、证人保护制度、公诉案件庭前会议制度及特殊程序等也对检察机关的执法能力提出了相比旧法更高的要求。检察机关实施新修改刑事检察监督制度，不仅需要彻底转变过去重打击轻保护、重实体轻程序等传统观念，更需要锻造执行好新法新任务的过硬本领，处理好新增检察职能、刑事诉讼制度给检察机关、检察人员带来的新问题、新挑战。此外，检察机关本身担负侦查、起诉的职责，是代表国家的控方当事人，同时，根据法律设计，又要担当刑事诉讼程序的仲裁人和诉讼对方的权利保护人，检察机关在遭遇到检察机关自身就是辩护人申诉侵害其权利的侵权者情况时，如何处理好角色冲突，达到法律对检察机关担任的各矛盾角色的要求？检察机关作为公诉人、侦查主体和监督机关时，如何张弛有度，既追求公诉、侦查效益最大化，作为法律监督机关，又规范执法，成为各司法机关的守法

---

① 龙宗智：《理性对待修改法律　慎重使用新增权力——检察机关如何应对刑诉法修改的思考》，载《国家检察官学院学报》2012年第3期。

模范？这都对检察机关、检察人员执法能力提出了新考验。新修改刑事检察监督制度的立法意义无疑是重大的，但如果检察机关、检察人员不能适应制度修改对其执法能力的较高要求，则立法的先进性可能就得不到正确的体现。

4. 转换执法模式

法律内容的调整、制度的变迁，必然要求我们转变工作模式，以适应法律修改的要求。[①] 2012 年《刑事诉讼法》修改，在诸多方面强化了诉讼程序的公开性、公平性，犯罪嫌疑人、被告人、辩护人、诉讼代理人等刑事诉讼参与人在诉讼中的权利内容进一步增加，权利保障进一步加强，检察权在得到强化的同时其受到的诉讼制约也进一步增强，检察机关要适应刑事检察监督制度的新要求，必须转变传统的工作模式，例如，突破口供主义的桎梏，肯定翻供的合理性，努力弥补证据漏洞，完善证据体系，减少翻供的情形发生，或者能够以实物证据证实翻供的虚假性，维护指挥证据体系的稳定性；牢记新型控辩关系下公诉人的双重角色，重视公诉的救济职能，建立检察机关与律师群体的定期沟通交流机制，运用辩护人、诉讼代理人申诉、控告的程序规则，化解公诉与救济职能的冲突，保障辩护人、诉讼代理人的合法权益等。此外，此次修改后《刑事诉讼法》对刑事诉讼中公、检、法三机关的职权进行了优化配置，对公、检、法关系作出了重新调整，也要求检察机关转变执法模式，既应对好这种新型职权配置下检察机关在各个诉讼阶段面临的挑战（如在新法规定二审开庭范围扩大情况下，保持一审与二审公诉工作的无缝衔接），又处理好这种新型关系

---

① 陈卫东：《更新理念 创新模式 有效贯彻修改后刑诉法》，载《人民检察》2012 年第 5 期。

下检察机关与其他机关的配合、制约关系（如在新法规定的证人出庭制度实施过程中，如何与公安、法院配合为证人提供有效保护，同时做好自身监督并监督其他机关保障证人合法权益）。转变执法模式，是修改后刑事检察监督制度能否以立法的宗旨和原意为出发点，在司法实践中得以有效实施的关键。

（三）制度实施的总体情况

修改后的《刑事诉讼法》以国家立法的形式吸收了近十几年来司法改革的成果，在前所未有的深度和广度上完善和创新了我国刑事诉讼制度，尤其是对于刑事检察监督制度，进行了体系化的变革和更新，对于我国建设公正高效权威的刑事司法制度具有重要意义。[①] 新法实施以来，各级检察机关结合实际，充分准备，积极探索，广泛试点，积累经验，拓展思路，解决新法实施的难题。2013 年，全国检察机关对涉嫌犯罪但无逮捕必要的，决定不批捕 82089 人，对犯罪情节轻微、依照刑法规定不需要判处刑罚的，决定不起诉 51393 人，比新法实施前分别上升 2.8% 和 34.3%；对滥用强制措施和违法取证、刑讯逼供侦查活动违法情形，提出纠正意见 72370 件次，比 2012 年分别上升 25% 和 27.3%；对证据不足和不构成犯罪的，决定不批捕 100157 人、不起诉 16427 人，同比分别上升 9.4% 和 96.5%；对指定居所监视居住不当监督纠正 606 件；监督纠正阻碍辩护人行使诉讼权利案件 2153 件；对不需要继续羁押的 23894 名犯罪嫌疑人经羁押必要性审查建议释放或者变更强制措施；监督纠正刑罚执行和监管活动中的违法情形 42873 件次；督促清理久押不决案件，监督纠正超期羁押 432 人次；监

[①] 参见最高人民检察院副检察长、法学博士、教授、博士生导师孙谦为童建明主编的《新刑事诉讼法理解与适用》所作"序言"。

督纠正减刑、假释、暂予监外执行不当 16708 人，同比上升 16.8%；对 13681 名生活确有困难的刑事被害人及其近亲属提供了司法救助。2014 年，全国检察机关对涉嫌犯罪但无社会危险性的，决定不批捕 85206 人，对犯罪情节轻微、依法不需要判处刑罚的，决定不起诉 52218 人，比 2013 年分别上升 3.8% 和 1.6%；经羁押必要性审查对不需要继续羁押的 33495 名犯罪嫌疑人建议释放或变更强制措施，同比上升 40.2%；对 17666 名真诚悔罪，积极赔偿损失、赔礼道歉，获得被害人谅解的轻微刑事犯罪嫌疑人，决定不起诉；对滥用强制措施、违法取证、刑讯逼供等侦查活动违法情形，提出纠正意见 54949 件次；对不构成犯罪和证据不足的，决定不批捕 116553 人、不起诉 23269 人；监督纠正"减假暂"不当 23827 人，同比上升 42.6%；监督有关部门对 2244 名暂予监外执行罪犯依法收监执行。2013 年至 2014 年，因排除非法证据不捕、不诉共 1285 人，纠正非法取证行为 3797 人次，要求补正 1.6 万人次，其中未成年犯罪嫌疑人不捕率、不诉率分别高于所有刑事案件 7.2 个和 1.95 个百分点；参加庭前会议 1.91 万件次，适用简易程序的案件做到全部出庭。[①] 2015 年、2016 年，各项刑事检察监督数据总体上仍然保持前两年趋势，落实了新修改刑事检察监督制度的各项要求，在实现立法预期目的的进程中取得了重大进步，较好地实现了立法预期效果。

1. 充分准备，营造制度实施的良好环境

从各地关于实施新法的调研报告和我们实地调研的情况看，此次新法修改引起了全国各级、各地检察机关的普遍重

---

① 转引自孙谦：《关于修改后刑事诉讼法执行情况的若干思考》，载《人民检察》2014 年第 7 期。

视。最高人民检察院党组书记、检察长曹建明率最高人民检察院调研组于 2012 年 5 月 19 日至 21 日深入湖北检察机关，围绕学习贯彻修改后《刑事诉讼法》进行了专题调研，形成了领导参阅件《关于学习贯彻修改后刑事诉讼法的调研报告》，在全国各省级检察院有关领导中传阅学习；最高人民检察院各厅、室、所与全国各地方检察院及其相关处、室，也就检察机关如何实施修改后《刑事诉讼法》在广泛调研的基础上，认真准备、多方谋划、采取各项有力举措，为制度实施创造了良好的环境，推进了新法在检察机关的全面贯彻实施。

（1）积极组织宣传、培训、学习。修改的《刑事诉讼法》实施前，全国各级检察院尤其是最高人民检察院和各省级检察院及其所属部门，普遍召开关于学习和实施新《刑事诉讼法》的专题会议，对如何学习、实施新法作出部署和安排，营造了新法实施的良好氛围。最高人民检察院和各省级检察院及其所属部门还积极组织全国和省辖范围内检察人员学习修改后《刑事诉讼法》的培训，编写学习新法的培训教材，制定实施新法的纲要、方案，召开各种形式的理论研讨会，组织与实施新法有关的主题征文活动等，促进检察人员对新法的正确理解和执法观念转变，如最高人民检察院组织专家、学者编写了包括《新刑事诉讼法的理解与适用》《检察机关贯彻新刑事诉讼法的学习纲要》《新刑事诉讼法与诉讼监督》《新刑事诉讼法与职务犯罪侦查适用》《新刑事诉讼法证据制度解读与适用》等 8 本书在内的《新刑事诉讼法适用指导丛书》，于 2012 年 4 月出版，用于满足广大检察人员学习掌握新《刑事诉讼法》内容的需要和各地检察机关关于新法实施的培训；于 2012 年 11 月 27 日至 30 日在广东检察官学院主办"新刑事诉讼法理解和适用"培训班，由最高人民检察院法律政策研究室主任陈国庆等专家通过讲课的形式对来自全国的 200 余名检察业务骨干进行了如何理解和适用修改后《刑事诉讼法》及《人民检察院刑事诉讼规则》（修订稿）的培训；于 2012 年 3 月 20 日组织陈卫东、卞建林、宋英辉等法学专家与最高人民检察院各业务厅局负责人召开"贯彻实施新刑事诉讼法座谈会"，围绕《刑事诉讼法》修改后检察机关面临哪些挑战及如何应对进行深入探讨；《国家检察官学院学报》《人民检察》等机关刊物也就修改后《刑事诉讼法》实施问题、修改后刑事诉讼法实施后公诉工作面临的任务与挑战进行了主题征文活动；2013 年 5 月，最高人民检察院还组织了以"修改后刑事诉讼法、民事诉讼法实施检察工作面临的风险与挑战"为主题的第十三届全国检察理论研究年会，以年会主题为论题向全国检察机关征集了论文，形成了年会论文集，优秀作者在年会上就主题进行了交流发言，等等。地方检察院中，以甘肃省检察院为例，2012 年以来，全省检察机关通过集中培训、理论研讨、专题讨论、专家讲授、视频会议、知识竞赛等多种形式深入学习领会新刑事诉讼法的理念及规范，开办了"检察新视野"系列讲座，先后邀请高检院副检察长朱孝清、全国人大法工委刑法室主任王尚新、全国人大内司委委员戴玉忠、全国检察侦查实务专家、上海市院反贪局张亮、清华大学法学院教授、博士生导师张建伟等 18 名领导、专家、学者，为全省检察干警讲解《刑事诉讼法》的修改内容，教育引导广大干警正确掌握、深刻领会修改后《刑事诉讼法》的新规定、新要求；举办了全省基层检察院检察长贯彻修改后《刑事诉讼法》规范执法办案培训班，省院领导同志对全省基层院检察长就《刑事诉讼法》修改后检察工作如何转变办案理念、更新侦查模式、完善工作机制、大力推进科技强侦等专题进行培训，并在结束时对参加培训的基层院检察长进行考试；省院召开了全省检察机关反贪局长会议、侦监工作座谈会、公诉工作会议等检察机关专项工作会议，就积极应对刑诉法修改，解决好检察工作服务大局等问题作了专题辅导、统一部署；举办了侦查专项业务技能培训班、公诉技能培训班、侦监工作培训班等专项培训班 30 余期，共对 3000 余名检察干警进行了学习修改后《刑事诉讼法》的专项业务培训；组织省、市两级院百余名业务骨干，到中国人民公安大学、北京大学等高校进行了实施刑事诉讼法的业务脱产培训；省院公诉部门率先在公诉条线组织公诉业务实训，由公诉办公室出具模拟卷宗，结合新的《刑事诉讼法》要求的法庭模式，完成模拟庭审活动，以视频方式供全省公诉业务条线观摩指导；各市级院也高度重视，举办了 400 余次的专题学习活动，为准确掌握新《刑事诉讼法》的新理念和新规范打下坚实的基础。①

（2）加强检务保障。2012 年以来，全国各级检察院按照修改后《刑事诉讼法》的要求，普遍设立了专门的案件管理机构和未成年人刑事检察工作机构，用于加强检察办案的内部制约，强化对未成年人公诉案件的审查办理。以甘肃省检察机关为例，截至 2014 年 12 月，全省检察机关案管机构数为 105 个，其中经编办批准成立机构数为 98 个，占全省检察院总数的 93.3%，全省平均每院配备案管人员 3.5 名；全省市、县两级检察机关获批独立编制的未检机构 22 个，无编制的独立机构 7 个，在公诉部门下设未检工作办公室共计 56 个，在公诉部门下设专门办案组共计 27 个；2015 年、2016 年，案管、未检机

---

① 本文引用数据，若非特殊注明，均来自实地调研收集数据或各省检察机关编辑检察年鉴、案件管理办公室提供的检察机关各业务部门年度报表。

构成立数进一步增加、机构职能进一步健全，夯实了案件管理工作和未成年人刑事检察监督制度实施的组织基础。同时，加快推进与新修改刑事检察监督制度实施配套的检察装备建设和信息化建设，如山西省检察机关制订了全省检察信息化建设3年发展规划并实施，用3年时间，投入3亿元，大力推进侦查监督、公诉、职务犯罪侦查、检察技术、检察队伍建设等九大平台软件建设，并与其他政法机关和行政执法机关实现信息互联互通；海南省检察机关加快推进侦查信息数据库、电子取证、远程指挥、集中采购情报分析处理、网络侦控设备、电子取证勘查箱等系统建设，抓紧办案区建设、看守所讯问室同步录音录像建设步伐，提高了侦查工作的科技含量；甘肃省检察院加大对各项工作的硬件投入，组织完成了网络机房、司法鉴定实验室、保密设备等设施的采购，仅2012年就为应对新法实施更新补充办公常规设备153台，配备业务专用设备183台（套），投入共计840.79万元，夯实了新修改刑事检察监督制度实施的物质基础。

（3）广泛调研、试点。为全面、正确、有效贯彻落实新修改刑事检察监督制度的要求，制度实施前夕和制度实施以来，全国各省各级检察院广泛、深入调研、试点，研判制度实施给检察工作带来的影响，探索检察机关实施制度的工作模式和方法，夯实了制度实施的实践基础，如甘肃省检察院2013年确立兰州、张掖、庆阳、平凉、陇南等市级检察院公诉部门为新法试点单位，分别就简易程序等五项内容开展试点。其中，兰州市城关区检察院在实践中形成了"一个建议、二个衔接、三个简化、四个集中"的简易程序办案新模式，确保了简易程序案件出庭工作质量，极大地提高了此类案件的办理效率。该院集中了16件简易程序案件，仅用时1小时10分钟全部审理完毕，其中 6 起案件当庭宣判，另 10 起案件择期宣判。山西省检察机关 2012 年在太原市检察院开展了审查逮捕必要性评估、公诉案件庭前会议、非法证据排除等先试先行工作。上海市检察院于 2012 年开展了非法证据排除等 10 余项专题调研，对影响较大、涉及面广的刑事和解、羁押必要性审查、简易程序案件出庭等工作进行试点，为新修改刑事检察监督制度实施的正确路径开展了积极的探索，积累了宝贵的经验。

2. 健全机制，解决制度实施的实践难题

为便于实践操作，提高新修改刑事检察监督制度的实施效率，新法实施以来，各级、各地检察机关认真完善和细化相关执法办案规范，建立健全配套工作制度，大力开展具体工作的机制创新，使得《刑事诉讼法》关于刑事检察监督制度的原则性规定得以具体化，整体提升了新修改刑事检察监督制度的效率和质量。

（1）及时发布司法解释。为了应对修改后《刑事诉讼法》赋予检察机关的新任务、新要求，最高人民检察院同步跟进，于 2012 年 11 月 20 日以司法解释的形式及时发布了修订后的《人民检察院刑事诉讼规则（试行）》，对修改后《刑事诉讼法》关于刑事检察监督制度的原则性规定进行了细化解释，对检察机关实施新修改刑事检察监督制度的权限、程序等进行了具体的、细化的规定，增强了新修改刑事检察监督制度的可操作性，统一了检察执法，提升了检察执法的效力、效率、效果。2014 年 4 月 29 日、7 月 21 日、11 月 19 日，最高人民检察院根据新修改刑事检察监督制度实施中出现的实践问题和困难，相继发布了《人民检察院办理减刑、假释案件规定》《人民检察院复查刑事申诉案件规定》《人民检察院刑事诉讼涉案财物管理规定》，用以规范人民检察院对减刑、假释案件的提请、审理、裁定等活动的合法性实行的法律监督工作，以及刑事诉讼涉案财物管理工作、刑事复查申诉案件工作，提高司法水平和办案质量，保护公民、法人和其他组织的合法权益。2015 年 9 月 16 日，最高人民检察院与最高人民法院、公安部、国家安全部、司法部联合印发《关于依法保障律师执业权利的规定》，严格规范重大贿赂案件律师会见，安排专门场所方便律师阅卷，认真解决律师会见难、阅卷难、调查取证难等问题，切实保障律师依法行使执业权利，严肃检察人员违法行使职权阻碍律师依法行使诉讼权利行为的责任追究，促进人民检察院规范司法，努力构建良性互动的检律关系，维护司法公正。2016 年 1 月 13 日，最高人民检察院又出台《人民检察院办理羁押必要性审查案件规定（试行）》，进一步加强和规范羁押必要性审查工作，维护被逮捕的犯罪嫌疑人、被告人合法权益，保障刑事诉讼活动顺利进行。

（2）积极制定内部规范性文件。针对检察机关在实施新修改刑事检察监督制度实践中，由于法律和司法解释规定不明而出现的具体法律适用问题，各级、各地检察院及时出台相应的内部规章、工作规定，解决适用法律中的认识分歧和执法不规范、不统一等问题，如贵州省检察院 2014 年 2 月出台了《关于审查起诉排除非法证据指导意见》，对排除非法证据的原则、非法证据的认定、瑕疵证据的完善、非法证据的调查等提出具体指导意见，进一步规范该省检察机关在审查起诉环节排除非法证据工作；广西壮族自治区检察院在新法实施后，就简易程序案件出庭公诉、讯问职务犯罪嫌疑人全程同步录音录像、羁押必要性审查、减刑假释案件办理等新增职能制定了指导性文件，推动新修改刑事检察监督制度实施后执法规范化建设的进一步发展；甘肃省检察院先后出台了《未成年人与成年人共同犯罪案件分案起诉分案审理的暂行办法》《羁押必要性审查的暂行办法》《开展社会调查工作的暂行规定》《开展法律援助工作的暂行规定》《关于合适成年人参与刑事诉讼的暂行规定》《对在押涉罪未成年人实行亲情会见的暂行办法》《甘肃省检察机关加强刑事抗诉案件内部指导若干意见（试行）》《甘肃省检察机关公诉案件撤回起诉若干规定（试行）》《甘肃省检察院关于规范侦查监督部门案件指导工作的规定（试行）》9 项侦查监督工作规定，建立健全了贯彻实施新修改刑事检察监督制度的各项机制，统一了全省检察机关在逮捕必要性审查、羁押必要性审查、非法证据排除、证人出庭、简易程序出庭、刑事抗诉案件、公诉案件撤案等工作中的不同认识，等等。各地制定内部规范性文件的做法，使得新修改刑事检察监督制度原则的规定具有了具体的适用标准和操作程序，如贵州省检察院出台的《关于审查起诉排除非法证据指导意见》，明确存在"以刑讯逼供或者冻、饿、晒、烤、疲劳审讯等非法方法收集的犯罪嫌疑人供述"等五种情形的言词证据应当认定为非法证据言词，不能作为定案依据。"在勘验、检查、搜查过程中提取、扣押的物证、书证，未附笔录或者清单，不能证明物证、书证来源的"，经过补正或者合理解释后仍然不符合常理及逻辑等五种非法实物证据的情形，不能作为定案依据。该指导意见还明确了非法证据排除的告知程序，要求检察官在首次讯问犯罪嫌疑人时或者询问被害人、证人时，应当问其是否遭遇以刑讯逼供等非法方法收集证据等情形，并记录在案，按相关规定调查核实，推动了制度的顺利实施。

（3）大力创新工作机制。我国地域广阔，各地发展不平衡，在法律统一实施的原则下，需要对具体的机制积极创新，以适应各地不同的法治环境和社会经济条件。① 新修改刑事检察监督制度实施以来，各级、各地检察机关大力进行工作机制的创新，在很大程度上解决了新修改刑事检察监督制度实施的具体化、本土化等问题，提升了制度实施的效率效果，如新法实施后，最高人民检察院在沈阳、杭州、郑州、西安等 18 个城市 212 个检察院开展试点，对轻微刑事案件加快办案进度并建议人民法院适用速裁程序，审查起诉周期由过去平均 20 日缩短至 6 日以内，解决修改后《刑事诉讼法》实施后程序细化与诉讼效率的矛盾;② 上海市检察院率先建立辩护与代理预约申请平台，辩护人、诉讼代理人可以通过该平台申请会见、阅卷、收集调取或提供证据材料、要求听取意见、申请变更强制措施等，相关检察院必须在法定时限内处理并回复，充分落实新修改刑事检察监督制度保护辩护人、诉讼代理人诉讼权利的要求;甘肃省各市、州检察机关积极建立健全实施新修改刑事检察监督制度的办案工作机制、沟通协调机制和案件管理机制，嘉峪关市检察院与市公安局会签了《嘉峪关市检察机关侦查监督部门介入公安机关侦查活动引导取证工作制度》和《关于加强对公安派出所法律监督的实施意见（试行）》，临夏州检察院与州公安局联合印发《执行刑事诉讼法若干问题联系会议纪要》和《在侦查监督工作中防治冤假错案的意见》，白银市检察院和白银市公安局会签了《关于在检察工作和公安工作中加强监督制约、协调配合的实施意见》和《关于适用逮捕措施有关问题的意见》。这些会签制度理顺了当地在实施新修改刑

---

① 宋英辉:《转变观念 规范执法 将修改后刑诉法落到实处》，载《人民检察》2012 年第 7 期。

② 参见曹建明作最高人民检察院 2013 年至 2016 年工作报告。

事检察监督制度实践中检察机关与公安机关的关系，增强了合力，强化了制度的实施效果。又如，广西壮族自治区检察院与自治区高级法院联合制定《关于办理适用简易程序审理公诉案件工作的暂行规定（试行）》，形成"集中提审、集中起诉、集中庭审"的适用简易程序公诉案件办理模式，提高了办案效率和效果。自治区各市级检察院也分别结合自身实际，对实施新修改刑事检察监督制度的模式进行了积极探索。其中，南宁市检察院制定了《关于加强和改进涉检信访工作若干规定（试行）》《关于业务分管检察长对口接待、处理来信来访的实施办法（试行）》《关于实行三级包案办理涉检信访案件的实施办法（试行）》等文件，对有效处理涉检信访做了有益的探索；钦州市检察院制定的《钦州市人民检察院关于加强捕诉衔接工作的意见》，实现了侦查监督工作与公诉工作的有效衔接，进一步提高了诉讼效率；钦州市检察院与市国土资源局共同签订的《市检察院、市国土资源局关于建立信息情况通报制度的试行规定》，建立完善了双方工作衔接机制，为双方协作配合搭建了信息共享平台。

3. 加强管理，保证制度实施的积极效果

检察管理是遵循检察工作运行规律，结合检察工作实际，依托现代管理模式和手段，对检察机关人、财、物、信息等要素进行科学组合，以实现法律监督职能规范、公正、高效运行的活动。[①] 从新修改刑事检察监督制度实施两年来的总体情况看，全国检察机关以检察管理为手段，积极采取各种举措，加强执法规范化建设，保障制度实施的规范性、公正性、廉洁

---

① 罗堂庆主编：《检察工作规律与检察管理研究》，中国检察出版社 2013 年版，第 5－7 页。

性，促进制度实施取得立法预期的积极效果。

（1）强化执法队伍管理。2013 年，最高人民检察院向全国人大常委会专题报告了规范司法行为工作情况；制定《关于切实履行检察职能，防止和纠正冤假错案的若干意见》，健全检察环节错案发现、纠正、防范和责任追究机制；2011 年在取消对省级检察院业务工作打分排名改为通报主要业务数据的基础上，又将通报的 79 项数据精简为 26 项核心数据，要求各级检察机关坚决取消简单以数字指标、比率控制线等排序评优的做法；组织开展了对 10 个省 90 个检察院的明察暗访，及时通报、限期整改执法办案中的突出问题。[1] 2014 年 12 月 26 日，全国检察机关开展了规范司法行为专项整治活动，全国各省级检察院参照最高人民检察院印发的《全国检察机关规范司法行为专项整治工作方案》，结合本地工作实际，制定符合本地检察工作实际的专项整治方案。辽宁、黑龙江、江苏等地细化工作方案，将重点问题细化为 30 多条具体问题，使整治目标更加明确精准。专项行动开展以来，针对群众反映比较集中的司法不规范突出问题，各级检察机关边整边改、立行立改，解决了实施新修改刑事检察监督制度过程中司法作风简单粗暴、执行办案规范和办案纪律规定不严格、不依法听取当事人和律师意见、限制律师行使诉讼权利、滥用强制措施、刑讯逼供、违法取证、以案谋私等多项问题。[2] 2015 年开始，会同中央政法委加强基层设计，加强分类指导，扎实推进司法人员分类管

---

① 参见最高人民检察院曹建明检察长所作 2013 年、2014 年工作报告。

② 袁定波：《32 家省检出台规范司法行为专项整治方案》，载《法制日报》2015 年 4 月 4 日。

理、司法责任制、司法人员职业保障、省以下地方检察院人财物统一管理四项改革试点，全国已有 670 个检察院纳入四项改革试点，上海、吉林、湖北、海南、青海 5 省市已全面推开。①

（2）强化执法过程管理。2012 年，在最高人民检察院的部署和带动下，全国各级检察机关成立了案件管理办公室，对案件实行严格的流程管理和质量监管，努力提升案件质量。2013 年以来，最高人民检察院健全了举报线索受理、分流、查办和信息反馈机制，防止有案不办、选择性执法；规范适用指定居所监视居住，严格审批程序；制定检察机关刑事诉讼涉案财物管理规定，防止超范围扣押、该返还不返还；推行申诉案件受理与办理相分离制度，深化案件集中管理和案件质量评查机制建设。各地方检察院也积极开展实施新修改刑事检察监督制度的过程管理。例如，浙江省宁波市检察院 2014 年 5 月制定出台《关于建立捕诉衔接工作机制的意见》，从捕诉衔接的方式、范围、内容、条件、程序五个方面，实现对侦查活动全过程的联动监督；四川省成都市青羊区检察院在审查逮捕中实行"二书一表一回复"制度，携手公安机关，针对审查逮捕案件，撰写问题分析书，发送办案质量意见书，建立问题登记表，回复整改意见书，提高办案质量。最高人民检察院还研发部署了融办案、管理、统计于一体的统一业务应用系统，实现了对全国四级检察机关所有执法办案活动的全程、统一、实时、动态管理和监督。

（3）强化内外部监督。2013 年以来，最高人民检察院会

---

① 参见最高人民检察院曹建明检察长所作 2015 年、2016 年工作报告。

同司法部在浙江、安徽、福建、重庆等 10 个省市开展深化人民监督员制度改革试点，健全确保依法独立公正行使检察权的外部监督制约机制；积极回应"检察机关自己选人监督自己"的质疑，由市级以上司法行政机关选任和管理人民监督员；拓宽监督范围，将查办职务犯罪工作中违法适用指定居所监视居住、阻碍律师或其他诉讼参与人依法行使诉讼权利等纳入监督，人民监督员共监督案件 2527 件。2013 年以来，全国检察机关深化司法公开，推进阳光检察，普遍设立检务公开大厅，全面推行案件流程信息查询、诉讼权利义务告知和办案结果告知等制度。对于各方在案件事实、适用法律方面存在较大争议，或者在当地有较大社会影响的案件，检察机关拟不起诉或申诉人不服检察机关处理决定的，探索实行公开审查；深化检务公开，开通人民检察院案件信息公开网，全面建成全国检察机关统一的案件信息公开系统，正式运行案件程序性信息查询平台、法律文书公开平台、重要案件信息发布平台，加强检察门户网站、检察微博微信等新媒体平台建设，推进新闻发布制度化，及时公开重大案件办理等情况，着力构建开放、动态、透明、便民的阳光司法机制，提高执法办案透明度和司法公信力。①

（四）制度实施的问题分析

立法难，执法更难，这是我国依法治国进程中存在的一个突出问题，新修改检察监督制度的实施也不例外。就目前制度的实施状况而言，还存在以下问题亟须解决：

---

① 参见最高人民检察院曹建明检察长所作 2013 年、2014 年、2015 年、2016 年工作报告。

1. 立法缺失导致法定职能虚设

如前所述，这次新修改刑事检察监督制度有很多亮点，较之 1996 年《刑事诉讼法》确立的刑事检察监督制度，为检察机关履行刑事检察监督职能提供了更加强有力的法律保障。与此同时，制度实施过程中，由于一些立法规定缺失、不明确、不科学，也导致检察机关履行立法赋予的一些法定职能时，因缺失操作程序、公检法认识分歧、立法规定"难接地气"、立法未对职能的行使提供有效的制约和强有力的保障等原因，难以在司法实践中落实法定要求，在一定程度上导致了一些法定监督职能虚设、形式化。例如，此次修改后《刑事诉讼法》将以往实践中必须使用而又游离于刑事诉讼法律调整之外的技术侦查、秘密侦查手段纳入法定侦查措施，既体现了打击犯罪的需要，又有利于规范侦查和维护人权。为防止技术侦查权力滥用而侵犯人权，立法要求采取技侦必须经过严格的审批程序，但对如何审批、监督及救济未作规定。实践中，检察机关与侦查机关协调较好的，则此项制度实施较好，反之，则遭受重重阻碍，难以依法行使权力。又如，为保障庭审质量，提高庭审效率，修改后《刑事诉讼法》在审前程序中增设了庭前会议制度，其立法初衷是在激烈的"对抗式"庭审程序之前设置一个缓冲带，明确庭审重点、审理方式，保证庭审顺利进行。但是，由于立法对庭前会议审议范围和庭前会议的法律效力未明确规定，导致新修改刑事检察监督制度实施以来，召开庭前会议的数量很低。据统计，2013 年至 2014 年，地方各级检察机关公诉部门共参加庭前会议 2 万余次，仅占全部公诉案件的 2% ;① 而且，由于法律规定不明，法院对庭前会议的启动较为

---

① 该数据来自最高人民检察院案件管理办公室。

随意，而检察机关缺乏相应的主动权，导致庭前会议制度无法充分发挥应有作用，取而代之的是各类情况说明，也影响了举证质证的效果。① 再如，根据司法实践中的数据显示，理论上符合附条件不起诉的案件大约占全部未成年人犯罪案件的四成左右，但由于修改后《刑事诉讼法》没有规定附条件不起诉的决定主体和程序，实践中对附条件不起诉制度如何适用争议较大、适用程序繁琐，导致司法实践中附条件不起诉的适用率非常低。甘肃省检察机关 2013 年至 2016 年受理公安机关移送审查起诉未成年人刑事案件共计 2605 人，附条件不起诉 182 人，仅约占受理总数的 13.2%。② 还有，如立法对监视居住场所建设标准、费用支出、看守等问题都没有明确，特别是由公安机关执行等规定都只是原则性规定，检察机关所办的指定居所监视居住的案件中，各地各显神通，打"擦边球"，有的将监视居住地点选在公安派出所附近，公安机关将执行变巡查，有的则是定期将监视居住的有关影音资料交公安机关达到形式上的执行，而实际都是检察机关自己的法警在进行看守，存在一定的办案风险。另外，修改后《刑事诉讼法》部分条款对指定居所监视居住规定不明确，如《刑事诉讼法》第 73 条第 2 款规定里的"通知"是否包括"电话通知，事后签字确认"或"挂号信件书面通知"这些方式，也导致指定居所监视居住规定操作性不强。诸如此类，立法不尽完善的还有未成年人犯罪记录封存法条之间的衔接问题、附条件不起诉与公诉转自诉的法律适用问题、强制医疗程序涉及的刑法与刑事诉讼法的协调

---

① 陈瑞华：《直面难题 全面提升检察工作实效》，载《人民检察》2014 年第 3 期。

② 参见 2013 年至 2016 年《甘肃检察年鉴》。

问题等，由于这些问题的存在，影响了工作的开展，导致一些地区执法真空，一些地区工作开展低迷。

2. 认识分歧导致下位制度乱象

此次《刑事诉讼法》修改，反映了社会各界在注重保障人权、体现程序正义、维护司法公正等诸多基本问题上达成广泛共识，充分体现了我国经济社会发展和社会主义法治文明进步的客观要求。① 然而，尽管新法实施前后，检察机关对检察干警进行了普及性的，包括新法内容、精神、理念、要求等全方位的教育、培训，并通过岗位练兵等方式促进干警对新法更深层面的理解，由于立法的原则、模糊、传统执法理念的干扰等原因，新修改刑事检察监督制度实施过程中，仍然不可避免地产生了法律适用方面的诸多认识分歧。为了统一认识，促进制度顺畅运行，各地检察机关不同程度地开展了执法规范化建设，如甘肃省检察院 2013 年至 2015 年制定的关于规范新法实施的规范性文件达 18 个（含与甘肃省高级人民法院、甘肃省公安厅共同制定、发布的规范性文件），内容涉及办理未成年人刑事案件开展社会调查工作、推行未成年犯罪嫌疑人羁押必要性审查、对在押未成年人实行亲情会见、未成人犯罪记录封存、刑罚变更执行同步监督、刑事抗诉案件内部指导、公诉案件撤回起诉、附条件不起诉、未成年人观护教育、渎职侵权犯罪侦查一体化、刑事立案监督等刑事检察监督工作各个方面。但是，即使是规范性文件制定者，也仍然存在认识不一，导致对于同一规定，在配套立法、司法解释未出台之前，各地出台

---

① 曹建明：《牢固树立"五个意识"着力转变和更新执法理念 努力做到"六个并重"确保刑诉法全面正确实施》，载《检察日报》2012年 7 月 23 日。

工作制度理解不一，执法标准不一。例如，此次新法修改确立的非法证据排除制度，何种情况属"非法"，同一地区公、检、法认识不一，各地检察机关认识也不一。目前，"两高"司法解释规定法条中的"其他非法方法"是指违法程度和对犯罪嫌疑人的强迫程序与刑讯逼供或者暴力、威胁相当而迫使其违背意愿供述的方法，但怎样才是"与刑讯逼供或者暴力、威胁相当"，如何判断这种"方法"是否"迫使"犯罪嫌疑人违背意愿供述，实践中并不好把握。有的地区从"基本人权保障论"出发，采取较严格的排除原则，即即使侦查机关采取了冻、饿、晒、拷、威胁、引诱、欺骗等方式，只要犯罪嫌疑人始终未翻供，侦查机关运用上述非法审讯方法取得的犯罪嫌疑人供述就为合法证据，不予排除；有的地区则从"重大违法控制论"出发，采取较宽泛的排除原则，即只要侦查机关采取了冻、饿、晒、拷、威胁、引诱、欺骗等非法审讯方式，即使犯罪嫌疑人始终未翻供，也应将犯罪嫌疑人如实供述看作是其无奈、被迫而为之，将其供述作为非法证据予以排除。类似的，还有羁押必要性审查中如何认定犯罪嫌疑人具有"社会危险性"，各地规定不一，反映了检察机关实施新修改刑事检察监督制度过程中，对于制度新增内容、理念的理解不一，对于多种理念调和、新法内容与检察机关传统职能的平衡认识不一、尺度把握不一等问题。各地在新修改刑事检察监督制度实施后执法规范化方面所作的努力，一方面，推进了制度的实施，统一了本地区的执法；另一方面，规范性文件的多样化也可能扰乱法制，造成不同地区执法的不统一，总体上影响新法实施的公信力。

3. 观念传统导致权力行使异化

解决好执法思想、执法观念问题，是贯彻落实新修改刑事检察监督制度的基本前提。从检察人员思想状况和执法办案情况看，重打击犯罪、轻保障人权，重实体、轻程序，重口供、轻客观证据等观念仍有一定市场，导致在履行刑事检察监督职能时，自觉不自觉地忽视了对人权保障的关注，新法确立的程序规则依然面临让位于实体真实的风险。实践中仍然有一些检察人员过于依赖口供，对案件的细节不够重视。例如，行使法律赋予的批捕权、起诉权、抗诉权时，有罪推定，可捕可不捕、可诉可不诉、可抗可不抗的一律批捕、起诉、抗诉；收集、审查、运用证据也侧重于有罪、罪重部分，对无罪、罪轻证据则重视不够，提起抗诉也往往是"抗轻不抗重"；行使法律赋予的检察裁量权时，如实施非法证据排除、羁押必要性审查、附条件不起诉等制度时，缺乏工作动力或尺度过严；办理案件时，为追求客观真实，不履行法定义务或者违法行使职权，忽视对办案期限、强制措施等程序规则的遵守，阻碍非法证据排除等程序规则的有效实施；在侦查或审查过程中，不及时查证补强口供，忽视对间接证据的收集和运用，导致被告人翻供后因案件存疑而无法定罪；扩大理解指定监视居住立法规定中的"无固定住处"等。2013 年至 2014 年，全国检察机关因排除非法证据不捕、不诉共 1285 人，约为甘肃省检察机关两年审结公诉案件人数的四十分之一；① 甘肃省检察机关两年间在审查起诉阶段共排除非法证据 10 余件，提出羁押必要性审查建议 190 余件，相对于两年来审结公诉案件 74000 余件的总数，② 基本可以忽略不计，致使检察权行使虚化，没有很好

---

① 该数据来自于最高人民检察院案件管理办公室。
② 参见 2013 年、2014 年、2015 年《甘肃检察年鉴》和 2016 年《甘肃省检察工作通报汇编》。

体现新修改刑事检察监督制度设立的初衷。

4. 能力滞后影响制度实施效果

新修改刑事检察监督制度增加了检察机关的工作量，对检察人员配备和素能提出了更高要求。从制度实施的情况看，检察机关监督能力滞后于新法要求是影响制度实施效果的重要原因。一是人力资源不足。从全国各地关于实施《刑事诉讼法》的调研报告情况来看，新法实施后工作量成倍增大、程序更加烦冗，而检察人员编制和数量不足，是一些检察机关履行职能力不从心、缺乏动力甚至变相简化程序、走形式、走过场的重要原因。① 二是检察人员的执法能力滞后于新修改刑事检察监督制度的要求。如新法要求检察机关在审前依职权排除非法证据，以便及时纠正侦查机关的违法取证行为，阻止违法取证对犯罪嫌疑人的持续伤害，阻断非法证据与法庭的联系，而实践中仍有一些检察人员过于重视对证据客观性的分析，忽视对证据合法性的审查，导致公诉证据经不起庭审中关于取证合法性的检验，最终因证据被排除而无法达到公诉预期的结果；对于证据单薄的案件，一旦将犯罪嫌疑人口供作为非法证据排除，也缺乏有效的办法将犯罪嫌疑人提起公诉，或在庭审中充分证明犯罪嫌疑人的犯罪事实，致使一些犯有严重罪行的犯罪嫌疑人逍遥法外。此外，新法对证人、鉴定人、侦查人员以及有专门知识的人出庭作证提出了明确要求，但在实践中，检察机关"请不动"上述人员普遍存在，反映了部分检察人员释法说理能力、沟通交流能力与运用法律保障作证人员人身安全、合法权益的能力还有提升空间。三是硬件设施、信息化建设等跟不

---

① 程晓璐：《附条件不起诉制度的适用》，载《国家检察官学院学报》2013 年第 6 期。

上新修改刑事检察监督制度实施的步伐。在上海、山东等省、市检察院，集预约申请、受理、回复、查询等功能为一体的律师预约系统已建立，律师只需登录该省检察院或各市级院门户网站，实施简单的网上操作，即可快捷地完成到各级检察机关办理相关申请事宜的预约工作；在甘肃省检察机关，有些县区检察院进行非法证据排除缺乏必要的硬件设备保障；而在甘肃省检察机关，多数案件公安机关不能提供同步录音录像，刑事检察阶段排除非法证据无必要的硬件保障，很多地区基础建设落后，根本无法完成应对新法实施的相应的设施要求，不仅如此，由于检察人员学历层次普遍较低，在一些基层院，不能实现检察人员对于全国统一业务应用软件的普遍运用，各部门往往需专门抽出本来就数量有限的学历层次较高、本应任用在办案一线的年轻干警操作软件，严重削弱了一线的办案力量。

（五）制度实施的改进措施

"徒法不足以自行"，一部法律所确立的制度能否实现其立法本意，关键在于"执行"，新修改刑事检察监督制度也不例外。制度能否真正落实，不仅关系着检察机关和检察事业本身的前途命运，更关系着中国法治的长远发展。从以上分析可见，新修改刑事检察监督制度实施两年以来，在中央的大力支持下，在最高人民检察院的积极推动下，在全国各地检察机关的热情参与下，在各级、各地公安机关、审判机关及相关部门的配合下，总体上制度在立法预期的轨道上实施，初步落实了立法的各项要求，取得了立法预期的积极效果，但也存在一些不容忽视的问题，使得制度在实施过程中，部分内容偏离了立法原意，影响了实施的效果，亟须改进。

1. 完善立法，夯实实施根基

修改后的《刑事诉讼法》进一步强化了检察机关的监督职

能，刑事检察监督制度在立法上取得了跨时代的进步。但 1996 年《刑事诉讼法》有关检察监督的规定过于原则、监督信息来源渠道不足、监督手段缺乏刚性等问题仍未彻底解决。应进一步加以改进，形成更加系统、严密的刑事检察监督制度体系，保障制度在实施中切实实现立法预期的效果。

（1）完善监督体系，消除执法真空。修改后的《刑事诉讼法》完善了审查批准逮捕的程序，强化了对逮捕后继续羁押的监督，但仍然缺乏对强制措施和强制侦查手段的监督与审查手段。侦查机关实施拘留、搜查、扣押、查封等措施，仍然有权自行决定、自行实施，无需经过检察机关的审查或批准。亟须在立法上进一步扩大检察机关对强制措施和强制侦查手段进行审查和批准的范围，除逮捕和羁押期限的延长需要经过检察机关批准以外，侦查机关采取的监视居住、拘留、搜查、扣押、查封、技术侦查等手段，也应经过检察机关审查或批准，只有如此，才能对侦查机关形成全方位的监督，防止侦查机关滥用权力。立法只规定了检察机关对侦查机关应当立案而不立案的情形进行监督，而未规定检察机关可以对侦查机关应当不立案而立案的情形进行监督，虽然实践中检察机关根据内部工作规定开展的此项工作，但立法在此方面的完善可以为检察机关强化立案监督提供强有力的法律依据，促进检察机关更好地保障人权。另外，一个完整的监督体系是包括监督主体、监督对象、监督范围、监督程序、监督效力等各要素在内的系统，但此次修法，并未明确羁押必要性审查的主体，造成新修改刑事检察监督制度实施之初，仅由检察机关侦查监督部门承担此项工作，至今为止，检察机关侦查监督部门、公诉部门、监所部门均开展了此项工作，应在立法解释、司法解释中加以明确，以免造成执法乱象、责任推诿。还有，长期以来，我国立法总是习惯于从正面规定检察机关有权对哪些事项进行监督，而很少规定如果被监督的机关拒绝执行检察机关的监督意见，检察机关可以采取何种制裁措施。由于缺乏制裁机制作保障，被监督者听与不听几乎不承担任何法律后果，导致检察机关的指令经常被消极抑制，检察监督难以有效实施，发挥应有作用。①此次《刑事诉讼法》修改，虽然在一定程度上强化了检察监督的效力，如赋予检察机关以调查核实权和追究刑事责任权，但仅适用于第 55 条的规定，其余大量条款依旧沿袭了建议、通知的方式，亟须建立必要的制裁机制，赋予检察机关对被监督者的惩戒权，如对立案监督案件的催办权、对侦查人员的惩戒权等，以增强监督的刚性和效力。

（2）消解内部冲突，增强监督效果。众所周知，我国的刑事诉讼中，检察机关是我国法定的侦查、公诉和法律监督机关，在刑事诉讼中扮演着侦查者、公诉人和监督者等诸多角色。2012 年《刑事诉讼法》的修改，只是对检察机关的各项职权进一步具体化和明晰化，而检察机关所扮演的公诉角色与权利保护者、救济者角色之间的冲突、检察机关的侦查职能与法律监督职能的冲突、检察院公诉职能与审判监督职能的冲突等刑事检察监督制度中的内部矛盾并未解决，这就导致检察机关在实施制度过程中难以秉持客观义务，中立监督。在"强烈的追诉犯罪并获得胜诉的欲望"② 驱使下，面对辩护人、诉讼

---

① 顾永忠：《畅通监督渠道强化过程监督——关于侦查监督的若干思考》，载《河南社会科学》2010 年第 6 期。

② 陈瑞华：《程序性制裁理论》，中国法制出版社 2010 年版，第 40 页。

代理人的司法救济申请，如果经查证明显损害到公诉利益，往往会表现出消极处理的态度，而"对于法官而言，检察官既代表国家追诉犯罪，又代表国家监督法院的审判活动，难免使法官为防止检察机关的监督而在庭审中产生偏袒控方的心理，这无形中影响了法官的中立性"。① "实践中，法院在证据不足的情况下几乎总是要商请检察机关撤诉，而很少直接作出无罪判决，这与法院担心检察机关会以法律监督为名进行干预是分不开的。"② 当前侦检关系中也存在类似的矛盾，"由于我国公检配合制约模式的基本特点是公检关系的平等性和制约的双向性，因此，检察院对公安机关的监督、控制力度有限，公安机关往往脱离检控的要求自行其是，造成刑事侦查不能按照检控的要求实施，甚至双方扯皮、内耗，减损了检控的能力"。③ 所以，如何消除检察机关内部角色的冲突，如何理解刑事诉讼中的侦检关系、检法关系，真正实现公、检、法各司其职、和谐顺畅的协作配合关系仍是我国刑事诉讼立法需要解决的重大课题。

（3）细化程序规定，增强操作效果。此次《刑事诉讼法》修改新增的许多规定过于原则，缺乏可操作性，如前述的指定监视居住、羁押必要性审查等制度的操作程序。为保障刑事检察监督制度的立法要求在实践中真正得到落实，未来的刑事诉

---

① 朱孝清：《检察机关集追诉与监督于一身的利弊选择》，载《人民检察》2011 年第 3 期。

② 谢佑平：《冲突与协调：检察监督与审判独立》，载《法学家》2006 年第 4 期。

③ 谢佑平、万毅：《分工负责、互相配合、互相制约原则另论》，载《法学论坛》2002 年第 4 期。

讼法律修改和解释应进一步细化监督的程序，对监督的途径、方式、法律后果等作出具体规定，从而保障检察监督职能的有效发挥。

2. 转变模式，落实制度精神

2012 年《刑事诉讼法》修改，融入了许多新的理念，强化了检察监督的诉讼性，既赋予检察机关更多的新职责新任务，又对规范检察权的行使设定了许多新程序、新制约。分析制度实施中出现的问题，理念转变是重要原因，制约了执法模式契合新法的程度。检察机关必须在理念转变上下功夫，从而带动执法模式的转变，应对新法修改带来的挑战，破解制度实施难题，落实制度立法精神。

（1）以人权理念为主导转变侦、查模式。2012 年《刑事诉讼法》不仅在第 2 条增加了"尊重和保障人权"的规定，而且在整个《刑事诉讼法》的修改过程中都贯穿着有效惩治犯罪与有力保障人权有机统一的原则。这就要求我们实施刑事检察监督制度时要注意推进诉讼文明、司法民主，提高保障人权的水平，尤其是在职务犯罪侦查工作和审查批准逮捕、审查起诉工作中，涉及犯罪嫌疑人和辩护律师、诉讼代理人、证人、鉴定人的权益保障的环节较多，更需要我们转变执法观念，自觉实现执法模式从相对封闭向公开透明、从机械单一向能动灵活、从主观传统向客观科学的转变。具体来说，就是要把侦查、审查活动自觉置于辩护人的监督之下，在查办、追究犯罪时，不忘依法保障犯罪嫌疑人、证人、鉴定人等诉讼参与人的合法权益；要用足用活立法规定的权力和措施，正确适用技术侦查措施、监视居住措施、对被取保候审人、被监视居住人的监控措施以及有关拘留时间的新规定，提高侦查、审查工作的法治化水平，切实贯彻落实好新法确立的人权保障原则。

（2）以程序理念为中心转变捕、诉模式。程序公正具有独立的价值，越来越受社会各界的关注。修改后的《刑事诉讼法》秉持实体公正与程序公正并重的理念，在科学设定正当程序方面作了许多重要补充和修改，诉讼程序更加精密、科学、规范，尤其是对审查批准逮捕程序、公诉案件审查程序以及审判监督程序进行了大量的细化规定，要求检察机关开展批准逮捕、提起公诉、提出抗诉等工作要改变过去重实体轻程序的倾向，严格执行新法的程序规定，保证各项程序到位，推动捕、诉工作精细化、规范化。

（3）以诉讼理念为原则转变监督模式。此次修法加强了刑事检察监督的诉讼性，要求检察机关将审查逮捕改造成为真正的司法审查，既要审查侦查机关的证据材料，又要按规定讯问犯罪嫌疑人，确保审查逮捕质量；公诉工作从单纯的指控犯罪转向担负指控犯罪的举证责任和证据收集合法性的证明责任，确保指控犯罪经得起法庭质证和辩论，并能够排除合理怀疑；转变出庭工作方式，举证、质证要从以定罪事实、证据为主转向定罪与量刑事实、证据并重，积极向法庭提供量刑情节的证据，以做到有罪必罚、罚当其罪。

3. 强化能力，提升执法质效

纸面上的法要变成实践中的法，依赖执行运用法律的人。因此，检察人员要执行好新修改的刑事检察监督制度，必须在法治观念层面和执法能力层面有根本性的提升，这是提升制度实施质效的需要，也是贯彻好全面依法治国方略，建设法治国家的需要。

（1）理解立法精神。实施好一部法律的前提是实施者首先要熟悉法律的内容、理解法律的精神、掌握法律的方法。检察机关要继续大力开展全员培训、分类培训、外派集训等多种形式的学习活动，把教育培训与岗位练兵、先行先试紧密结合；要通过举办视频观摩、专家讲座等方式，帮助干警开拓视野，丰富知识；要通过学用结合，将新修改刑事检察监督制度的精神内化于心，促进干警自发自觉树立人权意识、程序意识、证据意识、时效意识和监督意识，始终坚持惩治犯罪与保障人权并重、程序公正与实体公正并重、全面客观收集审查证据与坚决依法排除非法证据并重、司法公正与司法效率并重、强化法律监督与强化自身监督并重、严格公正廉洁执法与理性平和文明规范执法并重，适应在更加透明的环境、更加多元的制约、更加严格规范的条件下开展执法办案活动。

（2）规范执法行为。2012年《刑事诉讼法》对刑事诉讼各个环节的执法规范化作了进一步明确，加强对检察权的监督制约，对检察机关规范执法提出了更高要求，执法不规范行为将受到更多的法律方面的否定评价甚至制裁。同时，新法对于刑事检察监督制度的修改，涉及很多新领域，给检察机关正确实施制度提出了许多新课题，要求检察机关正确理解法律精神，依法、规范履行检察职能，更为严密地规制执法办案各个环节，把自身执法行为置于更加广泛、透明、多元、公正的监督之下，以保证新修改刑事检察监督制度的实施在健康、良性的轨道上进行，保障制度实施效果。

（3）创新工作机制。机制创新是工作发展的不竭动力，检察机关要提升实施新修改刑事检察监督制度的能力和水平，必须以机制建设为手段，大力开展机制创新，通过机制创新优化资源配置、激发人员潜力、增强制度实施的活力。针对目前新修改刑事检察监督制度实施中的突出问题，建议构建诉前证据开示制度，加强检察机关和律师双方对对方证据的了解，保障司法效率和司法公正；健全提前介入引导侦查取证机制，为审查逮捕、提起公诉做好准备，防止侦查违法的产生，排除非法证据；完善对侦查人员出庭作证的必要性审查机制，避免对侦查资源的浪费；建立健全刑罚执行活动同步检察监督工作机制，对监所检察部门及派驻检察机构受理、书面监督审查执行机关拟呈报、评审、提请、法院裁定罪犯减刑、假释案件和监狱管理局批准罪犯保外就医案件的检察工作流程、审查材料范围、罪犯保外就医疾病诊断治疗资料法医学文证审查、档案管理等进一步规范，提高检察监督效能。

（4）强化物质保障。新修改刑事检察监督制度实施对检察机关基础设施、信息化及办案装备建设提出了更高的要求，建议最高人民检察院与中央有关部门协商，将检察经费一次性投入中的基础设施建设部分，纳入国家规划，采取中央、省补助的办法，分级投入、分年度建设，并加大中央转移支付力度，提高办案业务经费标准和公用经费标准，建立检察公用经费增长机制，将贯彻落实新修改刑事检察监督制度的新增经费纳入各级地方财政预算，切实解决基层办案经费不足的问题。

二、新修改民事检察监督制度实施状况评估和对策建议

2012 年 8 月 31 日，第十一届全国人大常委会第 28 次会议通过了《关于修改〈中华人民共和国民事诉讼法〉的决定》。本次《民事诉讼法》修改涉及 59 个方面，涵盖 80 多个条文，其中最引人注目的是强化了检察机关对民事诉讼的法律监督，使得强化对民事诉讼的法律监督成为检察机关在当前形势下的重要任务。

（一）立法特点

2012 年《民事诉讼法》第 14 条、200 条、208 条至 213

条、235 条规定了民事检察监督制度，与修订前相比，民事检察监督的范围由"民事审判活动"扩大到"民事诉讼活动"；增加了检察建议的监督方式和"调查核实"的监督手段；将当事人向法院申诉规定为当事人向检察院申诉的前置程序，限定了当事人申诉的案件范围和申请抗诉监督的次数、期间；明确规定检察机关对民事执行活动进行监督。上述规定，从多个视角和维度提高了检察监督在民事诉讼中的地位和作用，健全了我国民事检察监督制度体系，在一定程度上增强了制度的可操作性。同时，由于种种原因，修改后《民事诉讼法》关于检察监督的规定仍存在一些问题，使得民事检察监督制度呈现出"喜忧参半"的特征，一定程度上影响了民事检察监督制度的实施效果。

1. 监督范围广泛而原则

《民事诉讼法》第 14 条规定人民检察院有权对民事诉讼进行监督；第 208 条、235 条规定人民检察院可以对法院审判活动、调解活动、执行活动进行监督，较之修订前"民事审判活动"的监督范围广泛得多。然而，法院参加民事诉讼的活动并不仅仅限于审判活动、调解活动、执行活动，《民事诉讼法》总则对于民事检察监督范围的原则规定与分则对于民事检察监督范围的具体规定的不一致，使得理论界和实务界对民事检察监督范围的理解产生了诸多分歧。法院实务工作者普遍认为，既然《民事诉讼法》只对检察机关监督审判活动、调解活动、执行活动进行了规范，那么，民事检察监督理应以此为范围，检察机关对法院参加的其他民事诉讼活动进行监督无法律依据。相反，对民事检察监督范围持广义解释观点的学者则认为民事检察监督的范围除民事审判活动、调解活动和执行活动外，还包括法院立案审查活动等其他所有法院参与的民事诉讼活动；对审判活动的监督，也不应局限于法院审理争讼案件活动，还应包括法院审理非讼案件的活动和法院处理选民资格案件等其他可由民事诉讼解决的事项的活动。① 有学者还认为，检察机关对于民事诉讼活动的监督，甚至应该包括对当事人参加民事诉讼活动的监督，当然，对于当事人的监督，应限于其违法行使诉讼权利，如进行虚假诉讼，损害国家利益、社会公共利益和他人合法权益的情形。② 实践中各地做法不一，决定于法院对民事检察监督范围的理解和法、检两院关系协调的程度。如甘肃省审判机关普遍认为根据最高人民法院司法解释，宣告死亡、破产等非讼案件不属于检察监督的对象，因此对此类抗诉案件不予受理，而山东、天津、深圳等地区则有此类案件监督成功的案例。③

2. 监督对象多元而概括

根据现行《民事诉讼法》的规定，检察机关可以对法院生效的判决、裁定、调解书和审判程序中的违法行为进行监督，对损害社会公共利益的案件提起公益诉讼，对损害国家、集体或者个人民事权益的行为，支持受损害的单位或者个人起诉，体现了民事检察监督对象的多元性。与此同时，现行民事检察监督制度对于民事检察监督对象的规定也具有概括性的特点，主要表现在社会转型期国家机关、事业单位、公司、企业性质

---

① 汤维建：《新民事诉讼法适用疑难问题新释新解》，中国检察出版社 2013 年版，第 201 页。

② 孙加瑞：《民事检察制度新论》，中国检察出版社 2013 年版，第 31 页。

③ 刘东平、赵信会、张光辉：《民事检察监督制度研究》，中国检察出版社 2013 年版，第 178 - 179 页。

复杂化、资产属性多元化情形下，《民事诉讼法》规定检察机关提起民事公益诉讼、支持起诉，以及依职权监督调解书都以"国家利益"或"社会公共利益"为限制条件，但对于何为"国家利益""社会公共利益"，《民事诉讼法》没有规定，也未见立法解释、司法解释或检察机关、审判机关内部工作规定对此予以界定，导致实践中检察机关监督此类案件时，一方面，因检察机关内部认识不统一导致执法不统一；另一方面，因检、法之间存在认识分歧，而常出现检察监督不被审判机关接受的情形。如甘肃省白银地区检察机关 2013 年针对调解书抗诉 21 件，法院以最高人民法院业务培训中强调"国家利益、社会公共利益必须在法律中有明确规定"为由，认为此 21 件调解案件不存在"损害国家利益、社会公共利益"情形，全部不予受理。

3. 监督模式外在而严格

根据《民事诉讼法》第 208 条的规定，民事检察监督主要是在法院判决、裁定、调解书已生效、审判人员违法行为已发生的情形下才介入民事诉讼的，并非以参与民事诉讼的方式与法院参加民事诉讼活动的行为同步进行，因此，民事检察监督是以一种外部者的视角切入的。同时，《民事诉讼法》只是规定检察机关可以就监督事项提出抗诉和检察建议，抗诉只是引起再审，检察建议可能引起再审，再审是否改变原决定仍由法院遵循审判原则根据再审审理情况决定，检察监督并未深入到法官的内在思维中，也表明民事检察监督是一种外在型监督。民事检察监督外在型的特点使得检察机关及时获得监督信息、客观、全面了解案件真实的难度增加，最多只能引起撤销原审裁判的法律后果，却无法在实质上保障再审纠正原审错误，在一定程度上影响了监督效果。然而，即使如此，现行《民事诉讼法》对民事检察监督的监督模式也作出了严格限制，突出表现在《民事诉讼法》第209条将当事人向法院申请再审作为检察机关受理当事人监督申请的前置条件，民事检察监督的受理"门槛"增高，成案率降低。2013年，甘肃省检察机关提出抗诉和提出再审检察建议266件，比上一年度325件下降了19.8%。

4. 监督方式两元而交错

现行《民事诉讼法》规定了抗诉和检察建议两种民事检察监督方式。同时规定，最高人民检察院对各级人民法院、上级人民检察院对下级人民法院提出抗诉，地方各级人民检察院对同级人民法院提出检察建议，均是在发现"已经发生法律效力的判决、裁定有本法第200条规定情形之一"，或者发现调解书损害国家利益、社会公共利益"的情形下。换言之，并未区分抗诉和检察建议的事由，使得实践中检察机关对于同类案件，有的使用刚性较强、必然引起再审的抗诉方式，有的使用"软性"的可能不被审判机关采纳启动再审的检察建议方式，即使检察机关认为此做法有具体理由，但仍易使当事人认为检察机关执法不公。另外，抗诉事由与检察建议事由的同一，造成实践中普遍对同一案件先运用检察建议，当检察建议不被审判机关采纳时，再采用抗诉方式"跟踪监督"。这样的做法造成的后果是当检察机关运用抗诉方式对已经运用检察建议监督了一次的同一个案件再次监督时，第二次监督时的案件受理性质发生问题：如果是依当事人申请监督受理，则违反了《民事诉讼法》第209条当事人申请检察监督1次为限的规定；如果是依职权发现受理，又违反了《民事诉讼法》专条规定当事人申请检察监督的条件的立法原意（实际上是与检察机关依职权发现启动监督条件相区分，即检察机关依职权发现启动监督应以维护国家利益、社会公共利益为动机），造成检察机关实质上干涉当事人私权处分。

5. 监督手段单一而笼统

对于保障民事检察监督目的实现的监督手段，《民事诉讼法》仅规定了调查取证一种。最高人民检察院虽然与最高人民法院等相关部门会签了一些文件，以工作规定的方式赋予检察机关调阅诉讼卷宗权等其他权力，但这些工作规定在实践中并未得到普遍执行。以甘肃省检察机关为例，2010年最高人民法院办公厅、最高人民检察院办公厅就联合下发了《调阅卷宗通知》，规定检察机关可以为了履行法律监督职能调阅诉讼卷宗，但直至目前，全省各级检察院与法院就民事检察监督具体事项会签的文件仍包括检察机关调阅法院诉讼卷宗事项，说明上述《调阅卷宗通知》并未得到很好的执行。因此，民事检察监督具有法律效力的监督手段仍只有调查取证权。然而，现行《民事诉讼法》、立法解释或者对检、法两院具有通行效力的司法解释并未具体界定检察机关调查取证权行使的范围、程序和调查取证获得的证据的效力，也没有规定当事人或者案外人拒绝检察机关调查的法律后果，同时未规定检察机关可以向法官核实有关情况，使得实践中检察机关行使调查取证权仍存在诸多障碍和困难。

6. 监督事由特定而模糊

《民事诉讼法》规定抗诉监督和（再审）检察建议的监督事由是已生效的判决、裁定有《民事诉讼法》第200条规定情形之一，已生效的民事调解书损害国家利益、社会公共利益、违反自愿、合法原则；（违法行为）检察建议的监督事由是发现审判人员在审判程序中违法。上述规定表明民事检察监督事由是特定的，即法院已生效的民事判决、裁定、调解书不具备上述特定情形，检察机关不可以对其进行抗诉监督或运用检察建议监督；审判人员在审判程序中的合法但不合理的行为不能引起检察机关向同级审判机关发出检察建议，对民事检察监督启动条件作了严格限定。深究这些监督事由的内容，由于法律规定的概括而模糊，立法意图通过将民事检察监督事由特定化的方式达到有限监督的目的并不能完全如预期。原因在于当《民事诉讼法》第 200 条中"主要证据""客观条件"、第 208 条中"国家利益、社会公共利益"等关键词并未明确界定时，民事检察监督的启动条件实际弹性化了。如果检察机关对此扩大理解并被法院所接受，那么民事检察监督的界域实际延展了，与监督的"有限性"相抵触；如果审判机关对此限缩解释并以此拒绝检察监督，那么民事检察监督必将弱化甚至在某些法定范围内（如对于调解书的监督）可能"名存实亡"，这与立法所预设的以检察监督存在并强化为前提的"有限性"含义是相冲突的。

7. 监督程序被动而疏略

民事检察监督程序的疏略性体现在：只是在《民事诉讼法》第 208 条模糊表明检察机关可以依职权启动民事检察监督，却未规定民事检察监督依职权启动的条件；第 209 条第 1 款第 2 项规定人民法院逾期未对当事人再审申请答复的、再审判决、裁定确有错误的，检察机关可以依当事人申请进行监督，未明确"逾期"的具体内涵；规定当事人可以在再审判决、裁定确有错误时申请检察监督，但未明确检察机关是针对再审判决、裁定监督还是针对原审生效裁判监督；第 209 条第 2 款规定检察机关审查民事检察监督案件的期限为 3 个月，但未明确是每一级检察院审结案件以 3 个月为限，还是各级检察院对同一案件审查期限的总和不得超过 3 个月；对于当事人申请检察监督 1 次为限的规定，未明确是仅指检察机关作出审查决定的案件以 1 次为限，还是对于检察机关未予受理的案件也以 1 次为限。另外，第 213 条关于检察机关出席再审程序的规定，未明确检察机关出庭的任务，导致实践中认识分歧、操作不一。与此同时，现行民事检察监督程序也体现出一定程度上的被动性，主要体现在：《民事诉讼法》对检察机关依职权发现监督线索的途径没有规定，却在第 209 条专条规定了当事人申请检察监督的具体条件，由此导致实践中因当事人申请检察监督有明确的规范可操作，检察机关受理的大部分民事检察监督案件源于当事人申请，呈现出被动性特点。

8. 监督效力弹性并断裂

现行《民事诉讼法》规定了抗诉和检察建议两种民事检察监督方式：抗诉引起再审的法律后果，但再审是否改变原判，由法院决定，可能是改判，也可能是调解结案，还可能是维持原判，呈现出一定的弹性；检察建议和检察监督调查取证权的行使未规定法律后果，监督效力上呈现断裂性，导致实践中检察建议经常不被采纳，甚至不被回复，检察机关调查取证了解的情况不被法院所认同，监督结果呈现出突出的不确定性。

（二）司法现状

亚里士多德有句名言："法治应包含两重意义：已成立的法律获得普遍的服从，而大家所服从的法律又应该本身是制订得良好的法律。"2012 年《民事诉讼法》修订，一方面，空前地对民事检察监督的法律依据和操作规范进行了完善；另一方面，制度的立法规定依然概括、模糊，执法依据的明确性、系统性难以满足履职需要。检察机关不得不加强民事检察监督改革探索，甚至创设一些监督规范和监督方式，在促进民事检察监督执法效能的同时，使民事检察监督制度在实施中呈现出不同于立法预期的丰富多彩的样态。

1. 监督格局多元化

由于立法规定较为原则，新修改民事检察监督制度的实施一定程度上依赖各地、各级检察机关政策性规范，而这些政策性规范数量繁多，形式、内容多样，加之各地检察机关开展的改革试点形态各异，使得新修改民事检察监督制度的实施呈现出多元化特征。

（1）监督对象多元化。下表是甘肃省检察机关办理民事检察监督案件情况统计表。从表中可见，当前实践中民事检察监督的对象不仅包括立法明文规定的生效裁判（含调解书）、审判程序违法行为、执行程序、社会公益，还包括政策规定的发案单位管理秩序等。深入实践中考察，还有对当事人恶意诉讼、虚假诉讼的监督等。如2014年甘肃省检察机关查办当事人恶意诉讼、虚假诉讼案件26件，针对这些案件向同级法院发出再审检察建议书10份，提出抗诉12件，纠正违法检察建议书4份，开展诉讼违法调查并移送职务犯罪线索1起，12起案件启动再审，并全部获得改判。另外，每种监督对象的具体内容也十分丰富，如对于民事执行活动的监督，虽然立法只规定了民事执行活动检察监督原则，但通过实践中政策性规范和各地改革试点的具体化，明确了执行监督包括对执行根据、执行行为的监督，其中，执行行为的监督又包括对于怠于执行、执行标的错误、程序违法等方面的监督。

（2）监督方式多元化。从下表所列"项目"来看，民事检察监督在实践中的方式除抗诉、检察建议以外，还包括检察机关政策性规范规定和检察改革创设的纠正违法通知书、检察意见书、违法行为调查、检察和解、督促起诉、支持起诉等监督方式。通过各地政策性文件规范和检察机关实践探索，检察建议既可用于建议对已生效裁判、调解书进行再审，也可用于建议法院纠正审判程序违法行为，还可用于建议涉案单位堵塞管理漏洞，加强人员管理，或者对有关人员进行行政处理，对管理的公益财产进行维权等，体现了民事检察监督方式的多元化。

甘肃省检察机关办理民事检察监督案件情况统计表（2013 年至 2016 年）

项目\年度（年）	受理（件）	审结（件）															
		合计	抗诉					再审检察建议		执行监督	督促支持起诉	检察和解	诉讼违法调查		审判程序违法监督		工作建议	
			合计	再审													
				合计	改判	撤销原判	调解	合计	采纳	合计	合计	合计	合计	移送线索	合计	采纳	合计	采纳
2013	2935	3279	125	90	27	13	24	135	55	1111	663	138	85	37	444	380	—	
2014	3688	3793	72	81	32	9	20	99	65	435	2022	144	26	1	277	234	—	
2015	1400	1468	70	28	13	6	3	33		164	312	24			127	115	—	
2016	1512	1178	63	52	14	11	1	46	7	149	—	12	—		52	43	—	

（3）监督功能多元化。民事检察监督对象和方式的多元化体现了监督功能的多元化。1991 年《民事诉讼法》修订后十多年，民事检察监督主要通过抗诉和再审检察建议体现"纠错"和"救济"的基础性功能。2001 年，全国检察机关第一次民事行政检察工作会议，明确了民事行政检察监督"两个维护"① 的价值目标，息诉服判成为民事检察监督的应有职责。2007 年《民事诉讼法》修订，增加了抗诉的程序事由，2012 年《民事诉讼法》修订，进一步强调对审判程序的监督，民事检察监督的司法秩序保障功能凸显。2012 年《民事诉讼法》专门规定了公益诉讼，规定了检察机关对于损害国家利益、社

---

① "两个维护"即维护司法公正、维护司法权威。

会公共利益的调解书的监督，十八届四中全会进一步要求要"深入探索检察机关公益诉讼"。此外，在国家机关普遍参与社会管理的政策背景下，民事检察监督还承担着优化社会管理的职能。

（4）监督手段多元化。《民事诉讼法》只规定了调查取证一种监督手段，但查证职务犯罪线索一直是民事检察监督打开工作局面、扩大监督影响、保障监督效果的常用手段。2012年《民事诉讼法》修订，赋予了检察机关调查核实权。2013年，甘肃省检察机关启动民事诉讼违法调查85次，向相关部门移送犯罪线索37件，增强了民事检察监督的刚性，促进了检察机关整体职能的发挥。另外，民事检察监督实践中，还向法院争取了调阅案卷权，疏通了监督的信息知悉渠道，创设了公开听证、公开检务信息手段，增加了监督的透明性，增强了民事检察监督制度的公信力。

（5）监督程序多元化。由于新修改民事检察监督制度实施中各级、各地检察院都制定政策性规范性文件对同一种监督工作，如检察建议，最高人民检察院、省检察院、地（市）检察院、县级检察院在各个历史阶段往往都作出了规定，或与法院、其他相关部门会签了文件、形成了会议纪要。虽然下级检察院作出的具体规定往往根据上级检察院规定作出，但由于各级检察院理解角度不同，与法院等相关部门协商的具体程度不同，导致民事检察监督在实践中的具体操作程序呈现出多样化特点。例如，2009年甘肃省各地检察机关开始试行民事执行监督，在民事执行监督程序方面，部分地区只通过检察建议和纠正违法意见的方式对法院执行根据和执行行为进行监督，部分地区对执行监督实行关口前移，尝试了对法院评估、拍卖程序的现场监督。2012年《民事诉讼法》第235条只授予检察机关对民事执行活动进行监督的权力，未规定具体监督程序和效力，直至 2016 年 12 月，"两高"才就民事执行监督联合出台了相应规定，对民事执行监督的程序作了一定程序的规范。这种情形直至今日仍在延续。

（6）监督结果多元化。民事检察监督范围、对象、方式、手段的多元化，导致民事检察监督处理决定呈现出多元化样态。从修订后《民事诉讼法》实施以来最高人民检察院和甘肃省检察院制发的数据统一报表和工作总结看，对于民事检察监督案件，根据不同的监督对象，采取不同的处理决定，对有的案件还综合运用多种监督方式。如对当事人不服生效裁判的监督申请，检察机关在作出抗诉或不支持监督决定的同时，还可以针对审查案件中发现的审判程序违法行为向法院发出检察建议，针对案件中发案单位的管理漏洞、防范国有资产流失、对有关人员进行行政处理等问题发出工作建议，如果有涉嫌犯罪的人员，还应该将其移送有关机关处理；对于不支持监督申请需要息诉的案件，可以作出和解、允许当事人撤回申诉等决定。

2. 监督结构失衡化

民事检察监督结构是指民事检察监督内部各个要素的相互关系以及各个环节内部各因素之间的相互关系。由于立法、政策性文件在各种监督对象、监督方式等方面规定的完善程度不同、效力强弱不同，民事检察监督程序与相关程序之间的协调程度不同，被监督机关对于民事检察监督的态度也不同，新修改民事检察监督制度实施中民事检察监督结构呈现出显著的不平衡性。

（1）受案多、结案少、监督规模小。从以上表格可以看出，2013 年至 2014 年甘肃省检察机关受案数与结案数、抗诉数、再审检察建议数、执行监督等其他类型监督的数量相差较大。2013 年法院再审审结抗诉案件数占当年法院再审审理案件总数的 20.5%，2014 年全省仅抗诉 72 件，民事检察监督受案数、审结数、监督数之间严重失衡。

（2）范围广、空间窄、监督效率低。上表表明，民事检察监督的对象涉及民事诉讼活动中法院参与的各个环节，但现行立法和最高人民检察院政策性文件对当事人申请检察监督的条件和检察监督的事由作了限制，加之1997年至2000年最高人民法院出台的10余个限制民事检察监督范围的司法解释没有废止，民事检察监督可以真正发挥作用的空间相对审判机关内部监督要狭窄得多。2013年，甘肃省检察机关提出抗诉和提出再审检察建议数较上一年度均有大幅度下降；2014年，提出抗诉72件，提出再审检察建议99件，总计仅占当年不服生效判决、裁定申请监督总数726件的23.5%；2015年、2016年，上述数据继续大幅下降。修订后的《民事诉讼法》虽然限定了检察监督审结的期限，但最高人民检察院发布的司法解释《人民检察院民事诉讼监督规则》将立法规定的3个月的办案期限细化为对于同一个案件，每一级检察院的办理期限为3个月，还规定了中止审查的情形，实质上为超期办案预留了空间。此外，《民事诉讼法》第209条将当事人向法院申请再审设置为当事人向检察机关申请监督的前置程序，相对于直接申请检察监督，实际延长了司法不公案件的纠错流程，降低了司法效率。

（3）抗诉"硬""建议"软，效力不确定。从上表中可见，2013年至2016年，甘肃省检察机关向同级人民法院提出的抗诉案件，再审改判率达70%以上，而2013年至2016年甘肃省检察机关《民事、行政检察案件受理情况、抗诉情况报表》显示，法院全年采纳再审检察建议决定再审的案件，再审后改变原判的仅约占采纳总数的三分之一。说明立法规定较为明确的抗诉监督效力较强，而立法未予明确法律后果和法律效力的检察建议则刚性不足，实践中有些法院甚至在收到检察机关再审检察建议后不立案、不回复。

（4）保障性监督强，制约性监督弱，效果无保障。从不同性质监督的效果上分析，上表表现了督促起诉、支持起诉等保障性监督效果优于抗诉监督、违法行为监督等纠错性监督，程序性监督效果优于实体性监督的显著特点。以2014年为例，甘肃省检察机关民事抗诉再审案件法院的改判率为75.3%，再审检察建议法院采纳改判率为24.2%，违法行为监督建议的采纳率为84.5%，而督促起诉、支持起诉案件的采纳率达95.65%，说明被监督者对于权利保障性监督较易接受，而对于权力制约性监督相对抵触，尤其是对于权力制约性监督中的实体监督抵触更甚，是监督效果难以保障的重要主观原因。

3. 监督权威中心化

新修改民事检察监督制度实施前后，为保证案件质量、促进规范执法、强化队伍建设，甘肃省检察院先后建立健全了案件审查备查制度、办案情况通报制度、案件质量复查制度、一案一评制度、司法人员职务犯罪线索统一上报管理和申诉案件审判情况登记制度，健全了民行一体化办案机制、职务犯罪线索管控、报备和移送机制；出台了《关于办理民事行政抗诉、检察建议案件若干问题的试行办法》《关于民事行政执行工作检察监督的意见》《办理民事督促起诉、支持起诉案件规定（试行）》《民事行政检察部门息诉工作指导意见》《民事行政申诉案件检察和解暂行规定》《民事行政不支持监督申请案件息诉办法（试行）》《诉讼违法调查办法》《甘肃省高级人民法院、甘肃省人民检察院关于处理涉诉信访问题的工作意见（试行）》等规范性文件，以及《层级管理责任制暂行办法（试行）》等规定，说明在立法规定模糊、各地检察机关为推动民事检察监督工作发展不得不创设民事检察监督细化的操作规范、民事检察监督能力普遍薄弱的情况下，增强民事检察监督公信力、树立民事检察监督权威，成为民事检察监督工作长期以来需要面对、解决的重要问题。

（三）实施障碍

以上归述了新修改民事检察监督制度在立法和司法中的基本现状。可以看出，由于其独特的内涵和特点，制度实施对于实现民事诉讼司法公平正义、维护民事诉讼司法秩序、提升社会法治信仰，实现国家在民事领域内的法律治理目标起到了积极推动作用。同时，由于其仍在探索创新中发展，尚存在一些固有的缺陷，在实施中也出现了一系列问题，需要我们认真思考和研究。在推动立法进一步完善的同时，各地、各级检察机关要以新一轮司法改革为契机，采取有效措施应对。

1. 立法冲突导致的障碍

通过上述分析可知，新修改民事检察监督制度虽然在立法上取得了显著进步，但仅形成了制度的"粗略"框架，远未达到系统、完整、精细化的要求，这是新修改民事检察监督制度实施的最根本障碍。

（1）理念矛盾影响监督力度。修改后的《民事诉讼法》确立了民事检察监督有限监督的立场，通过第208条、209条、210条的规定，限定了检察机关介入民事诉讼的时间、民事检察监督的受案条件、监督事由，目的在于通过控制民事检察监督权的强度和民事检察监督介入民事诉讼的深度，实现民事检察监督权与民事审判权的价值平衡，保障民事审判活动的功能和效率。与此同时，《民事诉讼法》又贯彻了全程监督和多元监督的理念，要求检察监督介入到审判机关民事诉讼活动的方方面面。这造成民事检察监督的实践难题，即如何通过行使被重重限制而力度有限的民事检察监督权实现对审判权有效的法律监督？甘肃省检察机关 1992 年至 2016 年 23 年间抗诉 2025 件，仅相当于甘肃省审判机关 2014 年全年审判民、商事案件 129474 件的 1.56%，说明一味地削减民事检察权，限制其行使范围和力度，只会使民事检察监督权相对于强大的审判权更加羸弱，当然也难以回应国家通过民事检察监督制度维护司法公平正义的法律治理要求。

（2）功能变化导致监督弱化。修改后的《民事诉讼法》将当事人向人民法院申请再审作为当事人申请检察监督的前置程序，民事检察监督的救济功能显著，引起了理论界和实务界对民事检察监督性质更多的争议，导致很多检察机关把解决民事申诉当事人纠纷，维护当事人实体权益作为民事检察监督的主要任务，违法监督反而退居其次。很多当事人被法院驳回再审或经再审维持原判后申请检察监督又未得到支持，转而缠诉闹访，导致检察机关大量精力花费在息诉息访工作上。然而，对民事申诉当事人的权利救济过程，是确定民事责任的过程，检察机关作为监督机关，本身并不参与确定民事责任、民事权利和民事义务的归属，更不会决定如何恢复、补偿受侵害者的权利，只能通过审判机关履行审判职能来实现。因此，检察机关如果要强力为之，要么造成越权越位，要么会使自己处于"有心无力"的两难境地。

（3）权能缺失影响监督效果。修改后的《民事诉讼法》充实了民事检察监督权的内容，但相比民事检察监督权应然的定位和要求，仍然存在一定差距，使得新修改民事检察监督制度在实践中难以达到立法预期效果。例如，第 209 条的规定使得民事检察监督权成为私权救济的最后一种途径，从根本上改变了监督权作为控制权的本质特性，民事检察监督权也不具备法律监督权应有的制约性，其抗诉权只具有启动程序的作用，对于再审裁判结果没有实质的影响，其检察建议也只是一种"建议"而已，不会由此改变法院再审"自家说了算"，不受外部力量实质性约束的现实。

（4）程序失调影响监督效率。科学的权力配置是有效监督的基础，而科学的程序则是监督效率效益的保障。反观现行民事检察监督的程序设置，不乏断节、重复、矛盾之处，影响了民事检察监督目的的实现。例如，修改后的《民事诉讼法》对当事人申请再审和履行再审职责的人民法院都作了明确规定，却没有规定当事人可以就哪一类案件向哪一级人民检察院申请监督。实践中，根据《人民检察院民事诉讼监督规则（试行）》的精神，检察机关往往采取先同级监督，后抗诉监督的方法。如此，对案件有抗诉权的检察院受理民事申诉案件后，一般全都转给下级检察院办理，而下级检察院经审查，提出的再审检察建议未被人民法院采纳，往往会继续提请抗诉，案件又回到了上级检察院，延长了办案的周期，民事检察监督的效率在落实中大打折扣。

2. 环境束缚导致的障碍

总的来看，新修改民事检察监督制度在实践中运行的效果明显低于立法预期，除制度本身存在缺陷，导致制度运行不畅，检察人员监督能力不足等因素外，监督环境未达到理想状态也是重要原因。

（1）法院对检察监督抵触。本世纪之交，最高人民法院曾先后通过十余个司法解释对民事检察监督的范围加以限制，排除了非讼裁判、诉讼过程合法性、执行等事项的检察监督。近年来，检、法关系虽趋于和谐，但检、法之间的抵触仍然存在，导致一些案件监督没有结果，一些案件，即使存在错误，法院也拒不纠正。最常见的是依然有不少法院对再审检察建议不立案、不回复，造成再审检察建议是否被采纳，情况不明，再审检察建议采纳率偏低。笔者抽取 2012 年至 2016 年间甘肃省检察院抗诉再审的 272 起案件进行分析，法院不审查抗诉理由、草率结案、无法律依据判案、错误认定法律关系而拒不纠正判决的占维持原判案件的 26.5%。

（2）检、法观念的分歧。事实认定上，检察机关因为局限于坐堂审卷，法律又未赋予其调查权，且很多案件申诉时，在发生纠纷当时影响裁判结果的情况已经灭失，监督多依据卷内证据反映的法律事实；而审判机关审案时则有更多的了解、查明客观事实的法定权力和客观条件，在审案时更侧重于法律事实和客观事实的结合，有些情形下，为处理纠纷的便宜，甚至更倾向于以客观事实为基础判案。证据认识上，由于法律的规定不明，如复印件是否属于证据复制件，交通肇事中直接结合和间接结合事实和相关证据的因果关系如何认定，工伤时间以工伤认定决定之时还是以该决定送达之日为标准，房管机关对房屋登记的审查义务是实质审查还是形式审查等，由于检、法办理案件追求的具体目标不同，检察机关更注重于履行监督职能，因此对证据的形式要件、实质内容审查认定时采严格的法定主义，而审判机关则更注重对于证据的"内心确认"，对证据的采信上有简单化处理的倾向。划分责任上，检察机关站在监督者的立场，对案件公正性的审查更注重于以法律效果和社会效果相统一为标准，有时甚至仅为维护法律统一、正确实施而监督；而审判机关则站在纠纷解决体系终端的立场，更注重判案的社会效果。抽样考查的案件中，再审后因法、检认识不一维持原判或不采纳抗点的案件，约为抗诉再审案件总数的六分之一。检、法对于案件存在认识分歧，符合司法规律，但在实践中却导致纠纷长期难以得到解决，司法公信力和检察执法权威都受到影响。

（3）社会公众缺乏对检察监督的了解和正确认识。由于民事检察监督制度产生较晚，我国传统的"重刑轻民"监督理念和计划经济的长期实行，社会公众缺乏对检察监督的了解和正确认识，使得民事检察监督的案源成为制约民事检察监督工作的首要问题。近年来，由于持续宣传，检察机关每年受理民事检察监督案件数持续上升，民事检察监督的公众知晓程度逐年提升。但公众对于民事检察监督的认知仍存在偏差，绝大多数当事人认为检察机关是审判机关之外的另一纠纷处理机关，尤其是2012年《民事诉讼法》的实施，强化了民事检察监督的救济功能，更加深了当事人的误解，这是实践中民事检察监督工作重心自觉不自觉地偏离职能定位的外在推动力。

3. 能力差距带来的障碍

民事检察监督能力是指民事检察办案人员呼应形势需要胜任民事检察工作岗位的素质和水平。当前，人民群众对司法公正深层次的期待给民事检察监督执法品质提出了更高的要求，社会转型期下利益主体多元化、利益需求复杂化的阶段性特点给民事检察监督办案带来了更多的挑战，而修改后的《民事诉讼法》对民事检察监督能力提出了更高、更新的要求。目前民事检察监督能力与形势的需要仍存在不小的差距。

（1）干警理念相对滞后。修改后的《民事诉讼法》贯穿了救济性监督、全程监督、多元监督、程序监督、终局监督等不同于传统的监督新理念。但实践中大多数民事检察人员尤其是基层干警始终把主要注意力放在抗诉监督上，在《监督规则》将当事人申请监督案件限定在二审生效案件范围情形下，基层检察院基本不办理抗诉案件就感觉无事可做。另外，有些干警认为全程监督、多元监督就是对法院在民事诉讼活动中行使公权力的行为面面俱到的监督，不少地方检察院参与法院案件评查，或者到法院档案室找卷，发现问题后违法依职权受理案件。笔者到基层调研，与当地法官、检察官举行座谈，发现有的县级检察院 2013 年依职权受理案件数达到当年受理总数的 80%；有的县级检察院检察建议"满天飞"，法官一句口误、案件一个可以通过口头纠正的小小瑕疵，就被检察机关作为监督理由，一纸检察建议发到法院，引起法院启动内部监督程序对法官行为进行审查，严重影响法官的工作积极性。

（2）队伍建设尚待加强。2014 年，甘肃省检察院承担了最高人民检察院民事、行政检察岗位素能的研发任务，笔者对甘肃省兰州、定西、平凉、庆阳四地检察机关两级检察院主管民事行政检察工作的 12 位副检察长、部门负责人进行了访谈。被访谈人普遍认为，民事检察监督能力是当前制约民事检察监督工作的重要因素，主要理由是：重刑轻民观念在地方检察院"一把手"思想里根深蒂固，相比刑事检察部门，民事行政检察部门普遍存在人员少、年龄大、学历低的情况；有的基层检察院民行科为 1 人科，有的基层院民行科骨干人员长期抽调到别的部门办案，"留守"的大多是长期病养人员、届临退休人员，连全国检察系统统一业务应用软件都不会应用，更不用说正常开展工作；个别基层院配备民行干警人数较多，但相对同级法院的法官人数、法律素养和办案量，差距很大，根本无法满足工作的需要。例如，有的地市检察院近年来民行业务量急剧增长，但全地区 20 多名民行干警中只有 5 人长期在岗并具备办案能力，无奈该市民行处处长将此 5 人组成办案组，在全市各县、区流动办案；有的地市检察院民行处的全部工作由处长和一名借调人员完成，由于基层院民行科人员法律水平低，甚至不掌握基本的办案技能，市检察院民行处处长不得不通过个案向全区每个民行干警经常性地传授办案知识、办案方法；某区法院有法官 20 余人，近年来年均审理案件万余件（法官年度人均审理案件 500 余件），加之该院奖励调解结案，肯定有很多执法失范问题，但该区检察院只配备民行干警 3 人，且只有 1 人是事业编制的大学学历，这名人员还长期被借调到区政府，不但难以主动发现法院的违法问题，连日常的工作也难以应对。甘肃省检察机关上述四地区的民事检察监督队伍状况实际反映了全省甚至西部地区、全国检察机关的民事检察监督队伍状况，在这样的队伍状况下，民事检察监督工作的现实情况可想而知。

（3）监督素能亟须提高。民事检察监督的案件，从性质上讲，多是刑民交织、行民交织；从内容上讲，涉及医学、建筑、教育等各个行业；从依据上讲，需考虑政策、法律、乡规民约等多种因素。这要求民事检察人员具备雄厚的知识结构、扎实的专业素养。2012 年《民事诉讼法》的实施，使得检察机关受案后，提出抗诉或检察建议，或者需要在生效判决、裁定中发现人民法院所未能发现的错误，或者需要以"事后监督"的方式发现至当事人申请监督时早已时过境迁多时的人民法院在一审、二审或再审审理中的违法行为，监督意见的专业性、说理性必须足以说服已在上诉、再审程序中一再维持原判的人民法院。然而，一直以来，检察机关尤其是基层院检察人员的民事检察监督素养普遍不能适应民事检察监督较高的工作要求。尤其是在法律知识储备方面，很多基层民行检察人员民事法学理论知识欠缺，办案时才结合案情边学习边办案，影响了审查案件的思路和事实、证据的正确认定和鉴别，有些办案人由于对法律规定的内涵缺乏深层次的理解而常常在案件中生搬硬套法律，或者由于对司法解释、相关规定不了解而找不到监督切入口或走入误区，反映了新形势下强化队伍建设，提升检察人员民事检察监督能力的紧迫性。

（四）实施问题

新修改民事检察监督制度实施中存在的上述障碍，给民事检察监督带来了以下问题：

1. 办案量在各级院分布不平衡

《民事诉讼法》第 209 条规定当事人向法院申请再审为当事人向检察院申请监督的前置程序，第 204 条第 2 款规定一般情况下，因当事人申请裁定再审的案件由中级人民法院以上的人民法院审理，在此情况下，当事人一般会认为已由中级法院依申诉审查处理或未予答复的案件，再向该中级法院的同级检察院申诉，由该检察院向此中级法院提出检察建议（《人民检察院刑事诉讼监督规则（试行）》已限定当事人一般不可针对未经上诉的已生效的一审判决、裁定申请人民检察院监督，故当事人一般针对的是中级法院作出的二审生效判决、裁定），一者检察建议在实践中绝大多数不会采纳，二者当事人不服的二审生效判决、裁定本身是该中级法院作出的，驳回再审申请、对再审申请不予答复等行为或作出确有错误的再审判决、裁定的主体仍旧是该中级法院，该中级法院即使采纳检察建议另行组成合议庭审理案件，因该中级法院的院长是同一人，审判委员会是同一组成人员，决定案件最终处理结果的裁断者仍然同一，轻易不会改变二审、再审处理结果，而由该检察院提请省级检察院抗诉，又会加强申请监督结果的不确定性，延长其处理周期，出于申诉效率的考虑，当事人一般会选择向有抗诉权的省级检察院直接申请监督。由此，省级检察院受案数量大量增长，而中级法院同级的检察院直接受理的案件数量明显减少，县级检察院由于不具有针对二审生效裁判的抗诉和检察建议权，基本丧失了本院有权提请抗诉或提出检察建议的直接受理案源。2013 年，甘肃省检察机关审结处理当事人不服生效裁判申请监督的民事案件 1119 件，较 2012 年度审结处理该类案件 920 件，上升了 21.6％，较 2011 年度审结处理该类案件 862 件，上升了 29.8％。其中，甘肃省检察院 2013 年审结处理 133 件，较 2012 年度审结处理 112 件，上升了 18.7％，较 2011 年度审结处理 97 件，上升了 37.1％，而陇西、靖远等基层院全年只办理上级院交办案件，未直接受理审查 1 起案件，导致检察机关内部办案长期未能解决的"倒三角"状况进一步加重。

2."依职权发现"案件数人为陡增

现行《民事诉讼法》没有明确规定检察机关"依职权发现"案源的条件，但为了避免检察机关滥用民事检察监督权干涉当事人意思自治，破坏民事诉讼中当事人地位的对等性，学理上的主要观点是对检察机关"依职权发现"案源进行严格限制，但笔者通过到基层民行部门调研、座谈，2013 年以来，甘肃省大部分地区检察院尤其是县级检察院"依职权发现"数量有大幅度的增加。如新法实施以前，甘肃省检察机关近 10 年"依职权发现"受理案件数总共不超过 5 件，2013 年、2014 年，仅敦煌市检察院"依职权发现"受理案件达 15 件，2014 年该类案件占受案总数的 62％；庄浪县检察院受理该类案件占受案总数的 81.7％。主要原因如下：

（1）了结增加的信访案件的需要。《人民检察院民事诉讼监督规则（试行）》对当事人申请检察监督的条件作了限制，一定程度上阻滞了民事检察监督受案渠道，使得信访案件大量增加，而这些信访案件又通过交办、转办的方式流向检察机关。在检察机关检察权的行使受到外来因素干预的情况下，有些检察机关通过启动"依职权发现"程序对该类案件进行监督。

（2）拓展案源的主动作为。如前所述，2012年《民事诉讼法》修订实施后，检察机关办理案件"倒三角"现象更加严重，县级检察院为了求生存、求发展，拓展案源，采取与反贪、反渎、侦查监督、公诉等部门建立日常工作联系机制的方法，寻找监督线索，努力开辟案源。如敦煌市检察院在办理2名法官涉嫌刑事犯罪案件中，发现法院存在超时限未审结的27件民事案件，随之依职权受理，以提出检察建议的方式进行监督。秦安县检察院定期由检察长主持召开关于民事行政检察工作的各部门协调会，"晒"各部门在工作中所发现的民事行政检察监督案源，符合条件的，依职权受理，使得民事检察监督受案数大幅、持续上升。

（3）通报的压力。由于旧法规定下既可以申请检察监督又可以同时申请再审的案件，其中有明显错误的和必须经再审纠正的生效判决、裁定、调解书在修订后的《民事诉讼法》第209条实施后，部分已由法院自行审查处理，造成向检察院申请监督的案件数量减少且绝大部分不符合《民事诉讼法》规定的监督事由，民事检察监督的"成案率"降低。2013年度，甘肃省检察机关受理案件数较上一年度上升了29.8%，提出抗诉数却比上一年度下降了19.8%；2014年成案率继续下降，在全年受案数继续大幅增长达3688件的同时，全年仅抗诉72件。2015年、2016年受理案件数大幅下降，抗诉案件数继续下降。与此同时，从最高人民检察院到省级检察院都将抗诉案件数量作为通报下级检察院工作的重要指标，导致修法前可"管"可不"管"的案件大量通过检察机关"依职权发现"进入民事检察监督程序。有些案源不足的检察院参与法院内部的案件质量评查活动，到法院档案室翻阅案卷，主动"找案"，发现的监督线索如符合《监督规则》第 41 条规定的条件，即按照检察机关"依职权发现"受理，不符合《监督规则》第 41 条规定的，则通知当事人到检察院申请法院再审后再申请检察监督，也导致了"依职权发现"案件数量的增加。

3. 息诉压力加大

修改后《民事诉讼法》实施后，由于法院对民事申诉案件的"过滤"，当事人申请检察监督的案件增多了，但其中不服法院生效裁判申请监督和其中确有错误的案件数量却减少了，使得抗诉案件总数减少。《全国民行工作总结》和《甘肃省民行工作总结》显示，2013 年，全国抗诉案件数量较 2012 年平均下降了 40 多个百分点，甘肃省检察机关抗诉案件数量较 2012 年下降了 16.7%；2014 年全国检察机关抗诉案件数继续由 2013 年 4299 件下降为 4064 件，甘肃省检察机关抗诉案件数则由 2013 年的 125 件下降为 72 件，抗诉监督明显弱化。在此情况下，由于检察监督在 2012 年《民事诉讼法》修改后，成为当事人申请公力救济的终极途径，各地缠诉闹访的案件数均有不同增加，检察机关息诉工作的难度增大，迫使检察机关加大检察和解力度，解决息诉难题。

4. 同级监督数量与效果不相称

《人民检察院民事诉讼监督规则（试行）》为了解决检察机关内部办案"倒三角"问题，在第 34 条和第 35 条中明确规定，"当事人根据《民事诉讼法》第 209 条第 1 款的规定向人民检察院申请检察建议或者抗诉，由作出生效民事判决、裁定、调解书的人民法院所在地同级人民检察院控告检察部门受理"；"当事人认为民事审判程序中审判人员存在违法行为或者民事执行活动存在违法情形，向人民检察院申请监督的，由审理、执行案件的人民法院所在地同级人民检察院控告检察部门受理"；"人民法院裁定驳回再审申请或者逾期未对再审申请作出裁定，当事人向人民检察院申请监督的，由作出原生效民事判决、裁定、调解书的人民法院所在地同级人民检察院控告检察部门受理"，导致各地再审检察建议数量明显上升。但由于现行《民事诉讼法》没有规定检察建议的效力和后果，第209条限缩了当事人申请检察监督的条件和次数，使得很多当事人不服的生效法律文书，如当事人在一审审理中受到人民法院不公平对待而产生了对人民法院的不信赖而未上诉的生效判决，即使具备监督事由，因当事人难以收集到法院违法的证据，亦无法进入民事检察监督环节，导致当事人通过上访、信访维护其权益；同时，即使进入检察监督程序的案件，如果通过检察建议监督，不被法院采纳，在申请监督以1次为限的法定限制下，也失去了司法救济的最后途径，也导致通过信访渠道寻求救济，上访、信访案件数量明显增加。

（五）改进措施

综上所述，尽管中国民事检察监督制度从1982年《民事诉讼法》修法以来不断发展，2012年《民事诉讼法》修订更是实现了民事检察监督制度的体系化革新，但民事检察监督制度的固有缺陷一直存在，从根本上长期制约了民事检察监督工作的发展。同时，监督者履行监督职能，其监督结果依赖被监督者的尴尬及监督者有限的监督能力也影响了监督效果，这是新修改民事检察监督制度实施以来，民事检察监督并未如立法预期有所强化反而弱化的主要原因。鉴于此，提出以下改进建议：

1. 强化监督的"保障"内涵

尊重和保障人权是我国《宪法》确定的基本原则，维护司法公正、保障法制统一是检察制度产生的重要依据。新的发展形势下，检察监督的社会作用不能只停留在"纠错"这种一元化层面上，更不应将权利救济混同为民事检察监督的功能，导致把监督重点放在解决民事纠纷，注重"案结事了"等一系列监督误区上。应回归"监督"作为"权利保障"和"权力保障"的本源。对法院诉讼活动的监督应以保障其权力运行独立性、依法性、公正性为重点，并通过对法院权力行使的保障，实现民事诉讼的双方当事人能够通过法律程序达到互明事理的社会效果，确保民事检察监督功能与现实社会基础的对应，为不同的权利要求提供保障和服务。

2. 贯彻"全面监督"理念

民事诉讼"两造"对抗中，行使诉权一方往往处于羸弱一方，民事检察监督的介入要以保障诉权依法行使、充分行使为重点，因此，应根据不同的实际情况，把监督的触角延伸到民事诉讼中的各个阶段，不但要对事（案件）进行监督，也要对人（司法人员及司法相关人）进行监督，形成以时间和空间分布交错的监督体系，全面防止当事人的诉讼权利被审判机关忽视或剥夺。就目前民事检察监督制度立法而言，应明确将非讼程序纳入检察机关的监督范围。《民事诉讼法》第14条"民事诉讼"的概念应当指民事的诉讼案件和非讼案件，然而，由于最高人民法院司法解释将宣告失踪、宣告死亡案件、督促程序案件、公示催告程序案件、破产程序案件等非讼案件排除在外，实践中，法院一般不受理检察机关对于非讼案件的监督，这使得这部分案件中，对于审判权的监督出现了真空，不利于对当事人诉讼权益的保护。因此，应当以立法形式明确规定检察机关有权对非讼案件进行监督，并规定相应的程序、监督方式和监督的法律后果等。

3. 准予检察机关随案监督

民事检察监督权对审判权有效发挥"制约"功能的前提是检察机关能够及时知晓审判权运行的状况，及时履行监督职责，以保证监督对审判权的"防""治"作用能够有效实现。然而，从目前的立法规定看，《民事诉讼法》规定的民事检察监督的事后监督方式，限制了检察机关介入民事诉讼的时间，使得大量的司法不公行为因时过境迁失去纠正的实际意义，或者因难以及时收集到证据而永远不可能得到纠正。《民事诉讼法》将民事检察监督规定为"事后监督"，本意是为了防止检察机关介入民事诉讼打破诉讼结构的平衡，造成对审判权独立行使的干涉和对当事人行使处分权的干扰。然而，从前文对于民事检察监督与相关诉讼原则之间的关系的分析和结论看，民事检察监督权只是一种"监视"权程序建议权，在民事诉讼中检察监督的具体对象是法官审理案件的行为是否合法，而非具体案件，不代表任何一方当事人的利益，既无法介入法官审理案件的具体思维中，影响法官对案件的裁处，检察机关也没有具体的权限对当事人的权利、义务、责任进行划分，因此以事后监督的方式限制民事检察监督权行使的强度，非但没有必要，反而使法官行使审判权当时，处于不被监督的情境之下，其审判（包括执行）案件时的违法行为，并不容易被在审判（执行）现场的不具有法律专业知识的当事人发现，即使被当事人发现，当事人也缺乏手段及时制止并阻止违法行为损害后果的发生，等到判决、裁定生效后再去申请检察监督，一则检察机关不在审判（执行）现场，审查、判断法官行为是否合法的依据主要依靠法院（一般是办案法官）自己装订的诉讼卷宗，难以确证违法行为；二则即使确证了法官的违法行为，可能该违法行为的后果已不可挽回，导致当事人权益不能通过检察机关监督审判权行使而得到保障。鉴于此，应赋予检察机关随案同步监督的权力，具体范围可限定在当事人申请而检察机关认为需要随案同步监督的案件，以及有关国家利益、社会公共利益的案件，以此保障民事检察监督权对于审判权的制约功能能够有效实现。

4. 明确检察监督的法律后果和法律责任

从现行民事检察监督制度运行的状况来看，存在保障监督效力的手段不足、缺乏后续程序和法律后果、法律责任等问题。最常见的是法律未规定检察建议的法律后果，致使实践中检察建议常不被受理、答复；即使对于刚性较强的抗诉监督，立法也未规定抗诉再审后法院拒不接受监督意见的后续处理措施，导致民事检察监督权对于审判权的制约无实质效果，既有损国家法制的统一、尊严和权威，也未达到民事检察监督的预期目的。明确民事检察监督权行使的法律后果和法律责任是法律规范完整性的要求和体现。就民事检察监督而言，不仅应明确监督的对象、范围、方式、手段，还应规定监督的法律后果和监督者无正当理由拒绝监督的法律责任。针对现行立法关于民事检察监督后果和责任的缺失，建议规定审判机关回复检察建议的程序和期限，规定检察建议或抗诉意见不被采纳后检察机关建议作出再审裁判或接收检察建议的审判机关的上级机关复查并作出答复的程序等（针对一审裁判抗诉的案件，可由当事人在再审宣判后上诉二审法院，不在此复查程序范围之内），对于审判机关既不采纳检察建议又不答复的，如属再审检察建议，可允许提出再审检察建议的检察机关的上级机关抗诉（突破现行《民事诉讼法》关于检察监督一次为限的规定），如属针对法院一般违法行为的检察建议，检察机关可通过其上级机关提请接收检察建议的法院的上级法院督促纠正等，以此加强检察监督"制约"的强度，保障监督的效果。

5. 规定"选择型"申诉制度和申请监督次数的例外情形

"选择型"民事申诉制度是指当事人不服法院的生效裁判，可选择向法院申请再审，或向检察院申请抗诉或检察建议，但选择向法院申请再审的，只能在现行《民事诉讼法》第209条规定的三种条件下，再向检察院申请监督；而选择了向检察院申请监督的，检察院已经审查的，不得再次向法院申请再审，且当事人申请检察监督一般以一次为限。从民事检察监督制度设置的初衷来看，民事检察监督应当更注重对两审终审程序的补充和救济，而现行《民事诉讼法》第209条的规定，却将民事检察监督救济的侧重点限制在经过审判监督程序而终审的案件，既违反了"有权力就必然有制约"的全面监督原则，限制了检察监督的范围，也违反了保障诉权自由、充分行使原则，限制了当事人向检察机关行使申诉权的时间和条件，不当延长了纠正司法不公案件的流程。"选择型"民事申诉制度设置当事人可以选择直接向检察机关申请监督，体现了当事人自由选择审查案件主体，处分民事纠纷中其合法私权的"意思自治"，将检察监督的范围依照民事检察监督制度原意扩大到对所有发生终审效力的判决、裁定上，有利于对当事人权益的全面、充分保护。同时，规定了当事人选择申请检察监督，就不能再向法院申请再审，且一般以一次为限，也体现了诉讼安定原则的要求，防止诉权滥用导致的多头申诉、重复申诉，有利于诉讼资源的合理配置。当然，司法实践中的情形千姿百态，鉴于此，应规定当事人申请检察监督一次为限的例外情形，例如，当事人有证据证明检察机关怠于行使职权、滥用监督权的，可以向该检察机关的上级机关申请复查或再申请监督一次，以充分保障当事人申诉权利的实现。

6. 确认检察机关主持下和解协议的效力

民事检察和解具有实践的可操作性，不仅有利于维护法院生效判决、裁定的效力，也有利于"执行难"等问题的解决，对于保障审判权行使的效果和维护当事人权益都具有重要意义。而且，赋予检察机关主持下和解协议的效力，与检察机关的监督属性并不冲突，因为法律监督的本质属性就是监视、督促法律正确遵守和执行，而民事检察和解协议虽然常常对判决、裁定已经确定的权利、义务重新划分，但本质上仍是检察机关通过主持和解，督促当事人执行法院判决、裁定，服从司法机关以法律方式对于纠纷的处理。

7. 明确检察机关对虚假民事诉讼进行监督

虚假民事诉讼是指当事人一方，或当事人之间、当事人与法官之间，通过冒充原告或其代理人身份、虚构案件事实、伪造关键证据、虚构裁判理由等方式，虚假诉讼、调解，意图侵害他人利益或规避国家法律规定的行为。据有关资料统计，虚假诉讼中当事人恶意串通或当事人与法官恶意串通，意图损害国家利益（如逃税、漏税等）、社会公共利益占相当大比例。对此，无论是从《民事诉讼法》第 200 条第 1 款第 3 项关于"原判决、裁定认定事实的主要证据是伪造的"的监督事由出发，还是从检察机关的公益代表职能出发，都应赋予检察机关对此类严重破坏诉讼秩序、破坏法律实施、危害司法公正和权威的行为进行监督的权力。

8. 确认检察机关督促起诉、支持起诉的法律地位

所谓督促起诉，是指检察机关并不直接提起公益诉讼，而是敦促其他具有公益诉讼的主体提起公益诉讼。对于公益诉

讼，检察机关保留最终的启动权。所谓支持起诉，是指检察机关依照《民事诉讼法》第15条的规定，对损害国家、集体或者个人民事权益的行为，支持受损害的单位或个人向人民法院起诉。从甘肃省检察机关探索公益诉讼的实践看，督促起诉、支持起诉作为检察机关在民事检察监督实践中的探索，已经被证明有效发挥了维护公益的作用，应作为检察机关参与公益诉讼的有效方式被立法所确认，以增强督促起诉、支持起诉在实践中的效力，规范其程序，保障其效果。

9. 明确检察机关提起公益诉讼的范围、程序和后果

检察机关独立提起公益诉讼始于1997年南京市某区检察院以原告身份起诉的一起古文化遗产管理者工商管理部门与一自然人合谋，将该遗产低价出让的案件，该案件中管理公益的工商管理部门本来就是损害公益者，因此检察机关以原告身份起诉，诉求得到法院支持，开创了检察机关独立提起公益诉讼的先河。此后各地对检察机关独立提起公益诉讼都有不同程度的尝试。2015年开始，根据党的十八届四中全会的要求，根据全国人大常委会的决定，最高人民检察院开始在全国13个省、市进行试点，最高人民法院亦出台司法解释，对人民法院受理人民检察院提起公益诉讼案件的范围等方面作出规范。两年来，各地试点情况为检察机关提起公益诉讼积累了有益经验，但也凸显出在公益诉讼范围、程序、后果等方面的立法依据不足，亟须立法予以规范，以利于公益诉讼更加有效的在实践中发挥效能。

10. 强化检察机关内部机制改革

从前面讨论可见，校正民事检察监督在实践中的误区、解决民事检察监督在实践中的问题，根本对策在于完善立法。当前形势下，为及时应对新修改民事检察监督制度的新要求、新挑战，克服民事检察监督工作面临的诸多困难，强化检察机关

内部机制改革是权宜之计。甘肃省检察机关在新法实施后，实行民事检察一体化改革、强化检务公开等措施，拓展了民事检察监督案源，促进了民事检察监督能力的提高，促进了各级检察院民事检察监督职能的转型；另外，一些地区尝试就再审检察建议启动法院再审的程序、范围与法院会签了文件，探索了提高再审检察建议效力的途径。甘肃省检察院为强化各级检察院职权的对应性，提高民事检察监督的效力和效果，促进全省民事检察监督工作尽快适应民事申诉制度改革新要求和民事检察监督制度新发展，在全省民事检察监督工作中试行了层级对应式申诉制度、抗诉案件分流制度、检法调联合式和解制度，取得了一定成效。

三、新修改行政检察监督制度实施状况评估与改进建议

人民检察院有权对行政诉讼实行法律监督，是《行政诉讼法》确定的一项基本原则。但是，从 20 多年的实践来看，行政检察监督职能发挥得并不理想，表现为行政申诉案件优质案源匮乏、监督难度大、监督成效有限等。2014 年 11 月 1 日，第十二届全国人民代表大会常务委员会第十一次会议通过了修改《中华人民共和国行政诉讼法》的决定。这是行政诉讼法颁布实施二十余年后首次进行的大幅度修改。这次《行政诉讼法》修改条款过半，着力想解决"立案难、审理难、执行难"的问题，充分体现了对行政权的约束，进一步加强了检察机关的监督职能。

（一）《行政诉讼法》修改对行政检察监督职能的影响

《行政诉讼法》修改对行政检察监督职能的影响主要体现在修改后《行政诉讼法》第 91 条、93 条及 101 条的规定中，根据这些规定，行政抗诉的事由进一步细化完善，除原有的

"有新证据足以推翻原判决、裁定的""认定事实、适用法律错误""违反法定程序"之外，增加了四项内容："不予立案或者驳回起诉确有错误的""据以作出原判决、裁定的法律文书被撤销或者变更的""审判人员在审理该案件时有贪污受贿、徇私舞弊、枉法裁判行为的"，扩大了抗诉范围，体现了检察机关对行政案件立案的监督，解决了实践中长期以来由于行政机关干扰导致的法院立案难问题。此外，修改后的《行政诉讼法》第93条还规定，行政检察监督可以通过提出检察建议的方式进行，丰富了行政检察监督的监督方式。另外，修改后的《行政诉讼法》第101条规定："人民检察院对行政案件受理、审理、裁判、执行的监督，本法没有规定的，适用《中华人民共和国民事诉讼法》的相关规定。"明确了行政检察监督的范围涵盖了案件受理、审理、裁判、执行的全过程，拓宽了行政检察监督范围。

（二）实施新修改行政检察监督制度存在的问题

修改后的《行政诉讼法》于2015年5月1日起正式施行。由于新法实施前，检察机关已经在实践中广泛运用检察建议这一新法明确的监督手段，以及督促起诉、支持起诉、行政公益诉讼等监督手段，对行政诉讼、行政执法行为进行监督，而至本章内容研究结束，新法仅实施几个月，相比检察机关在实践中已经广泛开展的行政检察监督工作，新法只是对实践中一些已经成熟的做法予以了明确或确认，因此，新修改行政检察监督制度实施以来，除受理行政诉讼申诉的案件数、立案数和提出检察建议数、抗诉数同比略有上升外，并未见新法实施前后的明显变化，行政检察监督在整个检察监督体系中仍处于薄弱地位，虽然达到了立法强化行政检察监督的目的，但相对党中央全面实施依法治国方略首先要依法治吏、依法行政的要求，和人民群众对行政执法要强化法律监督的较高期待，仍存在较大差距。

1. 监督规模小

2010年至2014年，甘肃省检察机关受理行政诉讼案件总数约占民事行政检察部门受理案件总数的5%，2015年至2016年，由于《民事诉讼法》修改，检察机关受理民事申诉案件数量的下降，同比检察机关受理行政申诉案件占民事行政检察部门受理案件总数的比率略有上升，但受理绝对数仍未有明显增加。

2. 监督比例失调

从监督结构看，行政抗诉案件规模小、抗诉改变率和再审检察建议采纳率不稳定，而行政执行监督案件规模虽小，但提出检察建议采纳率较高，支持起诉、督促行政机关履职等案件则规模较大、提出检察建议采纳率也较高，如2010年至2014年，甘肃省检察机关提出行政抗诉案件不足20件，抗诉案件数占受理行政申诉案件总数的比率最高一年为8%，最低一年为1.8%；抗诉改变率最高一年为100%，最低一年为33%，2015年以来这种状况并未得到大的改善；而2014年，甘肃省检察机关履行行政执行监督职责，对法院提出检察建议42件，全部被采纳，督促行政机关履行职责提出检察建议1513件，采纳1453件。

3. 探索工作执法不统一

为了有效应对全面推进依法治国进程的需要，解决现实中行政违法泛滥、扰乱法治秩序、损害公民合法权益等问题，从实质上强化行政检察监督，检察机关在实践中大力开展改革创新，探索尝试了行政公益诉讼、督促履职、支持起诉等立法未确立而在实践中行之有效的监督方式，填补了法律规定对一些领域的监督空白，在实践中取得了明显的效果，受到了广大人民群众的欢迎，但同时，由于无法律依据统一规范，各地开展此类探索工作一般依据当地省级检察院制定的工作制度（近期在全国 13 个省市开展的行政公益诉讼试点依据最高人民检察院发布的关于开展该试点的通知，但如何细化操作，仍由各地各级检察院自行探索制定），造成了不同地区执法不统一，影响了检察监督执法公信力。

（三）实施新修改行政检察监督制度面临的困难

制约行政检察监督工作的因素是多方面的，主要表现在：

1. 立法规定缺失

此次《行政诉讼法》修改，相比旧法，虽然在多方面加强了行政检察监督，但仍对一些学术界已经研究成熟的成果和司法实践中经试点已卓有成效的经验未予采纳，行政检察监督在立法上的困境并未全面突破，是掣肘行政检察监督制度全面实施、影响监督实效的根本原因，如未明确规定对法院执行环节的监督。行政机关不执行法院判决是行政诉讼中较为突出的问题，尤其是对作为被告行政机关败诉案件的执行更是如此。行政案件执行难表现在诸多方面，如行政案件执行率低、行政机关抗拒或变相抗拒执行、行政机关"开会"否定法院判决、行政机关采取不正当手段阻碍执行等。执行不力将使行政审判进一步陷入困境。修改后的《行政诉讼法》虽然在第 96 条增加了规定，将行政机关拒绝履行判决、裁定、调解书的情况予以公告；拒不履行判决、裁定、调解书，社会影响恶劣的，可以对该行政机关直接负责的主管人员和其他直接责任人员予以拘留，但这一规定要想在实践中得到落实，尤其是对行政机关主管人员和其他直接责任人员予以拘留并非易事，作为只有判断权的法院在面对强大的行政权方面处于弱势地位，让其主动对行政机关特别的行政机关的主管人员进行拘留，更是勉为其难。而作为同属于司法机关的检察机关，如果能参与其中，与法院一起共同监督行政诉讼案件的执行，无疑更有利于对抗强大的行政权，从而共同构成对行政权力的有效制约。《行政诉讼法》对于行政检察监督规定的缺失还体现在缺少对行政执法行为的监督、未确立行政公益诉讼制度等方面。前者在行政检察监督中广泛开展已被证明对于督促行政机关纠正其执法工作中的突出问题行之有效，后者可以解决行政违法行为给国家、集体或社会公共利益造成重大损失或有重大社会影响，却由于"法律上的有利害关系"的原告主体资格要求而无人提起行政诉讼，使得许多行政违法行为由于没有适格的原告而难以进入诉讼程序，无法达到对行政违法行为进行有效制约的问题，但此次修法均未涉及，使得检察机关开展此类监督仍需依据内部制定的规范性文件，一者造成各地执法不统一，二者由于内部规范性文件效力低、难以得到监督对象的认可，也在实践中影响了监督的效果。

2. 传统观念影响

长期以来，检察监督存在"重刑轻民、重民轻行"现象，即十分重视刑事诉讼的法律监督，而对民事行政诉讼法律监督重视不够，特别是对行政诉讼法律监督尤为不重视。民行检察部门在检察机关内部长期处于边缘地位，人员配置少，且多数是从其他业务部门调整过来，很多从事民行检察工作的干警不具备行政法学专业背景，对行政法学理论知之不多，研究不深，实践不够，影响了行政诉讼办案工作的开展，导致行政诉讼检察监督职能一再弱化，如甘肃省县区院民行检察机构和干警的配置较为薄弱，平均每个县级院仅为 2 人，13 个县级院仅为 1 人，有 4 个县级院尚未设立民行部门。目前，全省各级院民行检察工作均为合署办公，由于民事案件数量多于行政案件，在案多人少的压力下，检察机关工作的重心向民事案件倾斜，使得行政诉讼监督办案工作的开展受到相应制约和影响。

3. 监督能力不足

如部分干警在办理行政诉讼案件时不能准确把握原判决、裁定认定事实的证据是具体行政行为做出后所收集，原判决、裁定违反《行政诉讼法》规定的举证责任规则是行政诉讼所独有的特点，而参照民事诉讼的相关规定进行办理，导致案件办理中出现错误。又如，检察机关办理行政诉讼案件大多参照民事诉讼的有关规定，未能准确把握两种不同性质案件在办理中呈现出的不同特点，导致抗点把握不准确。雷某某申诉案中，因办案干警对法院在行政诉讼中对行政程序中采信的鉴定结论应当着重审查鉴定程序是否合法，而不是鉴定结果是否适当这一关键问题把握不准，混淆了民事诉讼中法院审查鉴定结论既审查鉴定程序是否合法又审查鉴定结果是否适当这一证据规则，导致提请抗诉意见错误。

4. 监督环境不利

实践中，由于人民群众对检察机关行政诉讼法律监督职能缺乏了解，即使对生效的行政判决、裁定不服，也不知向检察机关申请抗诉这一途径。同时，行政抗诉案件久拖不审、久审不决，导致当事人对检察机关的抗诉失去信心。检法内部办案环境方面，对行政案件总体形成了从严审查的传统习惯，检察机关受理的行政案件本身较少，通过立案审查、立案后将不符合抗诉条件或者缺乏证据证明可以再审的案件再度过滤，对符合抗诉条件但标的额小、侵权程度不大、抗诉后效果不好的案件不抗等审查"规则"使得可抗诉案件少之又少。与此同时，审判程序中法官通过协调、调解等方式解决争端，导致行政相对人非正当性撤诉，其中存在的程序违法、实体错误等问题均被行政相对人息诉罢访所掩盖，也使得因未参与调解过程的检察机关很难发现其中存在的问题，无法发挥监督作用。除此之外，受经费投入、人员编制等因素影响，法院受行政机关影响和干预的情况还大量存在，这也导致对于行政诉讼案件，法院受理和立案裁判的积极性不高，往往以不属于受案范围或其他理由不予立案，即使立案也一拖再拖，裁判周期较长，对自身裁判自我纠错的积极性更是不高，也影响了行政诉讼检察监督职能的充分发挥。

（四）实施新修改行政检察监督制度的改进建议

实施新修改行政检察监督制度是一个系统工程。修改后的《行政诉讼法》对有关行政检察监督职能的修正虽然取得了一定进展，但在加强检察监督职能方面仍然有待完善。党的十八届四中全会明确提出"完善对涉及公民人身、财产权益的行政强制措施实行司法监督制度""检察机关在履行职责中发现行政机关违法行使职权或者不行使职权的行为，应该督促其纠正""探索建立检察机关提起公益诉讼制度"情形下，如何克服立法不足，应对形势要求，仍是摆在立法机关和检察机关面前的重大课题，我们提出以下建议，以供参考：

1. 完善立法

我们针对新修改行政检察监督制度在实施中的立法缺失，应着重在立法中对以下方面加以完善：

（1）加强对行政诉讼执行环节的检察监督。为使行政诉讼的裁判，特别是行政机关败诉的案件得到尽快执行，检察机关对行政案件执行的监督方式，首先，可以强制要求行政机关在法定期限内说明不履行或怠于履行的具体理由；其次，在行政机关拒不说明理由或者提出的理由不正当或不充分时，检察机关可以再进一步向行政机关提出具有法律约束力的检察建议，行政机关必须在法定期限内予以答复；再次，对拒不履行裁判且社会影响恶劣的，检察机关可以对该行政机关直接负责的主管人员和其他直接责任人员予以拘留；最后，如果行政机关没有履行生效裁判且没有正当理由构成犯罪的，检察机关可以依照《刑法》第 313 条的规定，对行政机关的主要负责人按照"拒不执行判决裁定罪"来进行刑事追责。也就是说，对于拘留和刑事责任的追究，交由检察机关来做更为合适，也体现出法院与检察机关共同制衡行政权的配合与协作。

（2）强化检察建议监督方式。修改后的《行政诉讼法》明确了检察建议的监督方式后，检察机关应当出台司法解释对检察建议的适用范围、程序以及保障实施等方面的内容加以具体规定。建议检察建议主要适用于对行政审判程序、行政执行活动的监督，以及对行政机关在诉讼中的监督。

（3）探索建立行政公益诉讼制度。党的十八届四中全会明确提出探索建立检察机关提起公益诉讼制度。行政公益诉讼是随着公共利益保护日渐突出，随着从个人本位向社会本位立法思想的转变而诞生的。目前，对于行政公益诉讼的原告资格有不同的主张，出于保护和救济因违法行为受到侵害或威胁的公众利益的目的，法律在一些特殊领域赋予检察机关以"诉的利益"。当行政机关的违法行为侵害国家或公共利益时，由没有利害关系的检察机关向法院提起行政诉讼，使得违法行政行为进入司法程序，也能够达到规范行政权行使和对公共利益保护的目的。因此，建立由检察机关提起的行政公益诉讼制度，已经成为大势所趋。关于行政公益诉讼的受案范围，应当坚持有限性原则，范围不宜过大，涉诉行政行为侵犯的客体应当为国家利益和社会公共公益；案件来源上，可以考虑主动与被动相结合的原则。可以采取公民、法人或者其他组织向检察机关申请或者检察机关依职权发现两种来源。为达到对行政权的监督，应当在行政诉讼法中增加相应条款，明确检察机关提起公益诉讼的权力，并对行政公益诉讼的范围采取概括和列举并行的方式确定，明确行政公益诉讼提起的方式等。

（4）加强对行政执法行为的监督。对于行政检察监督工作而言，监督行政执法行为是一个非常必要而持久的工作，是未来发展的方向。十八届四中全会决定中也提出："检察机关在履行职责过程中发现行政机关违法行使职权或者不行使职权的行为，应该督促其纠正。"现阶段，立法直接赋予检察机关对行政执法行为进行法律监督的依据还不充分。笔者认为，为弥补立法不足，建议通过尽快修改《人民检察院组织法》明确赋予检察机关行政执法监督权。同时，建议立法机关出台关于行政执法检察监督的具体法律，对行政执法检察监督的性质、目的、地位、原则、范围、方式、程序、效力等作出明确规定，并赋予检察机关对行政执法行为的知情权、审查权、建议权、重大程序参与权、调查取证权等更加完备的检察权能，从而为检察机关实施行政执法检察监督提供明确的法律依据和操作机制。并且，还应明确规定行政主体接受检察监督的法定义务和具体的法律责任。行政执法检察监督的范围可确定为以下四个方面：一是对违法作为或不作为引起的国家利益或社会公共利益受到损害的行政案件，主要包括地方和部门保护主义、造成环境严重污染、破坏自然资源的行政乱作为和不作为等案件；二是涉及限制或剥夺公民人身和财产权利的行政强制案件，包括强制治疗、强制征收、强制拆迁等案件；三是涉及国有资源分配的行政许可案件，包括采矿、采伐、采水、采土、排污许可等；四是较强程度的行政处罚案件，包括处 15 日拘留、3000 元以上罚款等。

（5）进一步扩大行政检察监督对象范围。一是将审判程序中的审判人员扩大为人民法院工作人员。由于审判活动中，除了该案件审判人员外，其他法院工作人员也会影响裁判的合法作出（如说情、找关系等），这些人员的违法行为如需要启动法院的内部惩戒机制，作为法律监督机关的人民检察院有权建议法院启动内部惩戒机制。二是增加对行政工作人员的监督。在对行政诉讼依法进行监督时，人民检察院如果发现行政机关工作人员有违反政纪，有向该行政机关或者其上一级行政机关或者监察、人事机关行使检察建议权，建议给予必要的调查和惩戒。修改后的《行政诉讼法》第 66 条赋予了人民法院该项权力，作为国家法定的法律监督机关却不具有该项权力，是不合理的。三是应增加对规章以外的规范性文件的监督。实践中，规章以外的规范性文件的合法性问题比较突出，对于这些规范性文件的审查一直是理论和实践探讨的热点问题。修改后的《行政诉讼法》也对此进行了必要的完善，主要表现在第 63 条和第 64 条的规定。前者规定了法院裁判的依据，后者规定了"人民法院在审理行政案件中，经审查认为本法第 53 条规定的规范性文件不合法的，不作为认定行政行为合法的依据，并向制定机关提出处理建议"的方式。但是，如果人民法院没有发现该规范性文件违法，或者当事人在诉讼过程中没有发现或提出而超出了 2 年的再审申请期限不得不诉请至人民检察院时，人民检察院应该有相应的权力，例如向人民法院提出检察建议，由人民法院决定"转送有权机关依法处理"，或者自行向有权处理的机关行使检察建议权，建议该"有权机关依法处理"。这是由于规范性文件影响的是不特定多数人的利益，并且具有反复适用性，因而其危害不仅大、而且持续时间长，显然作为国家法律监督机关的人民检察院在维护国家利益、社会公共利益时应该具备该项检察建议权。

（6）进一步丰富监督方式与手段。修改后的《行政诉讼法》虽然明确了检察建议这一监督方式，但现有的抗诉、检察建议等方式无法满足检察机关的监督需要，也远远不能适应当前群众对于强大、庞杂的各项行政权实施强有力监督的需求。考虑到行政诉讼检察监督相较于民事诉讼检察监督的特殊性，由行政诉讼法提供更为有力的监督方式和手段则显得更为必要。笔者认为，在监督手段上，应当赋予检察机关调查核实权，尽管其不应上升到刑事侦查权的强度，但考虑到制衡行政权，平衡诉讼结构的需要，检察机关在行政诉讼中的调查核实权应等同于法院调取证据的强度，有关公民、组织及行政机关应当配合。在监督方式上，则可以增加建议更换办案人等方式，以适用于不同的监督情形。

（7）增强行政检察监督与追究刑事责任的有效衔接。在行政诉讼中，检察机关可以对行政机关的诉讼违法行为进行监督，但对于被诉行政行为则交由法院处理，检察机关只能通过间接的方式监督被诉行政行为。可以说，在行政诉讼中，任何行政违法行为的背后都或多或少隐藏着公务人员违反纪律甚至违法犯罪的情况，而公务人员的过错也会导致国家利益、社会公共利益的损失。作为责任追究部分，虽然《行政诉讼法》第66条规定："人民法院在审理行政案件中，认为行政机关的主管人员、直接责任人员违法违纪的，应当将有关材料移送监察机关、该行政机关或者其上一级行政机关；认为有犯罪行为的，应当将有关材料移送公安、检察机关。"但实际上，这些玩忽职守、滥用职权的行为极少通过行政诉讼程序进入刑事诉讼程序，这说明第66条并未得到很好的执行。法院在行政诉讼中，往往可能直接以行政裁判的下达作为审判终结的标志，而忽视了《行政诉讼法》赋予其责任追究权力的履行。因此，笔者建议，由检察机关根据公民、组织的申请或者人民法院的移送，对人民法院作出撤销判决、确认违法判决和赔偿判决进行审查，认为需要追究有关人员法律责任的，启动相关法律程序。

2. 加大工作力度

行政检察监督工作是实施新修改行政检察监督制度的有效平台。针对当前行政检察监督工作中存在的问题，应着力从以下几方面加大行政检察监督工作力度：

（1）转变监督观念。行政诉讼检察监督工作起步晚、底子薄，要促进其深入发展，领导重视是关键。各级检察院领导应当把行政诉讼检察监督工作作为事关检察工作科学发展的重大任务来抓，加强对行政诉讼检察监督工作的统筹规划和组织协调，经常听取汇报，帮助厘清思路，把好工作方向，在机构建设、人员配备、工作协调、办案经费、装备等方面提供保障。各级院检察委员会要加强对行政法律法规的学习，加强对行政诉讼法律监督工作的研究，加强对重大疑难复杂行政诉讼监督案件的讨论，切实发挥集体领导、审查把关作用。各级院检察长、分管检察长要深入研究行政诉讼检察监督工作规律、理论和实践问题，提出加强和改进工作的具体措施。要更加关心民行检察干警，及时了解思想动态，帮助解决工作、生活方面的困难，营造安心工作的良好环境。

（2）拓宽案源渠道。要加大民行检察工作宣传力度，积极开展法律咨询活动，通过与群众面对面进行交流，让群众充分了解行政诉讼检察监督的工作职责。宣传方式不限于上街宣传、散发资料，应当多与电视、报纸等媒体合作，要善于利用网络等现代科技手段做好宣传工作，特别是对一些抗诉成功的案例，充分展现行政诉讼检察监督工作的成效，提高行政诉讼检察监督工作影响力。要着力加强内外部沟通协调，加强与人大代表、政协委员、新闻媒体及其他行政机关的外部协调，建立信息沟通和案件移送机制。要按照立审分离的要求，加强与控申、案管部门的合作，进一步规范行政申诉案件的受理、立案工作，加快案件流转，提高工作效率。要加强与渎检部门的合作，把办理行政诉讼监督案件与发现、移送司法不公背后的职务犯罪线索有机结合起来，建立案件线索、处理结果双向移送工作机制。

（3）落实对诉讼全过程的监督。行政检察监督应当是对行政诉讼活动全过程和全方位的监督，包括事前监督、事中监督和事后监督。行政诉讼面临的"三难"，最突出的是立案难。公民、法人或者其他组织与行政机关及其工作人员发生纠纷，行政机关不愿当被告，法院不愿受理，导致许多应当通过诉讼解决的纠纷进入信访渠道，在有些地方形成了"信访不信法"的局面。为畅通行政诉讼的入口，应当加强对当事人的诉权保护。应当以修改后的《行政诉讼法》的贯彻实施为契机，加强对法院应当立案不立案、拖延立案、不出具书面凭证、不一次性告知等违反立案登记制度行为的监督。要坚持把抓好抗诉工作作为行政诉讼检察监督的中心任务，切实加大抗诉力度，确保抗诉质量，提高办案效果。要注意把握抗诉和再审检察建议的差别，根据不同情况合理选择、科学运用两种监督方式。此外，还应加强对行政执行行为的监督，尤其是加强对行政非诉执行的监督，此方面，福建省民行检察部门从环境保护、劳动和社会保障、国土资源等领域的行政处罚强制措施执行案件入手，在帮助行政机关解决执行难的同时，重点将八类案件作为行政非诉执行监督的重点和切入点，有力促进了依法行政，为检察机关监督非诉执行行为提供了可资借鉴的经验。

3. 强化队伍建设

要积极适应行政检察监督职能拓展、案件涉及面广、专业性强的客观要求，在加强队伍建设上下功夫，努力建设一支高素质的行政诉讼检察监督队伍。要注重内部挖潜，合理调配力量，把熟悉行政法律专业的人员调整充实到行政检察岗位上来，并从各方面关心爱护行政检察干警，保持行政检察队伍特别是业务骨干的相对稳定。要加大专业人才引进力度，加快培养一批法律功底深厚、工作经验丰富的行政检察监督业务专家和办案能手。要着力提高队伍整体素质和法律监督能力，加大教育培训力度，突出抓好适用法律、收集审查判断证据、出庭支持抗诉、群众工作能力等方面的培训，强化岗位练兵，积极与法院联合开展混合培训、实训，提升队伍理论素养和实战能力。要深化工作机制创新，进一步探索在行政检察监督工作中贯彻落实检察工作一体化、法律监督调查等机制的有效途径，认真落实与法院的监督制约与协调配合机制，积极开展信息共享、经常性联系等工作，切实提升监督能力、提高监督效率、增强监督效果。

第三章　民事申诉制度改革与检察监督[*]

引言

民事申诉制度与民事检察监督制度是我国民事审判监督制度的重要组成部分，民事申诉与民事检察监督既相互独立，又相互关联，相互影响。长期以来，无论是理论界还是实务界，对民事检察监督制度的争论从未停歇，[①] 而民事检察监督运行的具体程序规则迄今为止尚不明确，民事申诉制度的立法内容因此成为人们认识民事检察监督的重要参照，影响着民事检察监督的理念、模式、格局和操作方式。本章内容以剖析民事申诉与民事检察监督的相互关系为逻辑起点，客观归纳现行民事申诉制度影响民事检察监督的基本表现，深入分析 2012 年民事申诉制度改革给民事检察工作带来的风险和挑战，揭示展现民事申诉制度作用于民事检察监督制度的内在机理和结构性问

　＊　本章内容系最高人民检察院 2013 年度重点课题研究报告，编号 GJ2013B，于 2014 年 5 月结项；全文收入王守安：《中国检察》（第 24 卷），中国检察出版社 2015 年版；2016 年被甘肃省委、省政府评为第十四届社会科学、哲学优秀成果特别奖；课题研究报告阶段性成果《中国民事检察监督制度的法理思考》，载《西南政法大学学报》2013 年第 5 期、《检察监督中民事申诉影响力评析》，载《兰州大学学报》（社会科学版）2014 年第 5 期。课题研究报告收入后，作者根据课题结项后的情况变化作了相应的修改。

　①　扈纪华：《关于民事诉讼中的检察监督问题》，载《河南社会科学》2011 年第 1 期。

题，从实践层面澄清认识，为检察机关依法、正确发挥民事检察监督职能提供理论指导，在制度层面提出推动民事检察监督制度与民事申诉制度协调共进的改进措施，为民事检察监督工作科学、健康发展提供有益参考。

一、民事申诉与检察监督的相互关系

民事申诉是一种诉讼性质的司法申诉，① 是指民事诉讼当事人或其法定代理人对人民法院生效的民事判决、裁定、调解书，向人民法院提出再审申请，或向人民检察院提出监督申请，请求抗诉或提出检察建议的行为。② 民事检察监督是指检

---

① 通过北大法宝进行检索，除《宪法》第 41 条规定"申诉"外，在全国人大常委会制定的法律中，共有 33 个文本规定了"申诉"，学者将其按性质分为非诉讼性质的申诉和诉讼性质的申诉，宪法基本权利的申诉、作为行政法上一种正式救济权的申诉、作为启动诉讼再审程序的申诉和作为启动行政程序重新开始的申诉，以及司法申诉、行政申诉、选举申诉和党团申诉等，本章内容研究讨论的民事申诉是启动诉讼再审程序的申诉，具有诉讼性质，向司法机关提出，属司法申诉。

② 《民事诉讼法》第 199 条规定："当事人对已经发生法律效力的判决、裁定，认为有错误的，可以向上一级人民法院申请再审；当事人一方人数众多或者当事人双方为公民的案件，也可以向原审人民法院申请再审。当事人申请再审的，不停止判决、裁定的执行。"《民事诉讼法》第 201 条规定："当事人对已经发生法律效力的调解书，提出证据证明调解违反法律的，可以申请再审，经人民法院审查属实的，应当再审。"《民事诉讼法》第 209 条规定："有下列情形之一的，当事人可以向人民检察院申请检察建议或抗诉：（一）人民法院驳回再审申请的；（二）人民法院逾期未对再审申请作出裁定的；（三）再审判决、裁定有明显错误的。人民检察院对当事人的申请应当在三个月内进行审查，作出提出或者不予提出检察建议或者抗诉的决定。当事人不得再次向人民检察院申请检察建议或者抗诉。"

察机关依法对人民法院已生效裁判、调解书和参与的其他民事诉讼活动进行监督的行为。① 《民事诉讼法》中民事申诉制度和民事检察监督制度的内容主要规定在第 16 章 "民事审判监督程序" 中。最高人民检察院 2013 年 9 月 23 日开始实施的《人民检察院民事诉讼监督规则（试行）》（高检发释字〔2013〕3 号，以下简称《监督规则》）对之进行了细化、补充，分析这些规定，民事申诉与民事检察监督的关系主要体现在以下四个方面：

（一）目标的统一性

民事申诉与民事检察监督是我国《民事诉讼法》规定的民事审判监督程序的重要组成部分，二者的程序价值目标统一于民事审判监督程序追求的公正、效率、秩序安定等共同价值中。②

1. 共同实现 "权利救济"

民事申诉的直接目的是请求人民法院或申请人民检察院履行监督职能促使人民法院启动再审程序，纠正当事人认识中的 "错误" 裁判，救济其在该 "错误" 裁判中未能得到司法确认

---

① 《民事诉讼法》第 14 条规定："人民检察院有权对民事诉讼实行法律监督。"第 208 条、235 条规定人民检察院可对人民法院已经生效的判决、裁定、损害国家利益、社会公共利益的调解书以及审判人员的违法行为、民事执行活动进行监督。同时，根据该法第 209 条的规定，人民检察院对于人民法院驳回再审申请、逾期未对再审申请作出判决或裁定的调解书，根据当事人申请，也可进行监督。

② 邵明：《现代民事诉讼基础理论——以现代正当程序和现代诉讼观为研究视角》，法律出版社 2011 年版，第 26 - 28 页。

的合法权益，获得实体法上的具体法律地位或具体法律效果，[①]请求权利保护和权利救济是其本质规定性和出发点。民事检察监督的直接目的虽然是防止司法腐败，维护司法公正，保障国家法律的统一实施，但《民事诉讼法》规定民事检察监督制度的背景是近年来民事审判活动中存在金钱案、人情案、关系案，需要借助检察机关外部监督机制，在一定程度上遏制司法不公现象，给当事人多一种救济手段，[②] 因此，应当事人权利救济的请求，实现权利救济也是民事检察监督的价值追求。

2. 共同寻求裁判真实

现行民事诉讼制度下，民事申诉意欲救济的实体利益和保障的法律地位须通过启动再审，使得原生效裁判认定的案件事实回归"真相"来实现；民事检察监督维护司法公正，维护司法权威，维护国家法律的统一实施，须通过确定生效裁判所依据的案件事实是否"真实"以判别审判权是否公正来决定监督与否、如何监督。《民事诉讼法》规定当事人申请监督和民事检察监督启动的实质核心条件都是"已生效的判决、裁定确有错误"，恰恰体现了民事申诉与民事检察监督追求裁判真实，保障裁判"正确性"的一致性。

3. 共同追求"司法效率"

司法效率是民事申诉与民事检察监督同为司法程序所体现的程序正义应然的价值追求。《民事诉讼法》第 209 条规定当事人已向人民法院申诉申请再审为向人民检察院申诉申请再审

---

① 汤维建主编：《民事诉讼法学原理与案例教程》，中国人民大学出版社 2006 年版，第 28－29 页。

② 扈纪华：《民事诉讼中的检察监督问题》，载《河南社会科学》2011 年第 1 期。

的前置条件；当事人向人民检察院申诉申请抗诉或提出检察建议，已经检察机关审查处理的，不得再次向人民检察院申请抗诉或提出检察建议；检察机关审查监督申请必须在 3 个月内作出决定，充分体现了民事申诉与民事检察监督对于"司法效率"的共同追求，目的是防止重复申诉和审查监督申请久拖不决，使得当事人向人民法院申诉与当事人向人民检察院申请监督等民事申诉各个环节更加有机衔接，司法资源尽可能优化配置、有效利用。

4. 共同维护司法公正

我国民事诉讼制度规定民事申诉制度，是基于当事人的公平审判权受到侵害的事实。[1] 从民事裁判的角度上说，公平审判权具体包括两方面的内容，一是诉诸人民法院的权利，即任何人在其民事权利受到侵害或与他人发生争执时，有请求独立的合格的司法机关予以司法救济的权利；二是公正审判请求权，即当事人在其权利受到侵害时或与他人发生争执时有获得公平审判的权利，包括获得公正程序审判的权利和获得公正结果的权利。[2] 换言之，如果审判机关能够公正执法，平等对待当事人，保障双方当事人充分行使各项诉讼权利，保证裁判的公正、合理，就无须构建民事申诉制度。由此，维护司法公正不仅是民事检察监督制度设立的基础和基本价值目标，也是民事申诉制度不懈的价值追求，是当事人请求救济的合法权益得以实现的根本保障。当然，由于民事申诉或民事检察监督引起的民事再审是一种非通常性、非普适性、事后性的特殊救济渠

---

[1] 冉富强：《宪政背景下我国民事申诉制度之检讨》，载《河北法学》2009 年第 3 期。

[2] 刘敏：《论裁判请求权》，载《中国法学》2002 年第 6 期。

道，民事申诉只能是在有限纠错观主导下请求司法机关维护司法公正，民事检察监督也只能在有限范围内维护司法公正，否则将会对裁判的确定性、程序的安定性与高效性、司法的终局性等价值或原则造成过度损害，损害司法权威，破坏社会法治信仰。

（二）程序的关联性

1. 民事申诉是检察监督的案源

根据《民事诉讼法》第208条、209条和《监督规则》第23条的规定，民事检察监督的案源包括当事人向人民检察院申请监督、当事人以外的公民、法人和其他组织向人民检察院控告、举报和人民检察院依职权发现。《监督规则》进一步规定，当事人可以在下列情形下申请检察监督：一是已经发生法律效力的民事判决、裁定、调解书符合《民事诉讼法》第209条第1款的规定；二是认为民事审判程序中审判人员存在违法行为；三是认为民事执行活动存在违法情形，当事人申请监督是民事检察监督的重要案源。

2. 检察监督是申诉请求实现的途径

2012年修订的《民事诉讼法》实施前，当事人向人民法院申诉与当事人向人民检察院申诉实行并轨制，当事人可以选择向法、检两院任一机关申诉，也可以选择同时或先后向法、检两院申诉，当事人向人民法院申诉与当事人向人民检察院申诉并没有程序上的关系。2012年修订的《民事诉讼法》第209条规定，当事人只有向人民法院申诉申请再审，人民法院驳回再审申请的，或者逾期不答复的，或者再审判决、裁定确有错误的，当事人才可再向人民检察院申诉申请检察监督，且当事人申请检察监督以1次为限，当事人申诉申请检察监督由此成为当事人寻求公力救济的终极途径。

（三）功能的互补性

1. 权能上相互补充

为进一步畅通民事申诉渠道，现行《民事诉讼法》第 199 条和第 201 条规定，当事人认为有错误的已生效判决、裁定，提出证据证明已生效的调解书，不属于解除婚姻关系的，都可以向人民法院申诉申请再审。但民事审判监督制度之所以产生，很大程度上就是为弥补非正当行使的审判权对民事起诉权、民事上诉权等民事诉权的侵害，当事人申请人民法院再审，也同样不能排除因审判权在再审申请审查活动中非正当行使受到侵害。此外，自我纠错毕竟是艰难的，法官受知识基础、认识水平、能力限制等影响，也不可能使所有必须纠正的错误裁判得到纠正，民事检察监督程序的设置则为这些情形的发生提供了补救的途径。当事人申请人民法院再审后，如果人民法院审查再审申请是合法的，自我纠错机制发挥了作用，纠正了确有错误也有必要纠正的裁判，则民事检察监督是"旁观"的、"默然"的，反之，当事人可以申请检察监督，检察监督将发挥补救功能，尽可能保障申诉权得到公正对待。民事申诉对于民事检察监督权能的运行，也具有相似的补充性。根据《民事诉讼法》第 208 条的规定，民事检察监督是一种事后监督，这就决定了检察机关对于审判权的行使状况和民事诉讼活动没有直接的知悉渠道。《民事诉讼法》第 209 条有关当事人向检察机关申请监督的规定为民事检察监督履行职能提供了线索，在一定程度上弥补了民事检察监督知悉权能的立法缺失，减轻了由此导致的监督功能实现障碍。

2. 民事申诉引导着检察机关办案的方向

《监督规则》第 47 条规定，人民检察院审查民事诉讼监督案件，应当围绕申诉人的申请监督请求以及发现的其他情形，对人民法院民事诉讼活动是否合法进行审查；其他当事人也申请监督的，应当将其列为申请人，对其申请监督请求一并审查。《监督规则》第 75 条第 1 款规定，申请人撤回监督申请或者当事人达成和解协议，且不损害国家利益、社会公共利益或者他人合法权益的，申请监督的自然人死亡，没有继承人或者继承人放弃申请，且没有发现其他应当监督的违法情形的，人民检察院应当终结审查。这意味着在检察机关依申诉申请履行民事检察监督职能时，当事人申请监督的内容是民事检察监督审查的切入点，指引着审查的方向；当事人在检察机关审查案件期间，对于监督申请的处理方式，影响着检察机关对案件的审查处理态度，指引着案件办理的进程。另外，检察机关对于大部分民事申诉案件作息诉处理，民事申诉的内容使得检察机关得以了解当事人进行民事诉讼的真正目的，从而制定服判息诉工作策略，找到恰当的切入点，采取适当的方式，有效达到服判息诉工作目的。

（四）法律后果的独立性

民事申诉与民事检察监督具有不同的性质，民事申诉是一种请求司法机关审查监督的权利，民事检察监督的对象是民事诉讼活动中的审判权，二者在民事审判监督程序中具有独立的价值，引起的法律后果具有相对独立性。

1. 申诉不必然启动监督

当事人申诉申请检察监督仅是引起民事检察监督程序启动的渠道之一。根据《监督规则》第 93 条、101 条、104 条的规定，如果检察机关受理当事人监督申请后，经审查，认为当事人申请监督的人民法院生效判决、裁定或调解书不符合应当抗诉或提出检察建议的法定事由，或者当事人申请监督的审判人员行为、民事执行活动不存在或不构成违法情形的，检察机关有权做出不支持监督申请的决定，当事人申请检察监督不必然引起民事抗诉或检察机关提出检察建议的法律后果，当事人申诉具有一定的风险，即使监督申请不被检察机关支持，也不能以其申诉权对抗检察机关的监督权。

2. 申诉事由不必然是监督事由

依当事人申请启动的民事检察监督事由不必然是申请监督的事由。根据《监督规则》第 47 条的规定，人民检察院审查民事诉讼监督案件，应当围绕申请人的申请监督请求以及发现的其他情形进行，但审查的直接对象仍是民事诉讼活动，亦即检察机关审查当事人申请监督请求是否成立，目的是判断人民法院审判权是否合法行使，仍然是对民事诉讼活动中的审判权进行监督制约，因此，检察机关审查申请监督请求是一种中立和积极的审查，审查内容和结果具有独立性，不应局限于当事人的申诉理由。即使检察机关作出的不支持监督申请或抗诉、提出检察建议的决定不利于当事人，即使检察机关抗诉或提出检察建议的理由与当事人申请监督理由不一致，检察机关亦应当以监督职能为先，否则仅考虑当事人利益则难以避免混淆自身职责定位之嫌。

3. 申诉撤回不必然影响监督进程

实践中，当事人向检察机关提出监督申请后，在检察机关审查案件期间，常出现通过撤回监督申请，与申诉对方当事人达成和解协议的方式使申请检察监督没有必要继续进行，有时也会出现申请监督的自然人死亡，没有继承人或者继承人放弃申请等情形，对此，《监督规则》第 75 条第 1 款规定，只有以上情形不损害国家利益、社会公共利益或者他人合法权益且检察机关在审查期间没有发现其他应当监督的违法情形的，人民检察院才应当终结审查。可见，当事人对监督申请的撤回、变更、放弃，虽然对民事检察监督的进程有一定影响，但不产生人民检察院终结审查的必然法律后果。

二、民事申诉制度影响检察监督的基本表现

有关民事申诉的内容最早见于 1982 年《民事诉讼法》，1991 年《民事诉讼法》正式颁行后历经两次修订，逐渐疏通了当事人申请再审的渠道，明确了当事人申请再审或检察监督的条件和法律后果，细化了再审和检察监督事由，规范了法院、检察院审查民事申诉的期限，民事申诉制度的宪法定位逐渐落实，内容持续充实和完善。与此同时，民事检察监督制度完善的步伐却相对缓慢，迄今为止，没有明确、具体地规定民事检察监督的具体程序①，在此情况下，相对明确、与民事检察监督密切相关的民事申诉制度立法内容成为人们认识民事检察监督的重要参照，影响着民事检察监督的理念、模式、格局和对争议问题的处理，影响着民事检察监督的运行状况、效果和公信力。

（一）民事申诉制度对于检察监督理念的影响

理念决定思维轨迹，决定推理判断，是指导制度设计和具体操作的理论基础。② 考察目前主导民事检察监督制度设计和民事检察监督实践的理念，其中很大一部分体现了民事检察监督制度与民事申诉制度的功能协调、价值平衡和结构融通。

1. 居中监督：保障当事人平等的诉讼地位

历次《民事诉讼法》一直将当事人规定为民事申诉主体，

---

① 扈纪华：《民事诉讼中的检察监督问题》，载《河南社会科学》2011 年第 1 期。

② 韩成军：《民事行政检察监督与公平审判权的实现》，载《国家检察官学院学报》2012 年第 6 期，第 39 - 42 页。

在规定民事申诉、民事检察监督中的各项权利、义务时，一律使用"当事人"一词，而未使用"申诉人"一词。《监督规则》第47条要求检察机关应对各方当事人的申请监督请求均予以审查，体现了民事申诉制度要求民事检察监督贯彻民事诉讼当事人地位平等原则，仅以法律为依据，尊重事实和证据，在民事检察监督中与各方当事人保持"等距"的居中监督理念，目的是避免检察机关因当事人申诉申请监督而成为申诉一方当事人的代理人，保障公正监督，提高民事检察监督的执法公信力。

2. 有限监督：对应申诉的有限救济功能

历次《民事诉讼法》都规定，民事申诉只能针对已经生效的民事判决、裁定、调解书进行，且申诉结果具有不确定性；2012年《民事诉讼法》第209条进一步限缩了当事人申请检察监督的条件，体现了民事申诉救济功能的有限性，要求检察机关为避免民事申诉对裁判的既判力、程序的安定性及司法的权威性造成过度损害，浪费有限的司法资源，必须首先促使当事人充分运用上诉和申诉申请人民法院再审等权利，防止依当事人申诉启动民事检察监督程序提出抗诉的随意性，体现了民事申诉制度对于民事检察监督有限监督的要求。

3. 多元监督：满足多样化的申诉诉求

2012年修改的《民事诉讼法》实施前，当事人对于已生效的民事判决、裁定、调解书，除解除婚姻关系的、调解书不属违反自愿和合法原则的，既可以向人民法院申请再审，也可以向人民检察院申请监督；2012年《民事诉讼法》虽然将当事人申请再审作为当事人申请检察监督的前置程序，但当事人向人民法院申请再审后，只要具有《民事诉讼法》第

209 条规定的"人民法院驳回再审申请""逾期未对再审申请作出处理""再审判决、裁定有明显错误"三种情形之一的，仍然可以向人民检察院申请监督。同时，根据《监督规则》的规定，当事人不仅可以针对生效的民事判决、裁定、调解书申请检察监督，还可以申请检察机关对违法民事审判行为、民事诉讼活动中的违法行为申请监督，体现了《民事诉讼法》鼓励当事人充分表达诉求、全方位监督司法权力的司法民主化精神，要求检察机关应对越来越多样化、复杂化的当事人诉求，多维思考，多措并举，灵活运用各种监督方式多元监督，保障检察机关充分、有效履行民事检察监督职能，维护司法公正，维护当事人合法权益。

4. 谦抑监督：避免干涉申诉中私权自治

历次《民事诉讼法》都规定民事检察监督是一种"事后"监督。修订前的《民事诉讼法》规定检察机关只能对民事审判活动进行监督，没有明确规定检察机关可以对民事执行活动、民事调解书进行监督；现行《民事诉讼法》实施后，检察机关只能对损害国家利益、社会公共利益的调解书进行监督。检察机关受理民事申诉申请监督，必须以当事人已向人民法院申请再审被驳回、人民法院逾期未予审查再审申请或再审判决、裁定确有错误为前提，以此要求民事检察监督必须保持足够的谨慎、自制和谦逊，以必要为前提谨慎介入民事诉讼，即使介入也必须以当事人已穷尽人民法院救济手段为前提，尽量避免与其他机关的冲突以及对公民生活的过度干预。这一要求旨在保障民事检察权理性行使，避免民事检察权的过度膨胀而干涉其他国家权力和公民私权的行使。

5. 全面监督："终极"作用的贯彻落实

从现行民事申诉制度规定的民事检察监督在民事审判监

督程序中的位次看，当事人向人民法院申诉申请再审是当事人向人民检察院申诉申请抗诉或检察建议的前置程序，且当事人向人民检察院申诉申请抗诉或检察建议以 1 次为限，这使得民事检察监督成为当事人寻求公力救济的终极途径，要求检察机关履行民事检察监督职能，必须全面审查案件事实、证据、程序等各个方面和一审、二审、人民法院答复、处理当事人申诉申请人民法院再审等各个环节，以此充分保障民事检察监督对于当事人合法权益和司法公正的"终极"作用有效发挥。

（二）民事申诉制度对于检察监督模式的影响

中国民事诉讼模式正处于由职权主义向当事人主义的转换过程中①，民事申诉制度很多内容体现了这种态势。实践中，民事检察监督模式受其影响，也在很多方面体现了"当事人主义"思想。

1. "不告不理"为主的受案模式

《民事诉讼法》一直规定检察机关有"依职权发现"和"依当事人申诉申请监督"两种监督途径。尽管我国实行与职权主义相近的民事诉讼模式，民事检察监督作为制约和督促审判权公正行使的公权力，具有相对能动性，强度至少不应小于审判权；尽管《民事诉讼法》规定检察机关依职权发现与当事人申诉申请监督两种民事检察监督的受案途径，并无主次之分，但《民事诉讼法》对于检察机关"依职权发现"的条件、途径等并无细化规定，使得检察机关"依职权发现"这种监督途径在实践中可操作性不强。《民事诉讼法》

---

① 汤维建：《民事检察监督制度的定位——以民事诉讼法新修改为基准》，载《国家检察官学院学报》2013 年第 3 期。

第 209 条明确规定了当事人申诉申请监督的条件、范围、程序，加之以全国人大常委会法工委民法室副主任扈纪华为代表的立法机关学者主流观点认为，检察监督应当尊重当事人在法律规定范围内的处分权，除损害国家利益、公共利益和违法犯罪损害司法公正的以外，一般应以当事人申诉作为审查案件、提出检察监督的前提和基础。① 《监督规则》第 41 条对检察机关依职权进行监督亦采取了谨慎态度。② 实践中，检察机关较少通过"依职权发现"途径启动民事检察监督，当事人申诉申请监督成为民事检察监督受理案件的主要来源，既体现了民事检察监督中检察机关与民事申诉当事人的适度关系，也导致当事人普遍将民事检察监督等同于与上诉审程序类似的救济程度，将检察机关视作"法官之上的法官"，从而对民事检察监督的期望偏离了检察机关在民事检察监督中的定位，对民事检察监督的职能造成了一定程度的误解。

2. 救济权利为主的审查模式

众所周知，民事审判程序的主要功能是救济当事人合法权益，而民事检察监督的主要功能是对审判机关运用法律的行为实行法律监督，当事人申诉申请监督的请求只是人民检察院借以发现审判权违法行使的线索，检察机关审查当事人申诉申请监督的请求是否成立，只是评判审判权是否违法行

---

① 扈纪华：《民事诉讼中的检察监督问题》，载《河南社会科学》2011 年第 1 期，第 6 页。

② 《监督规则》第 41 条规定，具有下列情形之一的民事案件，人民检察院应当依职权进行监督：（一）损害国家利益或者社会公共利益的；（二）审判、执行人员有贪污受贿、徇私舞弊、枉法裁判等行为的；（三）依照有关规定需要人民检察院跟进监督的。

使的证据和参照。然而，长期以来，《民事诉讼法》一直规定当事人向人民法院申请再审和当事人向检察机关申请抗诉的并轨申诉模式，并规定人民法院决定再审的事由与人民检察院决定抗诉或提出检察建议的事由为同一事由，使得实践中，当事人容易将民事检察监督的职能与民事审判程序的职能混同，认为检察机关就是审判机关之外的另一纠纷裁断机关和权利救济机关。现行《民事诉讼法》第209条规定当事人向人民法院申请再审是当事人向人民检察院申请监督的前置程序，进一步加深了这种误解①，造成检察机关若不支持监督请求，当事人就常常申诉不止、上访不止。在此情况下，实践中，民事检察监督常将当事人申请监督请求，尤其是涉及实体权益的请求是否成立，作为审查的重要任务，并围绕当事人申请监督请求是否成立而非民事诉讼活动是否合法答复当事人和进行释法说理，希望通过监督救济当事人合法权益，强化民事检察监督权威，也希望做好息诉工作，避免不支持监督请求后当事人缠诉缠访。

3. 当事人为中心的审结模式

从本质上说，民事检察监督是一种公权职能，是公权力对公权力的监督，民事当事人并不是民事检察监督的当事人，检察机关也不是民事申诉中当事人的代理人，民事检察监督是否启动，无须对民事申诉中的当事人作出答复和解释。但长期以来，民事检察监督以当事人申诉为主要案源，现行《民事诉讼法》进一步将民事检察监督定位成当事人合法权益的终极救济途径，当事人向检察机关申诉又怀有救济其权益的期望，因此实践中形成了检察机关决定抗诉或提出检察

---

① 下文将详述。

建议的，向人民法院送发抗诉书或检察建议文书，对当事人不作出书面答复和解释；而决定不抗诉和不提出检察建议的，只向提出监督申请的当事人作出《不支持监督申请》的书面答复和解释，形成了监督对象与监督决定文书送达对象不对称的审结模式，一方面体现了司法民主化要求下检察机关对当事人必要的尊重，另一方面也可能使民事检察监督的性质和检察机关在民事检察监督中的立场受到更深的误解。①

4. 类似于申诉一方当事人代理人的出庭地位

《民事诉讼法》没有明确规定检察机关出席民事抗诉再审法庭的任务。实践中，民事检察监督绝大多数依当事人申诉启动，检察机关作出抗诉决定的过程包含对当事人申请监督请求的审查，本身不可避免地带有一定的倾向性；一些检察人员在民事抗诉再审审理和列席审判委员会时，为抗诉意见支持的申诉一方当事人的权益据理力争，也使得人民法院认为检察机关在抗诉中代表当事人利益，导致在现行法律和司法解释没有细化规定检察机关在民事抗诉再审案件中的地位的情况下，再审法庭往往将检察机关出席再审法庭称为"支持抗诉"，将检察机关出庭人员的座位安排在申请检察监督的当事人同侧上首，就申诉对方当事人在再审审理中提交的证据，请检察机关出庭人员发表意见，使得检察机关在民事抗

---

① 民事申诉中的当事人申请检察监督不外乎两种请求：一是申请抗诉；二是申请检察建议，然而，检察机关作出抗诉或不抗诉以及是否提出检察建议的决定是依法履行职责对案件全面审查后对民事诉讼活动是否合法的独立判断，决不是因为是否支持当事人的申诉请求，而"不支持监督申请"的表述则易使人误认为检察机关在民事检察监督中的任务就是审查申诉人申请监督的请求是否成立，检察机关由此也可能被认为违反中立地位带立场办案。

诉再审案件中的地位类似于申诉一方当事人的代理人。

（三）民事申诉制度对于检察监督格局的影响

经过两次修订，《民事诉讼法》逐渐明确了检察机关受理民事申诉的范围、条件、依民事申诉启动抗诉或检察建议的事由、方式、机关、程序等，民事检察监督在民事申诉制度影响下，也逐渐形成了以下格局：

1. 各级检察院都受理申诉案件

一直以来，《民事诉讼法》对于当事人就何种范围、何种事项的何种监督请求向哪一级人民检察院申诉没有作出规定，实践中，当事人可以向任何一级人民检察院申诉，包括对其监督请求有法定处理权的人民检察院和没有法定处理权的人民检察院。受理申诉的任何一级人民检察院都可以对当事人申诉申请监督的案件进行审查，根据各自职权作出抗诉、提请抗诉、提出检察建议的决定。任何一级人民检察院无论对案件有无抗诉权，都可以对申请抗诉监督的请求作出不支持监督申请的决定。

2. 申诉泛、息诉多、监督少

为畅通申诉渠道，《民事诉讼法》规定了较广的当事人申请检察监督的范围。相比之下，检察机关只在当事人申请检察监督符合修订前《民事诉讼法》第 179 条和现行《民事诉讼法》第 200 条规定的有限情形下才能够抗诉或提出检察建议。2012 年修订的《民事诉讼法》实施后，《监督规则》第 30 条至第 33 条进一步限缩了检察机关依当事人申诉进行检察监督的范围。即凡是不符合这些规定条件的，如申请监督材料不完备、申请监督的生效裁判是一审生效且未经上诉、申请监督的审判人员违法行为或者民事执行活动违法情形尚未依照法律规定提出异议、申请复议或者提起诉讼等，检察机关都不予受理。甘肃省检察院 2013 年受理不服生效裁判的民事申诉案件 418 件，民行部门仅决定受理 76 件，连同下级院提请抗诉的 133 件，共决定监督 46 件（抗诉和提出再审检察建议），息诉 151 件，这意味着立法虽然赋予当事人自由、广泛的申诉权，但申诉要求维护的权益通过民事检察监督落实的通道却并不宽敞。一方面体现了司法的民主化和立法者对于民事检察监督介入民事诉讼的谨慎态度，另一方面造成了实践中申请民事检察监督的案件居高不下，检察机关受理审查任务和息诉任务繁重，而申诉无果案件占较大比例，民事检察执法公信力受到严重影响。

3. 实体监督强、违法监督弱

民事检察监督是一种事后监督，检察人员审查案件中又过多依赖于人民法院审判卷，而审判卷由人民法院案件承办人装订，即使民事诉讼活动中审判人员有违法行为，一般情况下通过案件承办人订卷过程中的人为"修正"也无法被发现，因此，除了当事人申诉，检察机关缺乏发现民事诉讼活动中违法行为的途径。但《民事诉讼法》第 209 条仅规定当事人可以针对已生效的民事判决、裁定申诉申请抗诉或检察建议，未规定当事人可以就审判人员的违法行为申请检察监督，《监督规则》第 24 条虽明确规定当事人可以针对民事审判程序中审判人员的违法行为和民事诉讼活动中的违法行为向检察机关申诉，然而实践中绝大多数当事人缺乏发现违法行为的意识和能力，且违法行为若与当事人切身利益无关，当事人也无动力就违法行为向检察机关申诉，因此大多数当事人主要就判决和裁定的实体问题向检察机关申诉申请监督，检察机关为了体现监督的效果，也在实践中形成了重实体、轻程序的普遍倾向。2011 年至 2013 年，甘肃省检察机关抗诉案件中，仅因程序违法抗诉 5 件，占全部抗诉案件的 0.11%，造成各级人民检察院始终以监督生效裁判中的实体问题为中心，违法监督常流于形式。

（四）民事申诉制度对于检察机关处理争议问题的影响

民事检察监督制度是中国检察制度独有的一朵奇葩①，自诞生以来，有关它的争议如影随形，民事申诉制度影响着人们对于民事检察监督性质、理念、功能、介入民事诉讼方式等方方面面的认识，在《民事诉讼法》两次修订始终未对民事检察监督的性质、职权行使模式、民事检察监督是否与当事人意思自治原则相冲突、是否与当事人的处分权相冲突等引起民事检察监督争议的深层次问题明确态度的情形下，② 也影响着民事检察监督争议问题的实践处理。

1. 公权力、私权利冲突的处理

民事检察监督制度与我国的国情以及"实事求是，有错必纠"的指导原则有着密切关系③，检察权介入民事诉讼程序之中不可避免地会产生公、私权冲突问题。当民事检察监督与民事诉讼中的私权力行使发生冲突时，如何协调，此问题实际关涉民事申诉制度与民事检察监督的价值协调。基于对民事申诉制度与民事检察监督的价值、理念及其相互关系的不同认识，理论界和实务界产生了不同的观点。绝大多数人认为，民事检察监督中，为了避免检察机关对于当事人处分权的干涉和对当

① 汤维建：《民行检察监督制度的当代趋势》，载《司法高端论坛》2010 年第 6 期。

② 韩静茹：《错位与回归：民事再审制度之反思——以民事程序体系的新发展为背景》，载《现代法学》2013 年第 2 期。

③ 张文志：《民事诉讼检察监督论》，法律出版社 2007 年版，第 54 页。

事人意思自治原则的毁损，检察机关原则上应当实行"不告不理"，对于当事人没有申诉、撤回申诉或者不出席抗诉再审法庭的，一般不应监督；以上情况除非涉及国家利益、社会公共利益时，检察机关才能例外地主动启动监督，否定当事人的处分权。① 检察机关民事行政检察部门代表性观点则与此持相关的态度，认为民事检察监督与当事人的处分权无关，应依职能性质决定是否监督，而不应受当事人对申诉申请监督的处理、申诉申请监督的理由等因素的影响。② 民事检察监督实践中囿于立法不明确，对这些问题的处理采取了克制、谨慎态度，一方面体现了司法机关对当事人的尊重，有利于当事人充分行使权利，节约司法资源；另一方面也把检察机关定位为国家、社会、公共利益的守护人和当事人权益的救济人，导致民事检察监督的运行与民事检察监督的职能性质、要求和定位不符，在实践中更易引起申诉权滥用，也更易被误解为申诉一方当事人的代理人。

（1）"依职权发现"在监督中的地位。实践中采取"依当事人申诉"为一般、"依职权发现"为特殊的原则③，以当事

---

① 陈桂明：《民行检察监督之存废、定位与方式》，载《法学家》2006 年第 4 期；倪爱静、于新民、王赞：《民事行政检察：公权与私权关系如何协调——第三届直辖市民事行政检察理论研讨会述要》，载《人民检察》2011 年第 21 期。

② 孙加瑞：《民事检察制度新论》，中国检察出版社 2013 年版，第 68－72 页。

③ 《监督规则》第 41 条规定，具有下列情形之一的民事案件，人民检察院应当依职权进行监督：（一）损害国家利益或者社会公共利益的；（二）审判、执行人员有贪污受贿、徇私舞弊、枉法裁判等行为的；（三）依照有关规定需要人民检察院跟进监督的。

人申诉为前提启动民事检察监督，防止检察机关民事检察监督权过于扩张。2011年至2013年，甘肃省检察机关"依职权发现"受理民事检察监督案件546起，占3年受理总数的0.64%，2014年至2016年，"依职权发现"案件数量虽然在一些县级院涨幅明显，但全省总体上仍坚持上述原则。依职权"发现"的手段有查阅法院民事案卷、参与法院内部案件评查、人大、信访部门转办等，主要见于执行监督、支持起诉、督促起诉等民事检察监督拓展性工作，仅有个别案件引起抗诉监督的后果。

（2）如何处理申诉一方当事人撤回申诉。对于此种情况，只要检察机关还未作出抗诉决定，又不涉及国家、社会、公共利益的，一般按照终止审查处理。①

（3）如何对待抗诉理由与申诉请求不一致。此种情形下，从民事检察监督的权力性质和功能定位、当事人申诉要求抗诉的意愿以及当事人的能力有限这一现实出发，实践中以检察机关的抗诉理由为准，但抗诉不利于当事人，而申诉对方当事人又未提出监督申请的，从尊重当事人意思自治原则出发，除非涉及国家、社会、公共利益的，一般不予抗诉。如魏某某与邹某分割同居关系财产一案，法院按照解除婚姻关系、照顾女方利益一方的原则，将二人同居关系存续期间财产的五分之三分割给魏某某，而二人同居关系存续12年间，同居费用均由邹某一人负担，同居财产均来自邹某一个人工资，二人解除同居关系，是因魏某某与邹某同居关系存续期间，又与他人生育子

---

① 《监督规则》第75条第1款第2项规定："申请人撤回监督申请或者当事人达成和解协议，且不损害国家利益、社会公共利益或者他人合法权益的人民检察院应当终结审查。"

女，且二人同居关系解除后，子女也均由邹某抚养，法院判决显然不公，但考虑申诉人是魏某某，邹某未申诉，抗诉不利于魏某某，检察机关决定不抗诉。

2. 多元价值冲突的处理

关于民事检察监督的职能目标，理论界和实务界有如下几种主要观点：一是认为民事检察监督主要是通过监察和督导活动制约违法审判行为；① 二是认为民事检察监督主要通过纠正错误生效判决、裁定维护私法秩序；② 三是认为民事检察监督主要是对民事诉讼活动中的公权违法行为进行查控、惩处；③ 四是认为民事检察监督主要是对民事诉讼当事人合法的诉讼权利和实体权利进行救济。④ 民事检察监督制度具有多元的价值追求，决定了民事检察监督职责的内容也是丰富的，实践中的难点在于当民事检察监督制度的多元价值冲突时，检察机关履行民事检察监督职责时应如何取舍？对此，《民事诉讼法》第199条和第209条规定了当事人向人民法院申请再审和向人民检察院申请抗诉或检察建议引起再审的"二元"模式，第208条规定人民法院依当事人申请再审和检察机关依当事人申请抗诉或提出再审检察建议的条件完全相同，第209条规定当事人只有在向人民法院申请再审被驳回申请、未经处理或再审结果

---

① 王德玲：《民事检察监督制度研究》，中国法制出版社2006年版，第12页。

② 王莉：《民事诉讼与检察监督》，中国检察出版社2012年版，第198页。

③ 孙加瑞：《民事检察制度新论》，中国检察出版社2013年版，第56页。

④ 田平安、张妮：《民事检察权刍议》，载《司法改革与民事诉讼监督制度完善》（上卷），厦门大学出版社2010年版，第3页。

仍确有错误的情况下才可向人民检察院申诉，使得检察机关办案人员在提出审查意见和作出审查决定时往往将能否救济当事人实体权益和定分止争作为首要的考量因素①，虽然有利于消除社会矛盾隐患，维护社会和谐稳定，但也导致民事检察监督忽略违法行为监督，偏离职能定位和工作重心，不利于民事检察监督的可持续发展。

（1）作出监督决定以是否有利于维护当事人实体权益为标准。按照《民事诉讼法》第 208 条的规定，检察机关监督审查的生效判决、裁定，只要符合该法第 200 条规定的 13 种情形之一，检察机关就应当抗诉。② 但实践中，大多数办案人认为检察机关抗诉或向人民法院提出再审检察建议的根本目的与审

① 本章内容中关于民事检察监督办案实践的归纳和例证大多来自于近年来甘肃省人民检察院民行部门办案实践。

② 按照《民事诉讼法》第 208 条的规定，检察机关发现生效的民事判决、裁定具备本法第 200 条规定的情形之一的，应当抗诉或提出检察建议。《民事诉讼法》第 200 条规定的检察机关抗诉或提出再审检察建议的事由是指：新的证据，足以推翻原判决、裁定的；原判决、裁定认定的基本事实缺乏证据证明的；原判决、裁定认定事实的主要证据是伪造的；原判决、裁定认定事实的主要证据未经质证的；对审理案件需要的主要证据，当事人因客观原因不能自行收集，书面申请人民法院调查收集，人民法院未调查收集的；原判决、裁定适用法律确有错误的；审判组织的组成不合法或者依法应当回避的审判人员没有回避的；无诉讼行为能力人未经法定代理人代为诉讼或者应当参加诉讼的当事人，因不能归责于本人或者其诉讼代理人的事由，未参加诉讼的；违反法律规定，剥夺当事人辩论权利的；未经传票传唤，缺席判决的；原判决、裁定遗漏或者超出诉讼请求的；据以作出原判决、裁定的法律文书被撤销或者变更的；审判人员审理该案件时有贪污受贿，徇私舞弊，枉法裁判行为的。

判机关相同，就是纠正错误判决，维护当事人合法权益，而这个权益当然是指实体权益，也就是当事人申请监督的实体请求。这种认识导致实践中检察机关过于重视实体抗诉标准，如果检察机关认为抗诉对当事人实体权益影响不大的，即使该生效判决、裁定程序上违法，属于《民事诉讼法》第 200 条规定的情形，检察机关也只是以"程序瑕疵"为由，予以忽略，或者只向人民法院提出改进工作的检察建议。甘肃省检察机关2011 年至 2016 年仅因程序事由抗诉不到 10 起案件，均因法院该程序违法行为影响了当事人的实体权益，对于不影响当事人实体权益的案件，即使存在违法公告送达、终结诉讼、剥夺当事人辩论权、举证权利等情形（如在权利、义务明确的债务纠纷案件中，违法公告送达导致违法缺席判决债务人偿还债权人债务）符合《民事诉讼法》第 200 条规定的情形，也不抗诉或提出再审检察建议，法院审判活动中一些重大违法行为（如违法公告送达）由此更为泛滥，成为普遍现象，甘肃省检察机关基层检察院受理的一审不上诉直接申诉案件，法院违法公告送达导致当事人错过上诉期限占三分之一。

（2）以抗诉再审改变率考量抗诉案件质量。抗诉只能引起再审程序启动，抗诉理由可能对再审裁判中法官的认识产生影响，再审判决、裁定的结果却仍由再审审理中认定的事实和证据决定，这是立法的要求，也是理论界和实务界已有的共识。再审审理中，人民法院可能依照抗诉或再审检察建议理由对原生效判决、裁定中存在的问题予以纠正，但不必然因此改变原判结果。例如，检察机关认为原判决认定事实的主要证据不足或未经质证、或系伪造而抗诉的，再审可能经当事人完善证据、对该证据进行质证或剔除该证据后，仍然不改变原生效判决、裁定认定的事实，从而也不改变判决结果。但实践中，最高人民检察院考核抗诉案件质量的重要指标是抗诉案件再审改变率，各级人民检察院也普遍将抗诉再审后能否改变原判决作为抗诉效果的重要参照（有的人民检察院更苛求人民法院再审撤销原判发回重审后的改变原生效判决、裁定结果），一些检察机关还将抗诉后改判的案件数作为绩效考评的加分指标。

（3）以定分止争的效果考量采取何种监督方式。维护司法公正、维护法制统一是民事检察监督不懈的追求，但实践中，强调办案法律效果的同时，更强调办案的政治效果和社会效果。由此，定分止争这种民事审判程序的纠纷解决功能的效果如何成为评价民事检察监督质量的首要标准，影响着民事检察监督的方式，导致民事检察监督案件办理中，提出审查意见前填写案件风险评估书成为常见现象（甘肃省绝大多数市级检察院建立了民事申诉案件风险告知制度）；为追求案件社会效果，"棒"打有钱人、支持缠访闹事的弱势一方当事人，人为降低或提高抗诉标准作出抗诉或不抗诉决定成为检察机关选择监督方式的普遍规则，而违法监督反而居于次要地位，如某道路交通事故人身损害赔偿案中，摆某负事故的全部责任，但摆某在事故中已死亡，事故还导致另外两名被害人孔某、李某重伤，于是法院终审判决摆某肇事车辆挂靠的某交通公司赔偿孔某、李某事故损失，并承担摆某父母、子女的赡养费、抚养费。由于摆某每月只向该交通公司缴纳 50 元的管理费，且只缴纳了一个月管理费便肇事死亡，按照法律的规定，某交通公司只应在缴纳管理费的范围内承担有限连带责任，并不应承担孔某、李某的全部损失，更不应承担摆某父母、子女的赡养费、抚养费，因此某交通公司不服，向检察机关申诉，但检察机关认为法院判决虽有错误，却有利于支持弱势群体、维护社会稳定，故不支持监督申请。

3. 监督中"度"的把握

《民事诉讼法》规定检察机关可以对包括民事审判活动、民事执行活动在内的民事诉讼活动进行监督，监督的对象可以是已经生效的判决、裁定、调解书和审判机关的违法行为，表明检察机关的监督虽然具有"事后"的特性，但对于民事诉讼活动中一切审判机关行使公权力的行为都可以监督。与此同时，《民事诉讼法》又限定了民事检察监督的事由，依当事人申诉申请监督的条件、次数等，表明民事检察监督介入民事诉讼活动的范围虽然广阔，但民事检察监督介入民事诉讼活动的程度则是有限的，且以必要为原则，导致实践中对于民事检察监督如何实现介入范围的广泛性与介入程度的有限性、谦抑性的统一存在争议。一种观点认为审判机关违法行使权力可能存在于民事诉讼各个阶段，民事检察监督应当形成一个"开放性"的体系，即监督的手段和时间是自由的，全面监督，如此才能避免监督的"真空地带"；① 另一种观点仍以维护当事人私权自治为基点，认为民事检察监督应"不告不理"，如此才能防止检察权扩张对于当事人处分权的损害和对于审判独立性、裁判既判力、稳定性的损害。实践中普遍认同民事检察监督应有限监督、谦抑监督，对于如何把握"有限"与"谦抑"的度，即如何监督才能既体现出民事检察监督的谦逊、克制和有限，防止检察权扩张对于当事人处分权的损害和对于审判独立性、裁判既判力、稳定性的损害，而又不致于造成检察机关消极监督、怠于履行职能，一般采取以下做法：

（1）尊重当事人申诉与否的选择权。依照《民事诉讼法》

① 王德玲：《民事检察监督制度研究》，中国法制出版社 2006 年版，第 132 页。

对申诉申请检察监督的细化规定，《监督规则》认为检察机关一般情况下，对"依职权发现"应持谨慎态度，由此在第41条规定了检察机关"依职权发现"的三种情形，实践中民事检察监督一般依当事人申诉提起，且在审查过程中尊重当事人撤回申诉的请求，体现了民事检察监督对自身权力行使的抑制。

（2）贯彻监督终结纠纷思想。《民事诉讼法》第209条规定当事人向人民法院申请再审为当事人申请检察监督的前置条件，使得实务部门认为民事检察监督是当事人权益的终极救济途径，当事人应在穷尽其他公力救济途径后，如上诉、复议、复查、申请人民法院再审等，方可申诉申请检察监督。如《监督规则》第32条规定，对于人民法院作出的一审民事判决、裁定，当事人依法可以上诉但未提出上诉，而依照《民事诉讼法》第209条第1款第1、2项的规定向人民检察院申请监督的，除具有"审判人员有贪污受贿、徇私舞弊、枉法裁判等严重违法行为""人民法院送达法律文书违反法律规定，影响当事人行使上诉权"等5种情形的，或者当事人因其他不可归责于当事人的原因没有提出上诉的，人民检察院均不予受理。实践中，当事人在一审判决、裁定生效后不上诉，很多源于不信赖上诉这种人民法院内部自我监督的方式，寻求检察监督这种外部监督维护自己的合法权益①，而不信赖的理由要么是当事人认为自己在一审审理中受到了不公平对待而对人民法院的司

_____

① 据笔者向甘肃省检察机关主要县级院了解，当事人未经上诉径行申诉的理由中，法院违法公告送达致使当事人错过上诉期、案件标的太小而申诉可免交诉讼费、律师费及去中院参加二审的交通费、因一审法院不公裁判而失去上诉的信心是最主要的三种理由。

法公信力产生了怀疑，要么是当事人认为法官已形成定式思维，自己很难说服和提出证据让法官支持自己的诉求，但这两种原因并不属于《监督规则》第 32 条和第 33 条规定的例外情形。另外，即使一审判决、生效后当事人未上诉，以《监督规定》规定的理由申请检察监督，检察机关一般也会要求当事人提供证据，而由于相对于当事人精通法律的法官即使在审理中违法，一般也不会采取显性方式，当事人意欲证明《监督规则》第 32 条规定的审判人员违法情形，也存在很大的难度。由此可见，《监督规则》对《民事诉讼法》第 209 条进一步限缩解释，虽然体现了民事检察监督对于当事人权益的有限救济性，以及相对于其他公权力的谦逊、克制，但也限制了当事人的申诉渠道，同时延长了申诉案件处理流程。目前，由于《监督规则》此种做法已在实践中束缚了检察机关的"手脚"且引起了当事人对检察机关的普遍不满，最高人民检察院民事行政检察厅在业务培训、工作会议等活动中，已明示办案人可以放宽把握《监督规则》第 32 条和第 33 条规定的条件。

（3）选择性抗诉。当前民事申诉制度规定和执法环境使得检察机关将维护当事人合法权益和解决纠纷作为首要的监督职责，导致实践中"抗大（标的额）不抗小""抗重（情节）不抗轻""抗实体不抗程序"成为民事检察监督抗诉审查的普遍潜在标准，对于标的额小、情节轻、只涉及程序违法的案件，一般或者不支持监督申请，或者采用检察建议方式监督，一方面体现了民事检察监督的有限性和谦抑性，有利于合理利用司法资源；另一方面也造成了选择性执法，有损法律适用平等性原则和民事检察监督的公信力。

三、2012 年民事申诉制度改革实施后民事检察监督面临的风险和挑战——基于甘肃省检察机关民事检察工作的实证分析

民事申诉制度对检察监督的影响不是一朝一夕形成的，从某种意义上讲，是 1991 年《民事诉讼法》修订首次对民事申诉制度改革以来，历次民事申诉制度改革推动的结果。2012 年《民事诉讼法》修订，对民事申诉制度进行了前所未有的重大变革，冲击了民事检察监督的传统思维、理念和做法。以下以甘肃省检察机关民事检察监督工作为实证基础，分析 2012 年民事申诉制度改革在民事检察监督实践中引发的问题及由此带给民事检察监督工作的风险与挑战，进一步展现民事申诉制度影响民事检察监督实践的轨迹，为民事检察监督适应 2012 年民事申诉改革提出的新要求和新挑战提供思路指引。

（一）改革关于检察监督的基本内容

2012 年民事申诉制度改革有关民事检察监督的内容主要体现在《民事诉讼法》第 209 条规定中。根据该条规定，民事申诉制度中有关检察监督的内容作了以下几方面变化：

1. 调整了当事人申请检察监督的位次

从促进民事审判监督程序中各个环节更加有机衔接，防止多头申诉、重复申诉，优化配置司法资源出发①，按照先内部监督、自身监督后外部监督的规则，将当事人向人民法院申请再审作为当事人向人民检察院申请监督的前置程序，使得人民

---

① 全国人大常委会法制工作委员会民法室编：《中华人民共和国民事诉讼法条文说明、立法理由及相关规定》，北京大学出版社 2012 年版，第 341 - 342 页。

检察院和人民法院不再是并行的当事人可以选择申诉的机关，当事人申诉，必须先向人民法院提出，未向人民法院提出再审申请的，不得径行向人民检察院申请监督。

2. 规定了当事人申请检察监督与申请再审的关系

从理顺民事审判监督程序中审判机关内部监督程序和民事检察监督程序的关系，强化民事检察监督"救济""纠正违法"等功能，促进民事检察监督谦抑监督，使民事检察监督与民事诉讼当事人的处分权、人民法院裁判的既判力保持应有的"张力"和适宜的"度"等目的出发，将当事人向人民检察院申请监督的条件限制为必须先经审判机关内部监督程序审查后，即当事人向人民法院申请再审，人民法院不进行实体审查或程序审查，或人民法院再审裁判后仍有错误的，当事人才可以再向人民检察院申请监督。当事人向人民检察院申请监督的对象范围较之以前相对狭窄，不再与当事人向人民法院申请再审的对象范围同一。

3. 规定了当事人申请检察监督的次数和检察机关的办案期限

从防止重复申诉、节约司法资源，提高司法效率出发，规定当事人向人民检察院申请监督仅以 1 次为限，人民检察院对于当事人的监督申请，必须在 3 个月内审查并作出决定，当事人向人民检察院申请监督的次数和人民检察院审查当事人申请的期限不再没有法律规制。

（二）改革在检察监督实践中引发的问题

随着《民事诉讼法》2013 年 1 月 1 日起开始实施，2012年民事申诉制度改革成果在全国司法机关中广泛推行。就《民事诉讼法》第 209 条规定在检察机关推行的情况而言，减少了多头申诉、重复申诉现象，缩短了检察机关审查民事检察监督案件时间，提高了工作效率，在一定程度上达到了立法目的。与此同时，此次民事申诉制度改革在民事检察监督运行中，与民事检察监督的执法环境、执法条件及民事检察监督的要求并不完全契合，影响了民事检察监督职能的履行和效果，在实践中引发了一系列问题。

1. 增加了信访案件数量

2012 年民事申诉制度改革限缩了当事人申请检察监督的条件和次数，导致案件到检察监督环节难以达到立法期待的"终结纠纷"的效果，增加了信访案件数量。自 2013 年以来，甘肃省大部分地区检察院受理民事信访案件的幅度都有不同程度的增长，绝大部分案件都是检察机关已经处理过的案件，为了息诉罢访，民行部门人员不得不投入大量精力协助控申部门接待答复信访案件。

一是《民事诉讼法》第 209 条和《监督规则》第 32 条和第 33 条限制了当事人申诉的案件范围，使得很多当事人不服的生效判决、裁定、调解书，如当事人在一审审理中受到人民法院不公平对待因而产生了对人民法院的不信赖而未上诉的生效判决，即使具备监督事由，因当事人难以搜集到法院违法的证据，亦无法进入民事检察监督环节，导致当事人通过上访、信访维护其权益。

二是《民事诉讼法》第 209 条规定当事人向人民检察院申请监督以 1 次为限，而从《监督规则》第 83 条、84 条、85 条的规定和最高人民检察院民事行政检察厅对各级人民检察院的实际要求看，申请监督的民事申诉案件符合《民事诉讼法》第 200 条规定的，一般均须先经人民检察院向同级人民法院以检察建议方式监督，但《民事诉讼法》并未规定检察建议的效力和后果，实践中大部分检察建议不被人民法院采纳甚至得不到人民法院答复。这些经过检察机关运用再审检察建议方式处理，但未达到当事人申诉的目的，在申请监督以 1 次为限的法定限制下，又失去了司法救济的最后途径，当事人只能通过信访渠道寻求救济，增加了信访案件数量。

2. 增加了"依职权发现"的案件数量

通过到基层民行部门调研、座谈，2013 年以来，大部分地区"依职权发现"数量有一定幅度的增加，主要原因如下：

一是当事人申诉条件被《监督规则》限制，对应阻滞了民事检察监督受理申诉的渠道，使得信访案件大量增加，而这些信访案件又通过交办、转办的方式流向检察机关，在现行检察机关行政管理体制下，检察机关不能完全独立行使检察权，为服从人大、党委对案件的指示和意见，检察机关只能启动"依职权发现"程序对该类案件监督。

二是旧法规定下既可以申诉申请检察监督又可以同时申诉申请再审的案件，其中有明显错误的和必须经再审纠正的生效判决、裁定、调解书在《民事诉讼法》第 209 条实施后，部分已由人民法院自行审查处理，造成向人民检察院申诉申请监督的案件数量减少且绝大部分不符合《民事诉讼法》规定的监督事由，民事检察监督的"成案率"降低，而从最高人民检察院到省级人民检察院都将抗诉案件数量作为评价下级人民检察院工作的重要指标，导致修法前可"管"可不"管"的案件大量通过检察机关"依职权发现"进入民事检察监督程序。有些案源不足的人民检察院参与法院内部的案件质量评查活动，到人民法院档案室翻阅案卷，主动"找案"，发现的监督线索如符合《监督规则》第 41 条规定的条件，即按照检察机关"依职权发现"受理，不符合《监督规则》第 41 条规定的，则通知当事人申请人民法院再审后再申请检察监督，也导致了"依职权发现"案件的数量增加。

3. 民事检察监督"倒三角"现象更加严重

《民事诉讼法》第 209 条规定当事人向人民法院申诉申请再审为当事人向人民检察院申请监督的前置程序。然而，实践中，由于人民法院人少案多的现状，源于"自己否定"自己的艰难，人民法院对绝大多数申诉案件都驳回再审申请，大量的案件流向人民检察院。同时，根据《民事诉讼法》第 204 条第 2 款的规定，一般情况下，因当事人申请裁定再审的案件由中级人民法院以上的人民法院审理，在此情况下，当事人一般会认为已由中级人民法院依申诉审查处理或未予答复的案件，再向该中级人民法院的同级人民检察院申诉，由该人民检察院向此中级人民法院提出检察建议，一者检察建议在实践中绝大多数不会被采纳，二者当事人不服的二审生效判决、裁定（如前所述，《监督规则》已限定当事人一般不可针对未经上诉的已生效的一审判决、裁定申请人民检察院监督）本身是该中级人民法院作出的，驳回再审申请、对再审申请不予答复等行为或作出确有错误的再审判决、裁定的主体仍旧是该中级人民法院，该中级人民法院即使采纳检察建议另行组成合议庭审理案件，因该中级人民法院的院长是同一人，审判委员会是同一组成员，决定案件最终处理结果的裁断者仍然同一，轻易不会改变二审、再审处理结果，而由该人民检察院提请省级人民检察院抗诉，又会加强申诉申请监督结果的不确定性，延长其处理周期，出于申诉效率的考虑，当事人一般会选择向有抗诉权的省级人民检察院直接申请监督。由此，省级人民检察院受案数量大幅提升，而中级人民法院同级的人民检察院直接受理的案件数量明显减少，基层人民检察院基本丧失了本院有权提请抗诉或提出检察建议的直接受理案源，加重了检察机关内部办案

"倒三角"的问题。

4. 延长了司法不公案件的纠错流程，影响了司法公信力

2007 年《民事诉讼法》规定下，当事人基于对人民法院的不信赖和对人民法院再审的公正性的怀疑，可直接选择向检察机关申诉申请抗诉监督。在现行《民事诉讼法》第 209 条规定，使得当事人不服生效裁判必须先行向人民法院申请再审，然而，当事人申诉申请再审的案件大多已经上诉审程序，在现行《民事诉讼法》规定下，绝大多数案件由中级人民法院再审，案件在申请检察监督前，先行向人民法院申请再审，实质上是让上诉审程序中审理过案件的人民法院对案件再审查一遍，无论是出于对自己所作裁判的自信也好，是出于维护人民法院自身的"体面"也好，抑或是出于人民法院普遍存在超负荷办案的状况，无暇认真审查也罢，受理再审申请的人民法院对于已由本院审理过的民事申诉申请再审案件，大多驳回再审申请，当事人在法院驳回再审申请后，继续向检察院申诉申请监督，延长了司法不公案件的纠错流程，加大了当事人申诉成本，影响了人民法院的司法公信力。

（三）改革实施后检察监督面临的风险和挑战

2012 年民事申诉制度改革在民事检察监督实践中运行引发的上述问题，使得民事检察监督面临一系列困难和挑战。

1. 监督功能可能异化

例如，民事检察监督"依职权发现"是《民事诉讼法》赋予检察机关的法定职权，"依职权发现"案件的增加有利于检察机关充分运用《民事诉讼法》赋予的职权优势，拓展监督范围，强化监督职能，维护检察权威。但是，民事申诉权被限制导致的信访案件的增加，使得检察机关迫于上级压力和维护稳定的需要，常规避《民事诉讼法》关于申请检察监督以 1 次

为限的规定（《民事诉讼法》和《监督规则》并未限制检察机关"依职权发现"监督的次数，《监督规则》第41条第1款第3项还规定"需要跟进监督的"也属检察机关"依职权发现"启动监督的情形之一），启动"依职权发现"方式受理案件；办案过程中为了服从人大、党委等交办、转办案件部门关于案件的指示或息诉息访，也常违反法律规定，该抗诉或提出检察建议监督的不监督，该不监督的又降低门槛监督①，造成《民事诉讼法》第209条申请检察监督以1次为限的规定虚设，不利于法制统一和"法律面前人人平等"原则的贯彻，损害了法治信仰和司法权威。另外，民事申诉渠道被限制导致的基层人民检察院民事检察监督案源匮乏，使得一些检察机关突破《监督规则》的规定，变相"依职权启动"监督的案件增多，导致民事检察监督职能异化，造成检察权对审判权、当事人处分权的不当干涉。

2. 监督格局不当调整

从《民事诉讼法》第208条规定的抗诉和检察建议的条款顺序及关于抗诉、检察建议的程序、法律后果看，抗诉是《民事诉讼法》规定的民事检察监督的主要监督方式，而检察建议和提请抗诉这种同级监督的方式则是抗诉的辅助手段。然而，

---

① 例如，某央企与一濒临的区属集体企业租赁纠纷案，该集体企业租赁央企的临街铺面30余年，因不同意央企合理房租涨价要求而1年多不缴纳房租，被该央企诉诸法院要求解除合同。法院以保护地方经济、防止该集体企业上访引起省内同类情况连锁反应，以本案属政策调整不属法律调整为由驳回该央企诉讼请求，判决该集体企业支付拖欠房租。双方当事人均不服，在判决生效后均向检察机关申请监督，但出于与法院判决同样的考虑，虽然检察机关认为按照法律规定，法院应当判决解除合同，仍作出不支持监督决定。

2012 年民事申诉制度改革在民事检察监督实践中运行导致省级人民检察院受理案件大幅增多，使得检察机关不得不采取相应对策应对。实践中，为了加强检察建议的运用，缓解省级人民检察院的办案压力，寻求各级检察机关民事检察监督工作的均衡发展，根据最高人民检察院民事行政检察厅的工作指示，实行案件受理、审查、管理分离的模式和先同级监督再抗诉的做法，除当事人不服的生效判决、裁定具有《民事诉讼法》第 200 条规定的证据和程序事由且具备"判决、裁定经同级人民法院再审后作出""经同级人民法院审判委员会讨论作出"等情形，或者"审判人员在审理该案件时有贪污受贿、徇私舞弊、枉法裁判行为""民事调解书损害国家利益、社会公共利益"，一般均由省级人民检察院控申部门转由作出生效判决、裁定的人民法院的同级人民检察院先行审查是否适合以检察建议方式监督，使得民事检察监督原来以抗诉为中心的格局向目前以检察建议为中心的格局转变，虽然在检察机关内部达到了减轻省级院办案压力和加强检察建议运用的目的，但也导致没有抗诉权的人民检察院违反职权的法定性要求对当事人申请抗诉监督的案件审查并作出不支持监督申请的决定，致使当事人以此为由状告检察机关违法办案或请求上级检察院撤销下级检察院作出的不支持监督申请决定。同时，因检察建议在实践中大多不被人民法院采纳，导致大量的司法不公案件或者因检察机关在检察建议不被采纳后不再跟踪监督，失去了最后的法律纠正途径，或者因检察机关在检察建议不被采纳后提请上级人民检察院抗诉而延长了纠错流程。

3. 民事检察监督职能亟须转型

抗诉案件"倒三角"办案状况的加剧使得省级人民检察院因案件受理数的大量增加而将全部精力放在办理抗诉案件上。

市级人民检察院则把主要精力放在如何克服法律对检察建议的效力规定缺失问题上，在想方设法提高检察建议质量的同时，寻求与同级人民法院的有效协调途径，同时兼顾办理少量执行监督案件，使得民事检察监督对人民法院的依赖性更强。县级人民检察院因基本无抗诉案件可办，把大量精力放在执行监督案件的办理以及检察机关督促起诉、支持起诉等拓展性工作上，此外还协助市级人民检察院从事一些检察建议案件的证据调查等工作。各级人民检察院不得不进行职能转型，对民事检察监督能力提出了更高的要求。

4. 民事检察监督理念亟须更新

2012 年民事申诉制度改革贯穿了对于生效民事判决、裁定"先审判机关内部监督后检察机关外部监督"、检察监督 1 次为限等思想，《民事诉讼法》第 208 条又加强了检察机关依申诉申请监督的事由的程序性，要求民事检察监督强化对当事人权益的救济理念，对当事人私权关系谨慎介入，对审判权行使谦抑监督，对民事检察监督理念产生了多方面的影响。

5. 民事检察监督能力亟须提高

2012 年民事申诉制度改革给民事检察监督工作提出了更高的要求。一是根据现行检察机关受理申诉申请监督的条件，检察机关受案后，提出抗诉或检察建议，或者需要在生效判决、裁定中发现人民法院所未能发现的错误，或者需要以"事后监督"的方式发现至当事人申请监督时早已时过境迁多时的人民法院在一审、二审或再审审理中的违法行为，监督意见的专业性、说理性也必须足以说服已在上诉、再审程序中一再维持原判的人民法院，检察机关办理抗诉案件的要求大幅提高。二是在现行规定下，检察机关须对绝大部分案件作息诉工作，而此时，由于检察机关已成为申诉当事人所能抓住的"最后一根稻草"，息诉难度至何种程度可想而知。三是适应 2012 年民事申诉制度改革要求，各级人民检察院亟须实现职能转型，加强多元化监督能力，这也给民事检察监督工作提出了更高的要求。一般认为，由于《民事诉讼法》确立了上级人民检察院针对下级人民法院的判决、裁定抗诉的模式和检察机关法律监督的职责，民事检察人员法律监督能力应当高于民事审判人员，只有这样，才能发现审判人员作出的生效裁判中的错误，其监督意见才更有说服力。然而，一直以来，检察机关尤其是基层院检察人员的民事检察监督能力普遍不能适应民事检察监督较高的工作要求是有目共睹的事实。2012 年民事申诉制度改革对民事检察监督工作提出的更高要求，加剧了这一现象，使得提高检察人员民事检察监督能力成为检察机关更加紧迫的课题。

四、民事检察监督视野下民事申诉制度的结构性问题反思

以上归述了民事申诉制度影响民事检察监督的基本样貌。综上所述，现行民事申诉制度疏通了当事人申诉申请检察监督的渠道，规范了当事人申请检察监督和检察机关审查民事申诉案件的模式、程序、范围、事由、期限和法律后果等，对于提高民事申诉制度和民事检察监督制度的法制化、规范化、科学化水平，促进民事申诉制度和民事检察监督制度乃至民事审判监督制度的功能实现有积极意义，在实践中也收到了积极效果。与此同时，民事申诉制度的内容也与民事检察监督制度产生了结构性冲突，在立法关于民事检察监督制度的规定不完善的情形下，导致有关民事检察监督制度的争议更加剧烈，引发了民事检察监督认识和操作的误区，致使民事检察监督工作面临一系列以现有能力难以应对的困难和挑战，影响了民事申诉

制度要求在民事检察监督实践中的全面、有效落实，导致民事检察监督对于民事申诉制度的保障作用不能充分发挥，值得认真反思和研究。

（一）民事申诉制度关于民事检察监督的立场反思

弗里德曼曾言："法典背后有强大的思想运动。"反思民事申诉制度影响民事检察监督的内容和误区，其实反映了立法者对于民事检察监督性质、程序设计、制度要素之间关系如何处理等诸多问题的迷茫和困惑，择其要辨析之。

1. 有限监督在于"限权"还是"控权"

新中国成立之初的民事检察监督制度是对苏联和东欧国家民事检察监督制度的全面效仿。按照列宁的观点"必须扩大国家对'私法'关系的干预，扩大国家废除'私'契约的权力，把我们的革命的法律意识运用到民事法律关系上去"①，检察机关被赋予全面的民事起诉权、民事参诉权和民事抗诉权，检察权对于审判权、诉权的监督涉及民事诉讼活动中各个方面，而审判权对于检察权的约束主要通过独立审判，独立作出裁决实现。检察权由于其权力行使范围广泛，权力行使方式多样，与具有强大裁断权的审判权基本能够实现平衡。检察权对于诉权的介入范围也是广泛的，而诉权对于检察权的制约则并无明显体现，这是因为在计划经济体制下，突出的是法院的主动性和积极性，民事实体权利的范围和权利主体行使的自由极其有限②，因此，这样的权力运行模式有利于最大限度地发挥民事

① 列宁：《列宁全集》（第 36 卷），人民出版社 1977 年版，第 578 页。

② 张卫平：《论民事诉讼的契约化》，载《中国法学》2004 年第 3 期。

检察监督效用，保障民事诉讼领域中国家民商事法律的贯彻执行。20 世纪 80 年代起，随着社会主义市场经济的逐步建立，私法自治要求在民事诉讼领域逐渐凸显，1991 年以来《民事诉讼法》2 次修订，一方面，逐渐扩大了民事检察监督的范围，企图以此保障诉权尽可能不受审判权侵害；另一方面，又限定了民事检察监督程序启动条件、当事人申请监督的对象和当事人申请监督的次数，用以防止检察机关介入民事诉讼，不当干涉当事人的处分权，破坏民事诉讼中双方当事人在诉讼结构中的平等地位，侵害公民合法权益，使得民事检察监督被赋予保障诉权的职责却不具备实现保障功能的权能和手段。然而，民事检察监督的对象是人民法院的审判行为而非当事人之间的具体争议内容，检察机关介入民事诉讼不以申诉理由为限，亦不以帮助当事人抗诉成功为目的，而是为了推动因不公正审判而失衡的诉讼结构回归本位，是为了实现民事诉讼双方当事人的平等，而非破坏这种平等；检察机关提出抗诉或检察建议只具有启动或建议启动再审程序的效力，而非直接对当事人的权利、义务重新确定，对其责任重新划分，因此，除非检察机关滥用职权，否则，民事检察权在依法行使条件下，本身并不会不当干涉当事人的处分权，破坏民事诉讼中双方当事人在诉讼结构中的平等地位，侵害公民合法权益。目前，民事检察监督在立法上的确缺乏有效的外部监督、制约体系，容易滥用，因此，有限监督的"限制"手段应着重在于"控权"，而不在于"限权"，即通过诉讼制约的方法使得"法官与检察官彼此监督节制，保障司法权限行使的客观性与合理性"。① 一味地削减

---

① 林钰雄：《检察官论》，学林文化事业有限公司 2000 年版，第 16 - 17 页。

民事检察权，限制其行使范围和力度，只会使相对于强大的审判权本就赢弱的民事检察权更加难以满足履行职能的需要，当然也难以通过维护司法公正回应当事人申请监督的诉求。

2. 救济性监督在于"直接"救济还是"间接"救济

1991 年《民事诉讼法》修订以来将近 20 年，由于法律对民事检察监督规定原则单一，"纠错"成为民事检察监督的基础性功能。2001 年，全国检察机关第一次民事行政检察工作会议，明确了民事行政检察监督"两个维护"的应有职责；2012年《民事诉讼法》将当事人申诉申请再审作为当事人申请检察监督的前置程序，使得民事检察监督的救济功能提升到显著位置，引起了理论界和实务界对民事检察监督性质更多的争议，很多检察机关甚至把解决民事申诉当事人纠纷，维护当事人实体权益作为民事检察监督的主要任务，而对于民事诉讼活动的违法监督职责反而退其次。然而，对于民事申诉当事人的权利救济过程，是确定民事责任的过程，而检察机关的监督只可能引起再审程序，检察机关并不参与确定民事责任的过程，确定民事权利和民事义务的归属，决定如何恢复、补偿受侵害者的权利，只能通过审判机关履行审判职能来实现，因此，就民事检察监督本身而言，并不具有权利救济的性质，民事检察监督的权利救济职能只是就其促进民事诉讼制度整体功能的实现而言，而且具有间接性和不确定性的特点，只能通过建议和督促人民法院公正履行职责实现。

3. 监督终极救济功能的合理性置疑

《民事诉讼法》第 209 条规定了当事人申请再审的前置程序，由该规定可知，当事人向人民检察院申请抗诉或再审检察建议，均需经过人民法院对案件的再审环节，体现了监督谦抑原则下的诉权救济、审判监督和检察监督在制度构建和适用上的递进关系①，民事检察监督由此具有了终局意义，《监督规则》也因此将当事人向人民检察院申请抗诉或检察建议的条件进一步限缩到当事人无规定事由未上诉、复议、复查或提出法律规定的诉讼的，不得申请检察监督。毋庸置疑，从维护审判程序既有成果，保障审判制度功能充分发挥，节约司法资源等方面来说，民事检察监督应当保持对审判权的谦抑态度。民事申诉制度该立场具有一定的合理性，但由此将民事检察监督定位为审判机关内部监督之后的终局程序，从而使得民事检察监督程序在事实上成为审判监督程序的补充程序、救济程序，民事检察监督中的检察机关由此在当事人眼中成为"法官之上的法官"，则不仅与民事检察监督在宪法中的定位相悖，也将在实践中因民事检察监督的职权、功能（民事检察监督仅是一种程序建议权）无法达到如此高的定位要求而引起更多的负面效应。事实上，就民事申诉制度关于民事检察监督"终局性"规定的合理性而言，有学者提出该规定符合程序穷尽主义和先审判机关内部监督后检察机关外部监督的法律逻辑顺序。然而，就审判机关内部监督程序和民事检察监督的程序价值而言，两者虽都属于民事审判监督程序，但目的和重点不同，因此，遵从先内部监督后外部监督的法律逻辑顺序非但没有必要，还可能因先进行审判机关内部监督程序导致一些损害司法公正的事实被掩盖、证据被销毁。另外，就程序穷尽主义而言，也非一概而言，民事检察监督与审判程序不同，并不是当事人的权利救济程序，其更主要的职能在于维护司法公正，维护法制的统一，而"迟来的正义非正义"，现行《民事诉讼法》本就将民

---

① 汤维建：《民事检察监督制度的定位——以民事诉讼法新修改为基准》，载《国家检察官学院学报》2013 年第 2 期。

事检察监督规定为一种事后监督，如果等到当事人将所有的权利救济程序都用尽再启动民事检察监督，对许多案件而言，不仅不再有维护司法公正的意义，检察机关也将因证据灭失等原因失去维护司法公正的依据。

（二）民事申诉制度与民事检察监督的程序规定反思

民事申诉与民事检察监督在程序上相互关联、衔接呼应，如此才能发挥程序的公正和效率价值。目前，民事申诉制度关于民事检察监督的程序规定主要存在下列结构性问题：

1. 当事人向各级检察院申请监督与制度效率价值的冲突

现行《民事诉讼法》对当事人申请再审和履行再审职责的人民法院都作了明确规定，却没有规定当事人可以就哪一类案件向哪一级人民检察院申诉申请监督。《监督规则》为了便于当事人申诉，规定最高人民检察院、作出生效法律文书的人民法院所在地同级人民检察院和上级人民检察院对民事申诉案件都有管辖权。与之相随而来的问题是，在上、下级人民检察院受案信息不畅通的情况下（实践中上、下级人民检察院对于受案信息的沟通多限于数据通报，无法相互掌握具体的案件信息），如何防止当事人向不同的人民检察院多头申诉、重复申诉？实践中，根据最高人民检察院民事行政检察厅的指导意见，往往采取先同级监督，后抗诉监督的方法，这样，对案件有抗诉权的人民检察院受理民事申诉案件后，除《监督规则》规定的必须由其直接审查处理的几类案件外，全都转办给下级人民检察院办理，而下级人民检察院经审查，如果提出再审检察建议未被人民法院采纳，往往会继续提请抗诉，由此案件又回到了上级检察院，延长了办案的周期，使得民事申诉制度对于民事检察监督的效率性要求在落实中大打折扣。

2. 申请监督的次数与跟进监督方式的冲突

现行民事申诉制度对当事人申请检察监督提出了 1 次为限的要求。然而，民事检察监督实践中，出于抗诉是再审检察建议的保障的普遍认识，根据检察机关内部工作要求，如去年以来扩大检察建议运用的工作要求，普遍在再审检察建议不被人民法院采纳后提请抗诉。虽然，依照《监督规则》的规定，此次提请抗诉是依职权启动的"跟进监督"，但仍存在检察机关对于当事人申请监督的案件进行了两次处理的事实，在实质上仍难以避免与民事申诉制度关于申请检察监督以 1 次为限的精神相冲突。事实上，对于纯"私权救济"性质的民事申诉案件，即使已经提出的再审检察建议不被人民法院采纳，对于案件是否跟进监督仍应尊重当事人意愿，给予当事人平等的申诉申请跟进监督的权利，检察机关依职权决定是否对此类案件跟进监督，不仅易招致检察机关不当干涉私权利的诟病，也可能造成申诉案件处理结果相同，而跟进监督结果却不相同（实践中，检察机关并不是对每件不被人民法院采纳的再审检察建议案件都跟进监督），造成当事人申诉权行使的不平等。

3. 申请监督的法定期限与实际期限的冲突

现行民事申诉制度规定了 3 个月的民事检察监督案件审查处理期限，而现行检察机关审查处理民事申诉案件的模式下，一个案件可能会经过检察和解、检察建议、提请抗诉、抗诉等多个阶段，由多级人民检察院审查，普遍造成 3 个月的审查期限不能满足实际办案需要。实践中，各级人民检察院在每个审查处理阶段都以 3 个月为限，造成了民事申诉制度的规定虚设。现行《民事诉讼法》只规定了检察建议是民事检察监督的方式，对于抗诉却明确规定了其程序、后果和效力，这说明抗诉仍是民事检察监督的主要方式和中心任务。实践中加强检察建议等同级监督方式的运用，虽然有利于在一定程度上解决民事检察监督实践中办理抗诉案件数量"倒三角"的问题，但在检察建议、检察和解等监督方式的效力没有法律保障的情况下，将同级监督作为民事检察监督的主要方面，其代价要么是造成大量案件监督无果而损害检察执法公信力，要么因检察机关上、下级重复审查、跟进监督而延长监督流程，违反效益原则，损害当事人合法权益。

（三）民事申诉制度要求与民事检察监督权能配置的对应性反思

民事申诉制度与民事检察监督制度同处于民事审判监督制度乃至民事诉讼制度的大体系内，权能配置应协调化一，相称对应，现行民事申诉制度关于民事检察监督的权能配置并不能完全达到上述要求，既影响了各自功能的发挥，也影响了系统整体功能的发挥。

1. 救济权定位与检察监督权能定位相冲突

一般认为，民事检察监督介入民事诉讼的目的是控制和制约审判权和裁判行为，而现行民事申诉制度规定使得民事检察监督权成为私权救济的终极途径，与民事检察监督的本质规定性相悖；同时，民事检察监督在《民事诉讼法》中仅被定位为程序建议权，并无救济权利的实质功能，改变不了人民法院对于再审仍是"自家说了算"的现实，达不到民事申诉制度该规定的预期目的。

2. 制度监督要求与检察监督权能内容不匹配

"工欲善其事，必先利其器。"从甘肃省检察机关民事检察监督工作的情况看，此次《民事诉讼法》修订虽然扩大了民事检察监督的范围，丰富了民事检察监督的方式，增加了民事检察监督调查权，但仍未赋予满足民事检察监督工作需求的权能，是民事检察监督工作的效果难以达到民事申诉制度立法期待的重要原因。

（1）民事申诉制度要求民事检察监督"事后"监督，民事检察监督缺乏完整的权力内容相呼应。检察机关对于错误裁判和审判人员违法行为的监督必须具备完整、有效的知情权，才能保证监督效果。然而，现行民事申诉制度规定当事人只能就已生效的民事判决、裁定申请检察监督，民事检察监督基本依赖于案卷，以"倒查"的方式进行，而此时，很多案情已因历时过久更加模糊，证据也因此缺失更多，使得民事申诉要求维护的司法公正往往因检察机关行使民事检察权的难度过大而难以得到实质的回应。

（2）民事申诉制度要求民事检察监督多元监督，民事检察监督缺乏对称的权力效力相适应。现行民事申诉制度对民事检察监督提出了救济当事人权益、维护司法公正和以监督终结民事纠纷的多元要求，但检察机关抗诉只具有程序建议的法律后果，检察建议没有效力的保障，检察和解、督促、支持起诉等监督方式并未被立法确认其法律地位，导致这些监督方式师出无名，行而不力，实践效果并不佳。

（3）民事申诉制度要求民事检察监督"终局"监督，民事检察监督缺乏有效的权力制约相保障。《民事诉讼法》一直没有对民事检察监督的权力制约规定。实践中，民事检察权的依法、规范、公正、廉洁行使主要依靠检察机关的自身监督机制来实现，而检察机关内部行政管理手段的约束性毕竟有限，通常起源于当事人的举报、控告，先由民事检察部门和所属工作人员自行解释说明，即使有问题，也常大事化小、小事化了；检察机关案件层级监督机制又多注重案件质量的把关，对权力行使本身的依法性、规范性和廉洁性起不到有效的监督作用。在此情况下，民事申诉制度要求民事检察监督发挥"终局"作用，缺乏民事检察权公正行使，使纠纷终结于监督决定的根本保障。

3. 制度要求监督缓解"申诉难"与检察监督的权能范围不相称

《民事诉讼法》第 200 条规定的监督事由虽有 13 项，但相对于第 209 条仅对当事人向检察机关申请监督设置一些程序条件，范围狭窄得多。民事申诉制度设置当事人申请检察监督程序的出发点之一在于缓解"申诉难"问题，然而，当事人申诉请求的难以表达固然是"申诉难"的重要原因，现实中申诉的诉求被受理申诉机关相互推诿，难以得到实质、有效的处理才是申诉不断的真正根源。现行民事申诉制度中当事人申诉申请监督的范围与民事检察监督的范围明显不对称，导致民事检察监督受案数居高不下，成案率却相对较低，致使民事申诉当事人对民事检察监督的期望值较高，得到的回应常大失所望，不仅不利于从实质上解决"申诉难"问题，而且从形式上放大了"申诉难"的表象，影响了申诉效率和民事检察监督效果。

五、系统论思想基础之上改革民事检察监督制度的构想

综上所述，民事申诉制度与民事检察监督制度虽然是民事审判监督制度体系内两个独立的制度，但其在法理上相互关联，理念上相互融通，运行中相互影响，效果上相互制约，应按照系统整体原理的要求，协调好民事申诉制度与民事检察监督制度各个要素之间的关系，如此才能在促进民事申诉制度与民事检察监督制度实现各自独立的制度功能的同时，促进二者

共进发展，共力实现民事审判监督制度乃至民事诉讼制度的整体价值目标。

（一）落实民事检察监督宪法定位

任何制度都应当有独立的功能，否则就没有独立存在的价值。现行民事申诉制度影响下，当事人申诉申请监督成为民事检察监督的主要受案途径，当事人申诉请求成为民事检察监督的主要审查内容，申诉一方当事人的实体权益能否得到维护，成为民事检察监督的抗诉标准，平息纷争、抗诉改判的案件数量成为民事检察监督效果的检验"标杆"，民事检察监督实践偏离了民事检察监督工作的重心，变相成为民事申诉当事人权益的救济程序和审判机关内部监督程序的补充程序，亟须回归民事检察监督的宪法定位，保障民事检察监督制度的独立程序价值，促进民事检察监督良性发展、可持续发展。

1. 明确民事检察监督依职权启动的范围

我国《民事诉讼法》第 208 条和第 235 条未限定人民检察院发现这些监督事由的途径。但任何公权力介入私权利处分都应有严格的限制，只有如此，才能保障公权力对私权利尽可能轻微的损害。《监督规则》第 41 条虽然将人民检察院"依职权发现"启动民事检察监督限定在"损害国家利益或者社会公共利益""审判、执行人员有贪污受贿、徇私舞弊、枉法裁判等行为""依照有关规定需要人民检察院跟进监督"三种情形之下，但未对"社会公共利益""需要跟进监督的情形"作进一步界定，致使实践中"依职权发现"的随意性增大，给民事检察监督带来了负面影响，急需对之明确、细化，保障"依职权发现"启动民事检察监督的范围与检察机关法律监督的属性始终保持一致。

2. 修正民事检察监督受理当事人申请监督的条件

如前所述，现行民事申诉制度将民事检察监督定位于当事人权益的终极救济程序，而民事检察监督只具有程序建议的功能，导致检察机关在依当事人申诉申请进行民事检察监督过程中，权、责明显不对称，当事人对检察机关期望过高，而检察机关"心有余而力不足"，既对当事人行使诉权形成误导，也影响司法公信力。应回归民事检察监督性质的本位，将当事人申诉申请检察监督的条件与当事人申请再审的条件明确区分，规定"当事人认为法院在民事诉讼活动中违法"为当事人申请检察监督的条件，既符合检察机关监督法律正确、统一实施的职能定位，也因检察机关具有建议法院内部纪检部门、纪检监察机关处理违法行为和查处职务犯罪的权能，能够保障申诉请求监督的适法诉求通过检察监督落实，实现检察机关权、责的统一。

3. 区分民事再审与民事抗诉的事由

现行《民事诉讼法》规定下，以保障当事人实体权利为主要目的的民事再审事由与以维护公正的私法秩序为目的的民事抗诉事由均为《民事诉讼法》第 200 条规定的 13 种情形，混淆了民事再审制度与民事检察监督制度的性质和功能，应根据民事再审与民事检察监督的不同性质和功能区分二者的事由，实现二者各司其职、功能互补。笔者认为，为贯彻民事审判二审终审制的基本原则，维护裁判的既判力和司法机关的权威性，应围绕民事再审制度的特点（重在判明是非、确定责任），以再审维护当事人实体权益的绝对必要性为标准确定民事再审的事由。凡是由于审判机关和当事人主观原因以外的事由，如判决、裁定生效后发现新证据，案件在终审期间具有法定中止事由，但当事人因不可抗力未能申请法院中止审理，未能充分行使诉讼权利等，应规定为民事再审的事由；凡属审判机关主观造成的违法行为，如《民事诉讼法》第 200 条第 1 款第 2 项至第 13 项的事由，鉴于检察机关具有监督法律实施的职责，实践中审判机关内部自我纠正违法的"艰难"，都应从民事再审事由中剥离出去，规定为民事检察监督的事由。此外，《民事诉讼法》第 208 条赋予了检察机关有限的公益守护人职责，参照国际上普遍将检察机关作为公益代表的通例，民事诉讼活动损害国家利益、公共利益也应成为检察机关抗诉的事由，以此体现民事再审制度与民事检察监督制度在民事诉讼制度中的不同性质和独立地位，实现民事诉讼制度体系内资源有机整合，效率效益优化。

4. 完善检察机关在民事诉讼中出庭的程序

根据我国《宪法》和《民事诉讼法》第 14 条的规定，检察机关监督的对象是整个民事诉讼活动中适用法律主体（人民法院）适用法律的情况，检察机关进行民事检察监督仅以法律是从，不代表任何一方当事人，出席法庭的位置应居于审判席的正后方，出度法庭的任务不是参与民事诉讼，也不是干预人民法院审判，而是不偏不倚，监视、督促法官正确适用法律。但现行《民事诉讼法》并未明确规定人民检察院在法庭上的席位和出庭任务，导致实践中对检察机关出席再审法庭的定位和任务不明，使得再审法庭常常将检察机关出席法庭的位置置于申诉一方当事人同侧，就申诉对方当事人提交的新证据询问检察机关意见，致使检察机关被误认为申诉一方当事人的代理人，常常遭受申诉对方当事人的人身攻击。

（二）促进民事检察监督权能优化配置

1. 赋予检察机关了解民事诉讼活动违法行为的知悉权

现行《民事诉讼法》规定民事检察监督是一种"事后监

督"，使得检察机关不能亲历民事诉讼过程，无法了解庭审活动，不仅导致检察机关不能及时监督、防范和阻止法院违法行为带来的后果，而且常常因检察机关审查案件局限于"坐卷审查"而导致与审判实际脱节，劳而无功甚至造成错误监督。实践中，为了了解案件审理真实情况，检察机关常采取对各方当事人一一询问和与监督对象沟通、了解情况的方式，加大了工作量，有时导致违法的审判人员和与之相关的当事人的警觉，提前防范，检察机关即使发现违法线索也难以提取到真实、有效的证据。应赋予检察机关诉前监督、诉中监督的权力，规定检察机关有权出席民事诉讼任何阶段的活动（当然检察机关是否出席可根据出庭的必要性决定），有权在民事诉讼的任何阶段针对法院的违法行为进行调查，以此保障检察机关履行民事检察监督有充分的知悉权，保障民事检察监督的针对性、及时性和有效性。

2. 赋予检察机关顺畅履行检察监督职能的结构性权力

目前《民事诉讼法》第 210 条赋予了检察机关向当事人或案外人调查核实有关情况的调查权，但缺乏与此调查权配套的结构性权力，使得检察机关在实践中行使调查权运行不畅，效果不佳，常遭受当事人或案外人的无理拒绝，有时因法律对被调查人提供虚假证明没有法律规制，还发生被调查人提供虚假证据导致检察机关错误监督的情形。应规定检察机关办理涉及审判人员违法行使职权的案件，有权向人民法院、有关组织和个人调查取证，进行必要的勘验鉴定，规定当事人、案外人、人民法院、有关组织对于检察机关因履行法律监督职责必要进行的调查不得拒绝，提供虚假情况应负一定的法律责任，保障民事检察监督权有效行使。

3. 赋予检察机关有效履行检察监督职能必要的权力强度

国家权力是一柄"双刃剑","就一般情况来说,没有界限和不受制约的权力对社会造成危害的可能性极大;而软弱无力的权力也无法维护自由和正义",现行《民事诉讼法》第211条虽然规定"人民检察院提出抗诉的案件,接受抗诉的人民法院应当自收到抗诉书之日起三十日内作出再审的裁定",但实践中裁而不审、审而不判现象严重。应明确规定人民法院再审开庭审理的期限和判决的期限,防止人民法院收到抗诉书后虽然依照《民事诉讼法》第211条的规定及时作出再审裁定,但因无法律明文对审理期限、判决期限规制而导致抗诉再审案件久拖不决,保障抗诉案件的力度和效果。另外,现行《民事诉讼法》虽然确立了检察建议这一民事检察监督方式,但并未规定检察建议的法律后果和效力,导致实践中检察建议常流于形式,多数不被监督对象采纳甚至不被回复,影响了监督效果和检察机关公信力。笔者认为,既然再审检察建议与抗诉都是程序建议权,既然《民事诉讼法》未区分抗诉和再审检察建议的事由,实践中二者采用同一标准,就应对再审检察建议和抗诉的法律后果也保持一致性,规定再审检察建议与抗诉一样,能够引起法院再审的法律后果;至于纠正违法性质的检察建议,应规定法院纪检部门对建议的事项作出处理,并回复检察机关。当然,在现行《民事诉讼法》规定下,民事检察监督权只是一种建议权,要保障此种建议权的强度,除对民事抗诉和检察建议的法律后果、法律效力、人民法院处理抗诉和检察建议案件的期限等进行规范外,还应赋予检察机关对于人民法院处理抗诉和检察建议案件中违法行为的查处权,如此民事检察监督才能真正起到防范、纠正、威慑审判违法行为的作用。

（三）强化检察机关内部机制改革

综上所述，校正民事检察监督在实践中的误区、解决民事检察监督在实践中的问题，根本对策在于完善立法。当前形势下，为及时应对民事申诉制度的新要求、新挑战，克服民事检察监督工作面临的诸多困难，强化检察机关内部机制改革是权宜之计。甘肃省检察院为强化各级检察院职权的对应性，提高民事检察监督的效力和效果，促进全省民事检察监督工作尽快适应民事申诉制度改革新要求和民事检察监督制度新发展，在全省民事检察监督工作中试行了层级对应式申诉制度、抗诉案件分流制度、检法调联合式和解制度，取得了一定成效。现就三个制度作一介绍，以期在当前立法状况下，为检察机关解决这些问题提供思路和参照。

1. 层级对应式申诉制度

民事检察监督工作中的层级对应式申诉是指在民事检察监督中，申诉人向检察机关申请抗诉监督，原则上由对申诉案件有抗诉权的检察院初次审查处理。

（1）基本内容。层级对应式申诉制度主要包括以下内容：

①原则上由有抗诉权的检察院直接受理审查抗诉案件。即当事人申请抗诉监督，原则上由有抗诉权的检察院直接受理审查并作出处理决定。为了方便当事人就地申诉，对案件有管辖权但没有抗诉权的作出生效裁判的法院的同级检察院也可以代为收取申诉材料，但须向上级检察院转交申诉材料以便其审查处理。

②例外情形下无抗诉权的检察院可以审查抗诉案件。即当事人申请抗诉监督，存在特定情形的，可以由有抗诉权的上级检察院交办下级检察院受理审查，也可以由下级检察院请示有抗诉权的上级检察院后，直接受理审查该案。这些特定情形是

指：双方当事人众多、需要大量就地调查核实案件事实的、存在审判人员违法情形，以及存在其他就地审查更有利于案件处理的情形的。这里，接受"交办"和请示有抗诉权的上级检察院要求本院直接办理的检察院是指当事人申诉不服的生效裁判的作出法院的同级检察院，仍要遵守地域管辖原则。

③无抗诉权的检察院有协助上级检察院办理案件的义务。即当事人申诉申请抗诉监督，有抗诉权的人民检察院对申请抗诉监督案件审查处理的，申诉不服裁判的作出法院的同级检察院有协助调卷、调查核实有关事实等义务，需要该下级检察院协助调卷的，该检察院应全卷复印案卷并向上级人民检察院寄、送。有抗诉权的检察院对申请抗诉监督的案件作出不立案、不抗诉等决定，需要就该案向作出生效裁判的法院发出检察建议或进行息诉、检察和解、调查审判人员违法行为的，作出生效裁判的法院的同级检察院应当协助上级检察院或根据上级检察院的安排，做好该项工作。

（2）与现行制度的区别。现行《民事诉讼法》没有对检察机关办理民事申诉案件的内部程序作出规定。实践中，根据《监督规则》的规定，当事人申请抗诉监督，一般由作出生效法律文书法院的同级检察院先行受理并审查。审查认为符合抗诉条件的，由该检察院提请或建议提请有抗诉权的检察院抗诉；审查认为不符合抗诉条件的，由该检察院径行作出不支持监督申请的处理决定。层级对应式申诉制度与这种受理审查申请监督抗诉案件的工作模式不同，主要表现在：

①有抗诉权的检察院直接作出抗诉决定，一般不再经过提请抗诉（含建议提请抗诉）环节。

②有抗诉权的检察院直接作出不支持监督申请，不再由没有抗诉权的检察院作出该决定。

③没有抗诉权的检察院对于一些特定案件审查并作出提请抗诉或不支持监督申请的处理决定，须经有抗诉权的检察院授权（须请示有抗诉权的检察院同意或经有抗诉权的检察院"交办"），不再能够径行审查处理。

（3）现实意义。层级对应式申诉制度是针对检察机关执行《民事诉讼法》第208条的弊端设置的，有利于解决以下民事检察监督工作存在的紧迫问题：

① 解决检察院办理抗诉案件职、权、责不相称的问题。现行制度下，没有抗诉权的检察院没有决定抗诉的权力，却须履行审查案件的义务，还可作出不立案、不抗诉等不支持监督申请的处理决定，造成了该检察院职、权、责不相称，也招致申请抗诉监督一方当事人对检察机关的决定置疑，层级对应式申诉制度有利于促进各级检察院按照各自的法定职能各司其职，防止检察机关滥用职权或怠于行使职权，有利于当事人服从检察机关作出的处理决定。

②解决民事检察监督法定办案期限与办案实际期限不一致的问题。《民事诉讼法》规定检察机关办理民事抗诉案件的期限为3个月，但实践中因大部分符合抗诉条件的案件须经过提请抗诉（含建议提请抗诉）环节，使得抗诉监督的周期最长可达9个月（不含控申部门和案管部门受理审查的期限），人为延长了检察机关办理民事申诉案件的期限，与民事申诉制度的效率性要求相悖，影响了检察机关的形象。层级对应式申诉制度原则上使抗诉监督不再经过提请抗诉（含建议提请抗诉）环节，有利于促进民事检察监督实际办案期限与法定办案期限保持一致性。

③减少涉法、涉检信访。层级对应式申诉制度防止了现行民事抗诉案件监督模式下，相当一部分案件未经有权检察机关

行使法定职权就由无抗诉权的检察院作出不支持监督申请的最终处理决定，当事人由此不服检察机关审查处理决定，但又穷尽了最后法律救济途径，转而通过信访途径救济权益，增加了信访案件的数量。层级对应式申诉制度严格依照各级检察院的法定职权行使权力，即使检察机关不支持监督申请，一般也由有抗诉权的检察机关作出决定，增加了检察机关处理决定的权威性，有利于减少涉法、涉检信访。

（4）功能愿景。实行层级对应式申诉制度，不仅对于解决民事检察监督工作中的现实、紧迫问题有重要意义，对于民事检察监督实现科学、健康、可持续发展亦有重要意义。

①促进民事检察监督权的依法行使。当事人申请民事检察监督的一个重要目的是请求检察机关维护司法公正，救济其在原审裁判中因公平审判权受到侵害而缺失的法律地位或实体权益。"身正方可正人"，为了回应民事申诉当事人对于司法公正的期待，检察机关首先应自身依法履行民事检察监督职能，其监督行为和监督效果才能得到当事人的信服。然而，虽然现行《民事诉讼法》第208条第1款规定最高人民检察院和申诉不服的生效法律文书的作出法院的上级检察院才有抗诉权，申诉不服的生效法律文书的作出法院的同级检察院有提请抗诉权，同时，根据现行《民事诉讼法》第208条第2款的规定，对于一个案件，提请抗诉程序与检察建议作为检察机关履行同级监督职能的方式，同样是抗诉监督之外的一个选择性监督方式，是抗诉程序的辅助程序，但实践中，由于《监督规则》第35条的规定，却普遍由申诉不服的生效法律文书的作出法院所在地的下级检察院受理审查民事申诉案件，而且提请抗诉成为与抗诉并行的民事检察监督的主要方式。同时，对于当事人申请抗诉监督的案件，不支持监督申请与抗诉都是对该类案件的处

理结果，理应由有抗诉权的检察院作出，但实践中，没有抗诉权的检察院以不立案、不建议提请抗诉、不提请抗诉等方式对该类案件作出审查处理决定成为普遍现象，违背了《民事诉讼法》立法原意，违反了检察职能法定的原则。层级对应式申诉制度的施行，使有抗诉权的检察机关得以充分履行抗诉职能，而无抗诉权的检察机关只是辅助有抗诉权的检察机关履行抗诉职能，回归了立法原意，增强了检察机关民事检察抗诉监督权能与法律规定的对应性，有利于推进检察机关依法监督、规范监督、公正监督，增强民事检察监督的公信力。

②强化民事检察监督的整体效能。现行检察机关内部抗诉案件审查模式下，申诉不服的生效法律文书的作出法院的同级检察院和下级检察院没有案件处理决定权，却要履行调卷、核实案件事实和证据、询问双方当事人、提出审查处理意见等义务，而对申诉案件有抗诉权的上级人民检察院具有法定的案件处理决定权，须承担案件责任，却主要只依据下级检察院报送的材料和意见审查案件，一般并不履行询问当事人、调查核实案件事实、证据等义务，违反了职、责、权相称原则，造成了有抗诉权的检察院作出的处理决定依据客观性不足，而没有抗诉权的检察院则易滥用职权或怠于行使职权。层级对应式申诉制度使得有抗诉权的检察院和下级检察院按照各自的法定职能既各司其职，又相互配合，有利于强化各级检察院的客观义务，促使其依法、公正履行职能，维护司法公正，充分维护当事人合法权益，有利于促进民事检察抗诉监督制度整体效能的发挥。

③提升民事检察监督的工作效益。如前所述，司法效率是司法公正的应有之义。在现行民事申诉制度下，《民事诉讼法》第 209 条的规定延长了申诉案件处理流程，而检察机关现行的

内部抗诉监督程序，不仅使检察机关办理抗诉案件程序更加繁冗，流程进一步延长，进一步增加了民事申诉当事人的诉累，还因各级检察院审查办理申诉申请抗诉案件，不完全依照《民事诉讼法》对各级检察院的职权范围，降低了民事检察监督的公正性，不能满足民事申诉当事人对民事检察监督效益的期待。层级对应式申诉制度使得大部分民事申诉案件不必再经过提请抗诉、建议提请抗诉阶段，得以严格遵守法定期限，使得各级检察院能够按照《民事诉讼法》规定的职权范围各司其职，增加了检察机关办理民事抗诉案件的公正性和权威性，并贯彻层级对应申诉与就地申诉相结合的灵活性原则，兼顾了特殊案件的抗诉监督审查效率，有利于提高民事检察监督的工作效益。

④促进各级检察院适应新法要求的职能转型。2012 年《民事诉讼法》对民事检察监督提出了救济、监督、终结诉讼等多元要求，市级检察院和县级检察院民事检察人员必须锻造多元监督的能力，才能够推动民事检察监督工作的可持续发展。同时，《民事诉讼法》强化了民事检察监督"监督"的内涵，也要求检察机关摒弃过去立法规定抗诉单一、监督模式下长期存在的"检察机关民事检察监督的主业就是办理抗诉案件"的传统观，尽快实现"以抗诉为中心"到"以监督为中心"的监督观转换。层级对应式申诉制度使有抗诉权的检察院实现了与现行《民事诉讼法》要求的职能对应，在该制度规定下，市级检察院和县级检察院民事检察部门办理抗诉案件的职能弱化，迫使其为了继续生存和发展，不得不尽快抛弃依靠办理抗诉案件求生存求发展的理念，实现职能内容与《民事诉讼法》要求的对接，实现职能转换。

（5）设计依据。层级对应式申诉制度主要依据以下原理设计：

①检察权依法行使原则。依法独立行使检察权，是我国的宪法原则。《人民检察院组织法》《检察官法》都对该原则重申并强调。层级对应式申诉制度的实行，将回归有抗诉权的检察院依法履行抗诉案件审查职能，增强民事检察监督权运行的规范性，是贯彻检察权依法行使原则的体现。

②职、责、权相称原则。层级对应式申诉制度，使得有抗诉权的人民检察院和下级人民检察院既相互配合，又各司其职，有利于促进民事检察抗诉监督工作贯彻职、权、责相称原则，发挥整体效能。

③诉讼效率原则。层级对应式申诉制度使得现行《民事诉讼法》规定的各级检察机关在民事检察监督中尽可能依照法律授权的范围行使职权，强化了有抗诉权的人民检察院的客观义务，提高了抗诉案件审查处理决定的公正性，简化了民事检察抗诉监督程序，降低了当事人的申诉成本，同时贯彻了就地审查便利原则，是诉讼效益原则运用于民事检察监督机制改革的集中体现。

2. 抗诉案件分流制度

抗诉案件分流是指有抗诉权的检察院初次审查终结申请抗诉监督的民事申诉案件后，对符合《民事诉讼法》第 200 条第 1 款第 1 项至第 5 项监督事由，且有必要提出抗诉或由下级检察院提出再审检察建议的案件进行分流。其中，不符合抗诉或提出再审检察建议条件的，由有抗诉权的检察机关自行作出息诉、检察和解、终止审查等处理决定。符合抗诉或提出再审检察建议条件，但依据法律规定不应当或不适宜由作出生效法律文书法院再审的，由有抗诉权的检察院向同级法院提出抗诉，并建议其提审；不具有上述情形的，由有抗诉权的检察院书面指示下级检察院向同级法院提出再审检察建议，并制作《建议采纳再审检察建议书》，说明该案件符合抗诉条件，作出生效法律文书的法院应当择机启动再审程序。

（1）抗诉案件分流制度改革的基本内容。抗诉案件分流制度是对于现行《民事诉讼法》第211条规定的合理化改造，因此，应当以该条规定为基础，适用于该条规定的符合《民事诉讼法》第200条第1款第1项至第5项规定的抗诉案件，且该案件必须未经监督针对的生效法律文书的作出法院再审。

①对以《民事诉讼法》第200条第1款第1项至第5项为依据申诉申请抗诉监督的案件，首先应由对该案件有抗诉权的检察院初次受理审查，提出审查处理意见，并以审查处理意见为依据进行案件分流。

②对于以《民事诉讼法》第200条第1款第1项至第5项为依据申诉申请抗诉监督的案件，有抗诉权的检察机关审查后，认为该案不存在监督事由，或不符合《民事诉讼法》第200条第1款第1项至第5项的抗诉条件，由有抗诉权的检察机关自行作出息诉、检察和解、终止审查等处理决定。

③对于以《民事诉讼法》第200条第1款第1项至第5项为依据申诉申请抗诉监督的案件，有抗诉权的检察机关审查后认为符合《民事诉讼法》第200条第1款第1项至第5项的抗诉条件，且该案未经监督针对的生效法律文书的作出法院再审，应当提出抗诉但可以由下一级检察院以再审检察建议方式建议其同级人民法院再审的案件，原则上应当以内部函形式或在《不支持抗诉监督意见书》中载明该案符合抗诉条件和有抗诉权的检察院认为该案符合抗诉条件的理由，建议作出生效裁判的人民法院同级的人民检察院就该案向同级人民法院提出再审检察建议，在下一级检察院提出再审检察建议后制作建议人

民法院采纳再审检察建议书，说明该案经该有抗诉权的检察院审查符合抗诉条件，建议对该案作出生效裁判的人民法院采纳其同级人民检察院就该案提出的再审检察建议，对该案再审；对于以《民事诉讼法》第 200 条第 1 款第 1 项至第 5 项为依据，且未经作出该案生效裁判的法院再审的申诉申请抗诉的案件，有抗诉权的检察院受理审查后，认为不宜由作出该案生效裁判的法院再审的，有抗诉权的检察院应当向同级法院抗诉，并制作建议函，建议由接受抗诉的法院再审。

（2）与现行制度的不同。根据现行《民事诉讼法》第 211 条的规定，人民检察院提出抗诉的案件，接受抗诉的人民法院应当自收到抗诉书之日起 30 日内作出再审裁定；对于符合该法第 200 条第 1 款第 1 项至第 5 项规定情形之一的，可以交下一级人民法院再审，但经过该下一级人民法院再审的除外。据此，"上抗下审"成为实践中的普遍抗诉再审方式。实践中，为简化程序，减少上级检察院的工作量，加强再审检察建议的运用，对于当事人以《民事诉讼法》第 200 条第 1 款第 1 项至第 5 项监督事由提出抗诉申请的案件，上级检察院往往不经审查，直接由控申部门向下级检察院进行分流。与"上抗下审"方式和上述实践中的抗诉案件分流方式相比，抗诉案件分流制度具有以下不同：

①与"上抗下审"方式相比，在法院审查环节，大部分符合《民事诉讼法》第 200 条第 1 款第 1 项至第 5 项监督事由的案件不再经过法院对抗诉材料形式审查的 30 天期间。

②与实践中检察机关分流抗诉案件的方式相比，上级检察院对案件进行实质审查后才分流，需要由下级检察院提出再审检察建议的，分流的同时提出审查意见，并向接受再审检察建议的法院发出《建议采纳再审检察建议书》，保障了再审检察

建议的质量和效果。

（3）现实意义。实施抗诉案件分流制度改革能够解决以下问题：

①减少抗诉再审裁定的拖延现象。抗诉案件分流制度使大部分抗诉案件不再经过接受抗诉法院的 30 日形式审查期间，避免接受抗诉法院不及时作出再审裁定，甚至以调不齐原审案卷等为由久拖不裁。

②解决实践中再审检察建议运用不足且效果不佳的问题。抗诉案件分流制度中，大量的本应由上级检察院抗诉的案件流向下级检察院，以再审检察建议方式进行监督，扩大了再审检察建议的适用规模。上级检察院对案件实质审查后才指示下级检察院向同级法院提出再审检察建议，保障了再审检察建议的质量；下级检察院发出再审检察建议后，有抗诉权的检察院又向接受再审检察建议的法院发出《建议接受再审检察建议书》，保障了再审检察建议的效果。

（4）制度意义。实施抗诉案件分流制度改革，除了解决民事检察监督工作的现实问题，对于完善民事检察监督立法，优化民事检察监督工作机制也具有重要意义。

①探索再审检察建议的合理运用方式。抗诉案件分流制度强化了再审检察建议的运用，有抗诉权的检察院在下一级检察院向同级法院提出再审检察建议后，建议接受检察建议的法院接受检察建议，有利于强化再审检察建议的效力，为优化民事检察监督权的配置提供了思路。检察机关可以循此思路，就法院采纳再审检察建议的具体情形，尝试与法院进行协商，会签文件，从而为立法上强化再审检察建议的法律效力做出探索与努力。

②探索民事检察一体化的有效模式。由有抗诉权的检察院

对以《民事诉讼法》第 200 条第 1 款第 1 项至第 5 项事由申请检察机关抗诉监督的案件受理审查后，以内部函或《不支持监督意见》的方式建议下一级检察院向其同级人民法院提出再审检察建议，有利于防止下级检察院滥用再审检察建议权，以检察权干涉当事人私权，有利于加强上级检察院对下级检察院的业务指导和工作领导，通过长期的个案指导提高民事检察监督能力；同时，有抗诉权的检察院对案件进行审查，有检察建议权的检察院对案件提出检察建议，有抗诉权的检察院再建议下一级检察院的同级法院采纳检察建议，上、下级检察院各司其职、分工协作，有利于整合工作力量，促进各种监督方式的相互补充、相互为用，促进各级检察院职能优势的合力发挥，探索了民事检察一体化的有效模式。

③探索提高审判监督效率的有效途径。抗诉案件分流制度贯彻了《民事诉讼法》第 211 条的规定，便于下一级人民法院进行证据审查，再审纠正事实认定方面的错误；合理地省略了对于符合《民事诉讼法》第 200 条第 1 款第 1 项至第 5 项规定且未经案件中作出生效裁判的法院再审的抗诉案件，"上抗下审"模式中 30 日的形式审查环节，缩短了抗诉案件再审的周期，节省了审判资源。在检察院内部，加强了上级检察院对下级检察院的指导和监督，有利于提高民事检察监督的质量，探索了提高民事检察监督效率的有效路径。

（5）设计依据。抗诉案件分流制度体现了以下原则：

①检察工作一体化原则。首先，由有抗诉权的检察院对以《民事诉讼法》第 200 条第 1 款第 1 项至第 5 项事由申诉申请检察机关抗诉监督的案件受理审查后分流，在下一级检察院向同级法院提出再审检察建议后，建议接受检察建议的法院接受检察建议，有利于运用抗诉权强化再审检察建议的效力。其

次，由有抗诉权的检察院对以《民事诉讼法》第 200 条第 1 款第 1 项至第 5 项事由申诉申请检察机关抗诉监督的案件受理审查后，以内部函或《不支持监督意见》的方式建议下一级检察院向其同级人民法院提出再审检察建议，有利于加强上级检察院对下级检察院的业务指导和工作领导，通过长期的个案指导强化民事检察法律监督能力。最后，有抗诉权的检察院对案件进行审查，有检察建议权的检察院对案件提出检察建议，有抗诉权的检察院再建议下一级检察院的同级法院采纳检察建议，上、下级检察院各司其职、分工协作，有利于整合工作力量，加强各种监督方式的相互补充、相互为用，充分发挥多元化监督的效用。

②谦抑监督原则。权力谦抑原则是现代法治理念中非常重要的内容。其基本含义是，国家公权力机关，特别是司法机关，在行使权力时要保持克制，要尽量避免与其他机关的冲突以及对于公民生活的过度干预。民事检察监督的谦抑性正是权力谦抑原则的具体体现，是指检察机关在行使诉讼监督权力的过程中，要保持谦抑的姿态，不能超越诉讼监督权的职权范围干涉当事人、诉讼参与人正当行使权利以及干预其他机关的职权行使，甚至越位进入其他机关的职权领域。抗诉案件分流制度，使得大部分申诉案件以较之抗诉监督方式更加柔和的再审检察建议的方式启动再审程序，有利于缓和监督与被监督产生的检、法之间的紧张关系，体现了民事检察监督作为诉讼监督的克制，同时有抗诉权的检察院对该类案件审查处理后，再建议该案件中作出生效裁决的人民法院采纳检察建议的做法有助于防止下级检察院滥用再审检察建议权，以检察权干涉当事人私权利，是民事检察监督谦抑性原则的贯彻和体现。

③诉讼经济原则。诉讼经济是指活动的效益与该活动所花

费成本之间的比率。现行《民事诉讼法》第 211 条规定对于符合该法第 200 条第 1 款第 1 项至第 5 项的抗诉案件（涉及案件的事实问题的抗诉案件），如果未经原审法院再审，可以"上抗下审"，贯彻了诉讼经济原则，有利于下一级人民法院再审纠正事实认定方面的错误，便于进行证据的审查，有利于保障当事人的合法权益。抗诉案件分流制度是《民事诉讼法》第 211 条的全面贯彻，在此基础上，抗诉案件分流制度合理地省略了有抗诉权的检察院所在地的同级法院对符合《民事诉讼法》第 200 条第 1 款第 1 项至第 5 项规定且未经案件中作出生效裁判的法院再审的抗诉案件形式审查的环节，缩短了抗诉案件再审的周期，节省了审判资源，在检察院内部，也加强了上级检察院对下级检察院的指导和监督，有利于提高民事检察监督的质量，是诉讼经济原则的集中体现。

3. "检法调联合式"检察和解制度

"检法调联合式"民事检察和解是指在民事检察工作中，检察机关依法发挥主持、调停作用，同时与社会调解组织、司法行政部门或审判机关加强沟通配合，共同推动双方当事人达成和解协议并履行。

（1）基本内容。"检法调联合式"民事检察和解制度包括以下内容：

①基本原则。包括四个基本原则：

（a）合法性原则。即检察机关适用民事检察和解要符合法律的规定。具体是指，民事检察和解要以履行法律规定的检察机关法律监督职能为视角，要遵守民事检察监督权的界限依法主持和解，要保持检察权独立行使，以此保障民事检察和解不偏离检察机关职能定位，保障民事检察和解效力。

（b）尊重当事人意愿原则。指在民事检察调解活动中，检察机关主持和解工作要在依法的前提下，尊重双方当事人的合意。无论选择是否用和解的方式解决申诉事项，或是否达成和解协议，或达成什么样的和解协议，都必须充分尊重双方当事人的意思自治，不得强迫。

（c）查明事实、分清是非原则。"查明事实"，是指检察机关主持和解时，要查明申诉人申诉的事实与案件的关联性、与其申诉意欲保护的权益的关联性；查明法院生效法律文书是否已根据已有的证据查明案件事实，和其所依据的证据的合法性、客观性、相互关联性，以及法院是否遵循审判原则、审判程序等。"分清是非"，是指检察机关主持和解时要分清申诉人的申请监督事由"是"与"非"，分清法院的裁判在程序运用、事实认定和法律适用的"是"与"非"，以及是否真正维护了双方当事人的合法权益，是否真正体现了司法公平正义。查明事实，分清是非，还要通过对以上两方面的审查、判断查明申诉案件中各方当事人的法律关系、事实关系，其矛盾不能平息的症结所在，即双方当事人真正争执的焦点，申诉人不服法院判决的内在原因等，从而分清法院的裁判与当事人的申辩谁是谁非，是、非之处何在。

（d）和解效率原则。即决定是否适用民事检察和解形式时，要在案件属于和解的范围的前提下，全面评估运用此种形式有效利用司法资源的程度；在和解程序上，应体现和解这种非讼形式的灵活性，尽量避繁就简。在和解效果上，要以案结事了为目标，注重和解效果的即时性和终结性。

②适用范围。适用于检察机关不适宜抗诉、提出再审检察建议的申请检察监督的案件的处理。该案件中双方当事人必须有和解的意愿且有达成和解的可能。具体来说，下列案件考虑优先适用民事检察和解：一是涉及群体性利益，或者当事人众

多的共同诉讼、集团诉讼或系列诉讼案件；二是敏感性强，当地党委、人大、政府或社会舆论关注的案件；三是当事人之间具有亲属关系、邻里关系等特殊关系的案件；四是有证据证明已经生效的法律文书中履行义务一方当事人履行确有困难，接受履行一方当事人可能作出让步的；五是申诉支付赡养费、抚养费、医疗费、标的物具有储存期或正在使用的需要即时解决纠纷的案件；六是其他具有明显和解因素的案件。对于有下列情形之一的民事申诉案件，不适用民事检察和解：一是有证据证明审判人员在审理案件时有贪污受贿、徇私舞弊、枉法裁判行为的；二是有证据证明判决、裁定、调解书内容存在侵害国家利益、社会公共利益或者案外人合法权益的；三是其他不宜进行检察和解的情形。

③基本模式。一是检察机关依照民事检察监督权的范围和民事检察和解的优势及检察工作实际监督制度适用的案件类别和情形。二是检察机关在民事检察和解中发挥主持、斡旋作用。三是检察机关从主持和解开始到民事检察和解协议达成、履行，与法院加强配合、沟通，互通有无，加强协作。四是民事检察和解达成时，邀请法院执行员到场，由检察人员、法院执行员共同签字。五是民事检察和解协议达成后，向法院进行通报，建议法院在执行当中尊重双方当事人在检察机关达成的协议。六是民事检察和解过程中注重运用公开审查、听证、评议制度、"检务公开"、案件跟踪、随访、监督履行一体化等制度，以提高和解效率。七是民事检察和解工作，应当与司法所等社会调处机构加强配合，共同促进当事人双方相互理解，促成当事人及时履行和解协议。

（2）构造优势。实践中，检察机关运用民事检察和解的方式主要有三种：一是检调对接式，即检察机关将民事申诉中可以适用和解的案件移送至司法所社会矛盾调处机构，由其进行和解，检察官引导和监督和解。二是检、法对接式，即检察机关提出抗诉或再审检察建议前建议法院主持和解；抗诉或提出再审检察建议后参与法院的再审和解，使检察和解协议成为法院和解书的一部分，并督促当事人履行。三是检调式，即主张检察机关在民事检察和解中运用调查取证权、主动查询权、指挥权、协调权等与法院和解相似的权力进行和解。与这些民事检察和解方式相比，"检法联合式"民事检察和解具有以下不同：

①强调检察权的依法、独立行使。以上三种和解方式，或者使检察机关变成了参与社会和解的法律咨询者，或者混淆了检察权和审判权的界限，或者造成检察机关在和解中的地位过于强势，易造成以公权力侵害私权利。

②强调与社会调解组织、司法行政部门或法院的配合、协作。"检调对接式"和"检法对接式"民事检察和解方式中，强调社会调解组织、司法行政部门或法院在和解中的主要地位，检察院作为引导者、监督者或参与者参加民事检察和解，检察和解中检察机关的地位和作用不能明显体现，检察监督的功能无法得到充分发挥。

③强调和解的效率。充分整合社会资源和司法资源，提高和解的效率，而"检调式"民事检察和解过于强调检察机关的独立作用，检察机关在和解中投入较大，效力和效果却没有保障。

（3）现实意义。"检法调联合式"民事检察和解制度有利于解决民事检察和解制度中的下列问题：

①保障了民事检察和解的效果。现行民事检察和解制度中和解协议的效力难以保障。"检法调联合式"民事检察和解制

度规定和解协议达成时，案件已进入执行程序的，邀请法院执行人员在和解协议上签字，督促法院及时作出执行裁定，促成当事人及时履行，在一定程度上保障了民事检察和解的效力。

②提高民事检察和解的效率。"检法调联合式"民事检察和解制度通过与社会调解组织、司法行政部门或法院的沟通配合，整合资源，使社会调解组织、司法行政部门或法院在人民调解或法院调解中已经取得的成果与检察机关在民事检察和解中的作用及检察机关的执法公信力相结合，促成民事检察和解协议的达成和履行，提高民事检察和解的效率。

（4）功能价值。"检法调联合式"民事检察和解制度对于完善民事检察监督制度具有以下意义：

①探索民事检察和解的合理模式。民事检察和解方式目前已在各地广泛使用，但形式表现各异，"检法调联合式"民事检察和解制度的试行，可以为探索依法、规范、有效的民事检察和解方式提供参考。

②探索检法衔接机制的具体内容。"检法调联合式"民事检察和解中，涉及民事检察和解中检察权和审判权如何既相互独立又相互配合，探索了检法关系如何定位、衔接等检法衔接机制的具体内容。

③探索检察机关参与社会治理的现实路径。"检法调联合式"强调检察机关与社会调解组织、司法行政部门或法院的配合、协作，共同在维护社会和谐稳定中发挥作用，为检察机关有效参与社会治理提供了实践参考。

结语

综上，民事申诉与民事检察监督的相互关系反映了民事申诉制度影响民事检察监督的法理基础，民事申诉制度影响民事检察监督的基本表现及 2012 年民事申诉制度改革在民事检察监督中引发的问题，反映了民事申诉制度在民事检察监督实践中运行的轨迹。民事申诉制度与民事检察监督制度在民事诉讼制度体系中的结构性问题分析则揭示了民事申诉制度与民事检察监督制度运行现状与立法期待存在差距的根源。这启示我们，虽然现行民事申诉制度和民事检察监督制度相比 1982 年《民事诉讼法》有了长足意义的进步，体现了法制的进步和法律治理方法在国家治理中的逐渐深化，但民事检察监督制度的发展之路依然漫长。本章所做的思考仅为"引玉之砖"，如何从民事诉讼制度的整体结构、功能出发，进一步完善和发展民事检察监督制度，仍有待我们在实践中不断探索和思考。

第四章 检务保障与司法公正研究[*]

司法公正是现代司法的终极追求，是检察机关履行法律监督职能的根本出发点，检察机关要依法独立、全面、有效的行使检察权，实现司法过程公正和司法结果公正的有机统一，充分的检务保障资源、科学的检务保障机制和高效的检务保障水平是其前提和基础。近年来，围绕建立科学的检务保障机制，促进检察司法公正实现，学界和实务界进行了诸多分析和研究，提出了一系列改革设想，最高人民检察院和部分地方检察院也在充分调研、评估、论证的基础上，开展了一系列检务保障体制、机制改革试点。本章试以甘肃省检察机关近年来检务保障工作情况为窗口，研究如何解决检务保障工作制约检察司法能力、司法效果的体制性、机制性问题，以期为新形势下强化检务保障建设，实现检察机关维护司法公平、正义的职能目标提供有益的理论和实践参考。

一、检务保障基本理论概述

关于何为检务保障，有广义和狭义之说。"广义说"认为，检务保障是指为检察业务和检察事务提供支撑和支持，促进检察职能全面履行、检察制度不断完善、检察理论逐步丰富，以

  * 本章内容系最高人民检察院 2014 年检察理论研究重点课题研究报告，课题编号：GJ2014B07，于 2016 年 11 月结项，全文收入《中国检察》第 26 卷，阶段性成果《司法公正视野下强化检务保障建设对策研究》刊载于《检察工作实践与理论研究》2016 年第 2 期。

及检察事业创新发展的一切外在和内有的条件，包括人力、物力、财力及其相关制度与政策环境等基本要素；① "狭义说"则认为，检务保障仅指检察机关经费保障、各项物质保障和信息化保障，仅包括财力和物力两个要素。② 检察机关关于检务保障的工作会议讲话、新闻报道、调研报告、工作总结等文献内容一般将检察经费保障、基础设施建设、装备建设、信息化建设、涉案财物等国有资产的管理纳入检务保障工作范畴，而将"人力"因素归入检察队伍建设范畴。本章内容认为，检务保障是指为保障检察机关依法实现职能目标，有关机关及时为检察机关提供充分的人力、物力、财力等支持条件，检察机关对之进行使用、管理并接受监督，科学、经济、优质、高效地服务于检察工作的行为。

（一）检务保障的主要内容

关于检务保障的主要内容，现有文献有的认为检务保障广义上包括人力资源保障、经费和物质技术条件保障，如经费保障、基础设施保障、信息化保障、技术装备保障等，以及管理和服务保障，如技术管理、财务管理、统计管理和档案管理以及服务保障等，狭义上则仅包括检察经费和物质技术条件保障；③ 有的认为检务保障就是检察经费和物质保障以及综合服

---

① 徐汉明、李满旺、刘大举：《中国检务保障理论与应用研究》，知识产权出版社 2013 年版，第 2 页。本章对"检务保障"广义的解释系结合作者的理解对该著作中相关解释的修正。

② 吕赵龙、易志斌：《检务保障的法理分析与法律思考》，载《湖南社会科学》2009 年第 6 期。

③ 朱孝清、张智辉主编：《检察学》，中国检察出版社 2010 年版，第 682 – 683 页。

务工作的总称，不包括人的因素；① 还有的文献认为检务保障虽然不包括各项检察业务的人员配置和管理，但在检察经费、装备、技术、信息、基础设施保障外，还包括国有资产管理和检察技术人员、计财队伍保障。② 本章内容认为，"检务"是指检察业务、检察政务和检察事务，"检务"的正常运转离不开人力资源保障。当然，从现有的研究成果看，人力资源保障即检察人员的配置、管理和保障一般纳入检察人员管理的范畴内研究，因此，本章并不以此为研究重点。另外，检察经费、检察基础设施、科技装备等本身就属于国有资产，检察经费、物质、信息化保障也都包含"管理"的内容，因此，并无必要将"国有资产管理"单列为检务保障的内容。据此，本章研究的"检务保障"主要包含以下三方面的内容：

1. 检察经费保障

指保障检察机关依照法律规定履行职能活动的人力资源费用、机构运行、各项检务事务、政务、业务开展费用等，是检察工作顺利开展的基础和前提。检察经费保障主要包括：检察人员工资、津贴、医疗保险、住房补贴、抚恤、优待保障等人员经费保障，会议费、宣传费、奖励费、派驻机构经费等检察机关行政经费支出保障，技术装备费、业务综合保障装备费、司法警察装备费等装备费用保障，办案差旅费、侦缉调查费、协助办案费、技术检验鉴定翻译费、专业补助费、邮电费、交通费、特情费、办案补助费、司法协助费、印刷费、物（证）

---

① 罗堂庆主编：《检察工作规律与检察管理研究》，中国检察出版社 2013 年版，第 190 页。

② 最高人民检察院计划财务装备局：《检务保障建设的主要内容是什么》，载《检察日报》2006 年 4 月 10 日。

保管费、检察政策理论研究费、人民监督员经费等业务（办案）经费保障等。

2. 检察物质保障

指保障检察工作开展的办公用房、仪器装备等硬件设施建设，主要包括基础设施建设与检察装备建设，对于提高检察人员工作能力、确保检察工作有效、安全开展、促进检察办案现代化等具有重要意义。其中，检察基础设施建设主要指"两房"（办案用房和专业技术用房）、办公用房、国家检察官学院分院和各省、自治区检察官培训基地的建设；检察装备建设主要指业务类办公和专用办案装备、技术检验鉴定类办公和仪器等装备、法警装备及器械、基础网络平台、网络运行支撑平台、网络应用系统平台等信息化建设所需的装备，以及政工、办公、计财、纪检监察的工作装备、人员教育培训类装备、交通装备的建设等。

3. 检察信息化保障

检察信息化是指检察机关根据国家和检察机关信息化建设的目标、任务、方针和原则进行统筹规划和组织，在法律监督、队伍建设、检务管理方面应用现代信息技术，有计划、有步骤地开发和应用各类信息资源，加速实现检察现代化的进程。① 检察工作信息化是知识经济时代和当前检察工作面临复杂形势、艰巨任务对检察队伍提高战斗力的新要求。检察信息化建设的主要内容包括：计算机广域网（一级专线网、二级专线网、三级专线网）、局域网、因特网站点的建设，检察业务信息数据库建设、与公安、法院、党委、人大等相关部门就关联业务建立的信息交换、共享系统、个案协查与司法协助信息

---

① 参见徐汉明同志在全国检察机关信息化建设工作会议上的讲话。

系统、案件办理指挥中心系统、案件信息管理系统和办案专用业务软件的建设等。

（二）检务保障的基本特征

现有著述从不同视角对检务保障的基本特征进行了概括，认为检务保障有法定性、统一性、发展性、历史性、能动性、从属性、辅助性等特征。[①] 本章认为，当前检务保障资源来源多元，因此认为检务保障资源来源于国家，由国家统一保障、统一配置，从而具有统一性特征的观点，实际上只是在"检察权是中央事权"的观点支撑下对检务保障的理想期望；检务保障虽然服务于检察权运行，但在检察工作中具有基础性、前提性等重要地位，因此认为检务保障具有从属性、辅助性的观点淡化了检务保障工作在检察工作中的基础地位；另外，虽然检务保障人员的主观能动性发挥得好，能够促进检务保障工作的开展，但检务保障的资源来源于中央和地方财政，工作的范围围绕检察权的行使，工作的手段、方式必须严格遵守法定程序或国家财务制度，检务保障工作的能动性受到很多限制，因此，能动性并非检务保障的基本特征。综上，本章认为，检务保障具有以下一些典型的基本特征：

1. 法定性

检察工作是检察机关和检察人员依照法律授权行使检察权的活动，检务保障为检察机关和检察人员依照法定权限、法定程序履行法定职能提供财力、物力等方面的支持和保障，其工作目标紧紧围绕检察工作职能开展，其工作权限、程序、采取

---

① 朱孝清、张智辉主编：《检察学》，中国检察出版社 2010 年版，第 682－683 页；罗堂庆主编：《检察工作规律与检察管理研究》，中国检察出版社 2013 年版，第 191 页。

的措施和手段必须严格依照法律规定对于检察机关的授权，具有鲜明的法定性。

2. 国家性

检察工作是检察机关和检察人员代表国家行使检察权的活动，检务保障资源来源于中央或地方政府财政预算，由国家统一保障，检察机关和检察人员履行职能不得接受财政部门以外的任何组织、个人的赞助，检务保障的"国家性"是检察机关独立、公正行使职权的基本保障。

3. 基础性

检务保障资源作为检察机关维持运转、实现职能目标所必需的物质条件和手段，是检察机关和检察工作存在和发展的基础。检务保障工作是保障检察机关获得并合理配置、有效使用这些资源的行为，其机制运行、功能发挥对于检察机关组织活动运行和检察职能履行具有重要的基础作用。

4. 全面性

检务保障涉及检察机关的工作条件，如检察工作所必须的经费、装备、通信设施和基础设施，也涉及检察人员的身份权益，如工资、津贴、保险、福利待遇 和抚恤优待等，内容丰富，保障的方式、措施多种多样，具有显著的全面性特征。

5. 服务性

检务保障工作为检察机关和检察人员发挥职能作用服务，不直接涉及检察权的行使，服务于检察机关、检察工作、检察人员是其基本特征。

6. 发展性

检务保障调整的主要是检察工作中的物质保障关系。随着经济社会的发展，政治、经济、文化等领域的因素变化都会导致检务保障的标准不断变化发展，这就决定了检务保障工作要随着社会发展变化与时俱进，不断赋予其新的内容。

（三）检务保障的价值功能

我国检察机关是宪法规定的法律监督机关，运用法律规定的手段对法律实施情况进行监察、督促，维护司法公平正义是其发挥职能作用的根本出发点。检务保障作为保障检察机关和检察人员履行职能的前提和基础性工作，对于保障检察机关实现维护司法公正的根本目标具有重要的价值意义。

1. 保障检察职能全面履行

从古至今，充分的物质保障是一切组织活动、个人行为顺利进行的前提。在全部检察工作中，执法办案是中心，队伍建设是根本，检务保障是基础，检察职能能否全面履行，司法不公行为能否得到全面监督，物质因素不容忽视。实践中，由于办案经费没有保障，一些职务犯罪案件线索不得不搁浅，一些有影响的携款外逃案件无法组织追逃；一些应当复查核实启动监督程序的刑事、民事、行政案件只好久拖不办或敷衍塞责。许多基层检察院的经费只能保障干警的基本工资和日常办公，办案、侦查等技术设备无法正常更新，基础设施严重滞后，干警的福利待遇难以保障，影响了干警工作的积极性，也影响了检察事业的健康发展，做好检务保障工作对于保障检察职能全面发挥具有重要意义。

2. 保障检察职能公正履行

作为国家法律监督机关，检察机关维护司法公正的前提是自身恪守客观义务，履行职能客观公正。我国《人民检察院组织法》《刑事诉讼法》《民事诉讼法》等法律已通过制度安排和职责设计，对检察人员提出了忠于事实和法律、客观公正收集和审查证据、依法独立作出案件处理决定、保障诉讼当事人合法权益等要求，而完整独立的检务保障体系，能够使检察机关避免因公用经费、装备等利益原因受制于地方政府及其职能部门，避免被监督者借助利益资源配置权影响检察机关独立公正行使检察权。同时，通过实现区域间不同层级间的均等化的检务保障，能够使不同地域或不同层级检察机关所提供给公民的"公共品"消费，即提供给国家社会组织乃至公民的权利得到同等程度的保护，促进检察职能作用公正实现。另外，检务保障从公用经费来源上杜绝了检察人员实施违法执法行为的利益动机；通过加大对检察机关公用经费保障标准的落实力度，严格规定检察机关扣押冻结款物的范围、条件、程序和纪律，能够消除许多执法不规范行为的体制性因素；办案基础设施和科技装备建设的加强，也有利于检察机关运用技术制约方式规范执法行为，从而确保检察职能客观、公正履行。

3. 保障检察职能有效履行

充足的经费保障、必要的办案环境、装备技术是检察机关全面地运用法律赋予的职权有效履职的前提条件。在科学技术飞速发展、犯罪分子的作案手段日益科技化、智能化、隐蔽化的形势下，先进的科技装备、优良的交通条件、快捷反应的信息化设备，有利于检察机关适应新形势下维护社会稳定、服务经济的新要求，提升与新型犯罪作斗争、解决复杂纠纷的履职能力，有利于提高办案质量和履职效能，实现公正与效率的统一。

二、检务保障现存问题分析

自1978年检察机关恢复重建后，随着我国社会经济的快速发展，法治社会不断推进，检务保障机制不断健全，中央和地方财政对检察工作的经费支持力度不断加大，各地检察机关检务保障的服务功能逐渐丰富多元，检务保障水平不断提升，有力地支持和推动了检察工作的繁荣和发展。据有关资料统计数据整理，①2003 年至 2010 年，全国检察机关人员经费收入年均增长约 18 个百分点，2010 年为 2003 年的 2.9 倍多；公用经费收入年均增长约 17.3%，2010 年比 2003 年增长了 641935 万元；业务装备经费收入年均增长 22.8%，2010 年相比 2003 年翻了近 4 倍；2010 年，全国检察机关财政拨款 380.22 亿元，2014 年增加到 558.55 亿元，年均增幅为 11.73%。甘肃省检察机关 2009 年至 2012 年经费总收入年均增长 17%，2013 年落实经费预算和年中追加预算总额，除去 2013 年列入省级财政保障的铁路院、林区院、矿区院预算数，比 2012 年增长了 16.3 个百分点，2014 年比 2013 年增长了近 20 个百分点，2015 年、2016 年继续保持增长势头。② 全国检察机关截至 2014 年，完成基础设施建设项目 2058 个，完成 21 个国家检察官学院分院建设，初步改善了办公办案条件普遍陈旧落后和没有教育培训基地的状况，检察科技装备建设步入了现代化轨道，检务保障工作科学化、规范化水平不断提升。③ 与此同时，检务保障工作发展至今，仍然存在一些突出问题，使得检察机关实现维护司法公正根本目标仍然存在诸多困难和阻力。

（一）检务保障现状特点

甘肃省检察机关目前实行的是 2009 年中共中央办公厅、国务院办公厅出台推行的分级负责、分类负担的保障模式及运

---

① 徐汉明、李满旺、刘大举：《中国检务保障理论与应用研究》，知识产权出版社 2013 年版，第 22－25 页。

② 参见甘肃省人民检察院：《甘肃检察工作年鉴》（2009 年卷至 2014 年卷）。

③ 参见曹建明检察长在 2014 年全国检察机关检务保障工作会议上的讲话。

行机制。从实施情况看，目前检务保障工作主要具有以下特点：

1. 供给来源多元化

根据中共中央办公厅、国务院办公厅印发的《关于加强政法经费保障工作的意见》（以下简称《意见》）的规定，政法经费中的人员经费和日常运行公用经费由同级财政负担；办案（业务）经费、业务装备经费、业务基础设施建设经费等项目，由中央、省级和同级财政分区域按责任负担；办公基础设施建设经费和各类基础设施维修经费由同级政府负担。这意味着，各级政府财政都是检察经费的供给来源。实践中，检察院的上级检察院也是其经费的供给主体。此外，虽然近年来赃款返还占各地检察院经费收入的比例有所下降，但仍是检察经费总收入的来源之一。

2. 经费标准地域化

《意见》明确规定"中西部地区政法机关的办案（业务）经费、业务装备经费及业务基础设施建设经费，由中央、省级和同级政府按照规定分别承担；东部地区政法机关的办案（业务）经费和业务装备经费，原则上由同级政府承担"，同时，规定业务装备配备实施标准、本地区县级公用经费保障标准由省级财政会同省级政法机关制定、完善和调整，日常运行公用经费综合考虑本地区经济社会发展和财力状况、当地党政机关的支出水平和政法机关的工作特点进行调整，各地检察经费配置的标准呈现出明显的地域化特征。以甘肃省检察机关人均保障经费为例，一类地区达 2 万元，而三类地区只有 8000 元；部分县（区）以检察经费要结合当地的经济发展水平为由，对检察院最低公用经费保障标准采取弹性机制，财政拨款只占一部分，不足部分全部由检察院上交同级财政案款返还予以抵补。

3. 配置模式静态化

检务保障资源是检务保障工作中可开发利用用于服务检察工作的各项要素的总称；检务保障资源配置是对检务保障资源的安排和搭配①，其科学化程度对检务保障的功能实现起着至关重要作用，直接关系到检察机关维护司法公正目标的实现。从目前检察机关检务保障资源的配置情况看，虽然《政法经费分类保障办法（试行）》（以下简称《办法》）和《意见》在规范分类的基础上，加大了中央和省级政法转移支付资金分配下达到基层检察机关的力度；规定了分区域保障政策，缩小了地区间检务保障的差异；引入了因素分配法，综合考虑了财力、人员编制和机构、工作量等多种因素，使专款分配较之过去有了较大进步，但仍在配置数量、方式、标准、程序等方面呈现出明显的静态特征，使得检务保障制度明显难以满足检察工作发展的要求。例如，随着依法治国进程的全面推进，检察机关作为专门法律监督机关的职责日益加重，业务量逐年增长，但目前中央财政在分配转移支付资金过程中所运用的因素分配法，在"工作量"等重要参考指标上却一直沿用以往做法，导致对检察机关经费标准预判过低，远远低于同为政法机关的审判机关、公安机关。又如，《意见》将政法经费划分为人员经费、公用经费、业务装备经费和基础设施建设经费四大类。其中，公用经费划分为日常运行公用经费和办案（业务）经费两部分。近年来，检察业务工作量大幅度增加，办案难度不断加大，物价持续上涨，但甘肃省检察机关仍然沿用 2006

---

① 徐汉明、李满旺、刘大举：《中国检务保障理论与应用研究》，知识产权出版社 2013 年版，第 66 页。

年确定的经费标准，使得办案（业务）经费保障标准和基础设施建设经费已远远满足不了支出需要，而由于业务装备每年持续配备，大多数业务装备本身具有较长的使用寿命，2006 年确定的业务装备经费保障标准却超出了近年的支出需要，检务保障资源配置模式呈现出动态发展性不足等明显的固态化特征。

4. 管理使用粗放化

检务保障资源是可以用来创造检察工作中物质财富和精神财富的社会资源，对其管理使用应遵守科学有序、集约增效等原则，争取达到资源利用最优化、效益最大化等目标。虽然现行检务保障制度基本涵盖了检察机关的各种需求，对检察机关的人员经费、公用经费、业务装备经费和基础设施经费的保障都作出了明确的规定，中央和各级检察机关、财政部门也出台了很多规范性文件，对宏观管理和微观管理作出了界定，检务保障管理得到了前所未有的加强，但在很多方面，仍表现出传统保障模式下的粗放化管理特征。例如，《办法》第 3 章"绩效考评与监督检查"中，对不能严格执行规定的，仅有 3 条原则性的模糊规定，并无具体的惩戒措施或责任追究措施，刚性不足，保证不力；甘肃省检察机关近年来围绕"保中心、保重点、促发展"的保障原则，统筹安排，规范管理，实现了将有限的保障资源尽可能全方位满足全省检察工作的目标，但仍存在装备、基础设施、信息化建设重复浪费、使用率不高等现象，影响了检务保障的功效。

（二）检务保障存在问题及其对检察权运行的影响

任何权力的运行，总是需要消耗一定的物质，需要以一定的物质条件为基础。没有充足的物质保障，权力就可能异化，给国家和人民造成危害。① 上述政法经费分类保障制度保证了中央、省级检察经费的转移支付力度，相对于传统的"分级负担、分级管理"保障模式，缩小了检务保障的地区差异，有利于增强各级党委、政府对检察经费保障工作的重视与支持，促进检务保障资源的充盈供给、优化配置和常态化增长，但由于检察权是地方事权的传统理念没有从根本上转变，致使传统保障模式的弊端不能从根本上解决，加之实践中一些地方对制度学习、理解不到位、落实有偏差，导致当前检务保障工作中仍然存在一些问题，给检察权运行带来了不利影响，影响了司法公正的实现。

1. 经费供给依赖地方财政影响检察权正确行使

《意见》保证了中央、省级政法经费转移支付力度，在一定程度上解决了检察机关吃"皇粮"问题，但同时规定，检察机关人员经费、日常公用经费、办公基础设施建设经费和各类基础设施维修经费由同级财政负担，办案业务经费、业务装备经费及业务基础设施建设经费由中央、省级和同级财政分区域按责任负担，这就使得检务保障未从根本上去除传统分级保障模式下检察机关各类经费依赖和受制于地方财政的"病根"，有些地区地方财政甚至成为检察经费的主要供给来源（见图1），导致检察权这种国家权力在行使过程中或者不得不受制于地方，有时甚至成为地方政府、党委"下属"的地方性权力，为地方保护主义服务。例如，在本章内容调研中，大部分地区反映，地方财政是检察机关的"衣食父母"，检察机关办案应为地方经济建设服务，地方政府及其所属部门挪用国家重大项

---

① 张智辉主编：《检察权优化配置研究》，中国检察出版社2014年版，第69页。

目资金用于行贿"跑项目",造成资金损失,无论损失数额大小,在实践中都不应以犯罪追究。同时,由于各地区财政收入水平不平衡,检务保障水平也呈现明显的地区差异(见图2),很难在立法对于检察权行使的统一要求、标准下,实现权力运行范围、力度、效果的统一,从而实现对于各地区公民权益的平等保护。例如,修改后《刑事诉讼法》《民事诉讼法》赋予检察机关多项新职能,但课题组调研发现,甘肃省全省各地区落实这些新职能的范围、进度、力度并不统一。其中,配套资金和基础设施在各地区落实不同步、不统一是重要原因。另外,在这种保障模式下,难免会出现一些地方财力难以足额保障检察经费需求的情况,检察权便常常成为检察机关筹措经费的工具。这是实践中检察机关拉赞助、为争取赃款返还在利益驱动下办案、越权插手经济纠纷、滥用冻结、划拨、追缴款项甚至人为降低职务犯罪立案、起诉门槛等违法违规现象屡禁不止的重要根源。

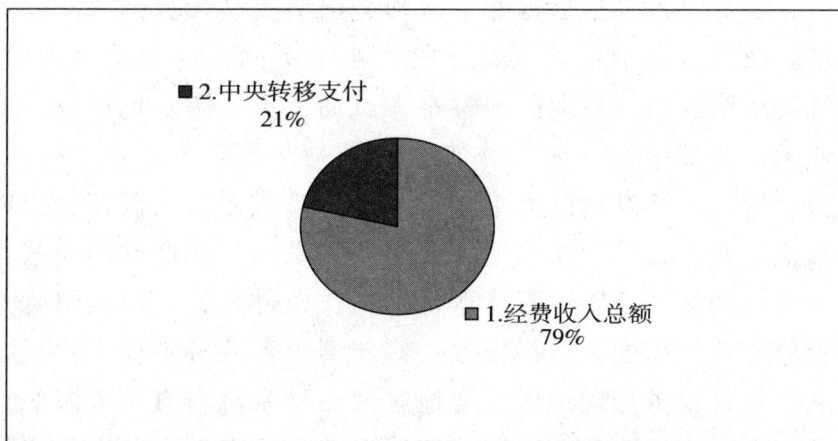

■2.中央转移支付
21%

■1.经费收入总额
79%

**图1　甘肃省检察机关经费总收入中央政法转移支付与
地方财政负担比例对比(2009—2014年)**

（单位：元）

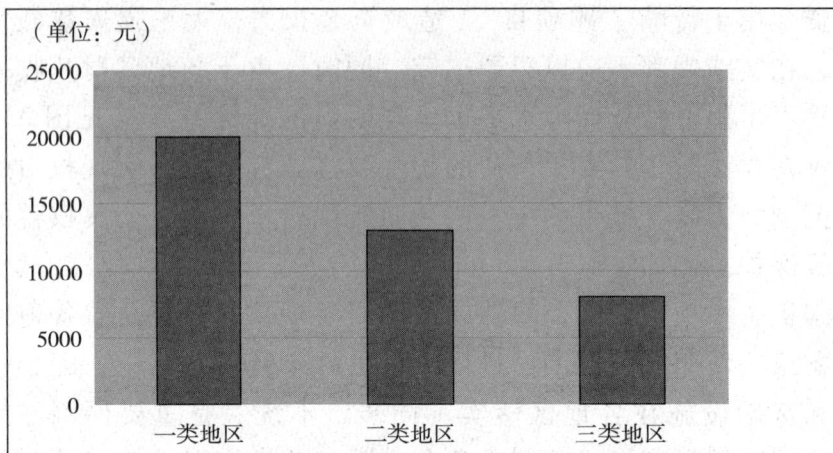

图2 甘肃省检察机关三类地区人均保障经费水平对比

2. 保障水平滞后工作发展影响检察权全面行使

根据《意见》规定，中央和省级财政转移支付重点在于弥补业务经费不足，人员经费仍由同级财政负担，这就导致检察人员从事的是法律专业技术工作，但其待遇仍等同于行政机关人员，工资收入水平远远低于律师、法学类高校教师等同行业水平。而且，由于各地区财政收入水平不同，同为检察人员，经济发达地区与落后地区的检察人员的工资、津贴也形成了较大差距，这都导致一些优秀的检察机关办案骨干、人才辞职、跳槽、流入经济发达的大中城市和地区，或者进入高校、律师等其他行业，直接影响当地检察事业的发展。在西部的一些偏远、落后地区，由于工资待遇低、工作条件差，难以吸引到具有相应专业知识的人员，导致一些新型检察业务工作无法正常开展。如甘肃省庆阳地区，全地区两级检察院只有市级院民行处负责人一人毕业于政法院校法律专业，大多数人甚至没有接受过正规的学历教育。少数享受边远地区政策通过较低门槛招录的本科毕业生，取得公务员身份后，很快通过选调等途径流失到其他工资待遇较高、工作条件较好的部门或地区，不少县（区）院的民行部门为 1 人科室。在此情况下，基本难以履行监督同级法院数倍法官每年审理的数以万计的民行案件的法定职责。与此同时，除了一些年中突发的案件、根据上级机关开展的具有即时性的活动经费没有保障外，在一些基层检察院，即使是最低公用经费保障标准甚至是省上拨付给县（区）院的中央政法转移支付及省级配套资金到达市县地方财政后，也存在递延拨款时间、跨年度拨付、专项经费不能及时足额到位等问题，直接影响了检察工作的正常开展。近年来，随着办案规模不断扩大，检察机关科技强检、办公自动化、"两房"标准化建设进程逐步加快，而目前甘肃省各地区基础设施建设成本要比 2010 年财政制度规定的"两房"建设标准高出很多，致使《刑事诉讼法》修改后，对于指定监视居住、技术处理、信息公开等办案区规范化建设，有的检察机关无法开展，有的检察机关负债开展，且债务难以化解。从局部地区和个别院信息化建设情况看，也存在部分地方在装备采购资金的协调落实上困难较大等问题，导致信息化建设不能适应新的复杂局势，侦查取证等工作的科技化水平难以有效提高，案源渠道不能有效开辟、成案率较低。另外，随着法制不断健全，很多法律适应社会经济发展大幅修改，检察职能不断完善，导致检察机关各项业务培训、教育活动和警示教育基地建设投入加大，支出费用逐年增加，往往大于预算拨款，经费需求的不足在很大程度上阻滞了检察队伍专业化的步伐，不利于按照法制建设发展的要求全面、依法行使检察权。

　　3. 资源管理欠科学影响检察权行使效果

　　检务保障管理是为确保检务保障达到预期目标而实施的一系列计划、组织、协调和控制活动，包括政府管理和检察机关内部管理。从目前甘肃省检务保障管理的总体情况看，尽管现行的政法经费分类保障制度实施后，检务保障管理较之以前精细化程度有所提高，但仍存在许多不尽科学合理之处，影响了检察权的运行效果。例如，装备建设、信息化建设缺乏整体规划和前瞻性、软件设施与硬件设施配备不同步，造成设备购置重复、浪费；基础设施建设重复、综合利用率低，造成不必要的债务负担；装备设施、基础设施建设招标机制不科学，建设存在质次价优等。甘肃省检察院关于全省检察机关信息化建设的规划实施过程中，各地早先购置的设备及其配套设施与省院要求不匹配，不得不在设备使用年限未满之时更换，造成了有限的装备经费浪费，也造成了其他亟须更新换代的设备购置资金短缺，影响检察执法效果。在一些县（市）区，检察机关不顾本地财政财力和实际工作需要，盲目地强硬执行上级院的标准，使得很多高端设备在无形中被搁置，导致原本拮据的经费更加捉襟见肘，甚至负债累累，包袱沉重。检察机关在资金的使用方向及使用数额上也普遍缺乏科学的测算，随意性较大，重投入、轻使用、科目支出结构不合理成为当前一些检察机关存在的突出问题。此外，修改后的《刑事诉讼法》实施后，各地检察机关普遍根据新法的要求建设指定监视居住、技术处理等办案用房，而有些毗邻地区完全可以资源共享，有些地区案件数量少，根本没必要建设这些办案用房。另外，《刑事诉讼法》修订后，一方面，部分地区设备、设施配备没有及时跟上新法实施的步伐；另一方面，已配备的设备、设施运用方面，有些地区由于不重视干警应用技能的培训，应用设备、设施的整体水平也不高，设备、设施在检察执法中并未发挥理想的效用。

（三）检务保障现存问题的原因分析

回顾新中国成立以来我国检务保障工作的发展历程，检务保障水平总体持续提升是新中国成立以来社会经济持续发展的必然反映。尽管如此，我国仍处于社会主义初级阶段，且我国幅员辽阔，各地区经济发展不平衡，一些贫困地区、边远山区至今经济发展仍然较为迟缓，社会经济总体发展水平较世界发达国家仍有不小差距，不能完全适应检察工作随社会转型时期矛盾的日益增多、党中央依法治国进程的加快推进而急需实现量的急剧增大和质的跨越式改进的物质保障需求。截至目前，我国检务保障工作存在以上问题的根本原因。除此之外，根深蒂固的传统保障观念、滞后的保障体制和机制也使得检务保障工作存在很多制约，是阻滞检务保障工作科学发展的重要原因。

1. 观念原因

思想是行动的先导。分析当前的检务保障制度和检务保障工作现状，实际上反映了对于检务保障及其保障的检察权、检察机关等对象的观念层面上的偏差。

（1）对检察权的权力属性认识不到位。检察权是宪法和法律赋予检察机关实现特定国家职能的途径和方式，是国家权力结构的一部分，它的目的是履行国家的法律监督职能，而不是完成任何地方机关、团体和个人的职能任务；各地检察院不是地方的检察院，而是国家设在地方代表国家行使检察权的检察院。要保证全国各地、各级检察院依照法律规定的权力范围、内容、程序、力度独立、统一行使检察权，必须予以检察权相匹配的财权、财力。现行检务保障制度规定检察经费"分级负担"，主要由地方财政保障，体现了制度制定者对于检察权权力属性的认识误区，即认为检察权具有地方属性，属于地方权力，应为地方服务，导致检察权作为国家权力，却要依赖于地方财政、财力。这是检察权地方化等一系列权力异化现象的思想根源。

（2）对检察机关与行政机关的关系认识有偏差。现行检务保障制度规定由政府财政部门供给保障资源，表现了制度制定者将检察机关等同于地方行政机关的认识倾向。事实上，在我们国家，行政机关和检察机关都是人民代表大会产生的分工负责、独立设置的国家机关，提供给其物质供给以保障其运行的国家机关也应该是同一的上级国家机关（如人民代表大会）或相互独立的国家机关。如果由与检察机关并行设置的行政机关拥有对检察机关物质供给的决定权，实际上行政机关就控制了检察机关的生存命脉，检察机关就可能因此而丧失其独立性；同时，检察机关作为宪法规定的专门法律监督机关，对于与其并立的行政机关的执法行为负有监督职责，如果行政机关控制了检察机关的生存命脉，也就意味着检察机关难以铁面无私地依法公正履行对行政机关的监督职责。

（3）对"足额"保障的涵义认识有误区。在现行的检务保障制度下，尽管《意见》要求对政法经费"足额"保障，但各地检察经费的划拨以检察机关年初上报预算为据，没有预留检察机关应对突发案件、事件所需经费；在检察经费的配置程序方面，甘肃省各级检察院必须在年初向财政部门提供繁杂的文件证明全年专项活动、专案所需经费并与财政部门积极协调将这些项目列入预算，如果年中突发案件，或者根据形势需要临时决定开展专项活动，则需要检察机关通过有关领导批示、提交人大、党委审议等严苛程序，并协调财政部门审核同意才可追加；在划拨公用经费方面，均采用人均最低公用经费标准，即使如此，一些县（区）院连最低公用经费标准也不能完全、到位地保障，反映了实践中对于《意见》规定的检务保障必须达到"足额"的"程度"认识误区，即认为《意见》要求的"足额"保障政法经费，是保障检察权运行所需的最低需求，而非最大需求。实际上，任何权力的运行，总是需要以一定的物质条件为基础，只有保证权力运行的需求能够在现有条件下，尽可能地满足权力运行的客观需要，权力才能保持清正廉洁，不背离其设置的初衷，成为"寻租"的筹码。① 当前财政仅保障检察权运行最低需要，无法保证检察权依法全面、公正、廉洁运行，地区检察机关尤其是基层院检察长将"跑经费"作为工作之中的"重中之重"的内在缘由也由此可知。

（4）对检务保障的工作规律不熟悉。检务保障法律关系调整的主要是因检察物质经费保障工作而产生的各种权利义务。这种权利义务主要体现为上下级机关之间的领导关系和本级机关之间因决策权、执行权、监督权等权能分工制衡而形成的行政制约关系。因此，检务保障表现在行为属性上为行政行为。由于其为检察权运行服务，是附属于检察权的一种行政管理行为，因而其不仅必须遵循行政管理工作规律，同时也要充分考虑检察权履行法律监督职能时所产生的现实司法需求。就现行的检务保障制度运行状况而言，检务保障工作存在使用、管理盲目性、随意性、缺乏前瞻性、长远发展性等问题，反映了检察系统内对于检务保障上述运行规律认识不足和重视程度不够的突出问题。

2. 体制原因

"体制"是指国家机关、企事业单位在机构设置、领导隶

---

① 张智辉主编：《检察权优化配置研究》，中国检察出版社 2014 年版，第 69 页。

属关系和管理权限划分等方面的组织制度。① 检务保障体制，是指为保证检察机关依法全面、公正、有效地履行检察监督职能，规范检务保障资源供给、配置，管理主体与检察机关之间权限划分和相互关系的组织制度。在上述观念主导下，当前检务保障体制主要存在以下缺陷，从根本上影响了检务保障水平和工作的效果。

（1）检务保障体制缺乏法律依据。根据我国《宪法》规定，检察机关由人民代表大会产生，对人民代表大会负责，但长期以来同级人大审议"一府两院"报告时，并无对检察机关的财务预算情况和运行情况的审议议程，《预算法》也未单列财政预算来保障检察权的实施，《人民检察院组织法》对检察机关财政来源也没有作出明确规定，这使得检察机关依照宪法和法律授权被赋予的社会功能与功能实施所必备的条件之间存在错位，检察权依法全面公正有效运行的物质条件很难从宪法和法律层面得到有效保障。

（2）检务保障体制缺乏稳定性。目前检务保障多元供给体制下，尽管检务保障的供给来源增加了，但地方财政仍然扮演着最重要的角色，这使得地方经济实力成为检务保障水平的幕后控制力量。然而，同一地区的经济收入始终处于动态的变化中，不同地区的经济发展水平也存在差异而参差不齐。一些地方因财力有限，无法保障检察机关履行职能的基本需要，使得办案经费严重不足，检察机关的基础设施建设和物质装备条件较差；不少贫困地区基层检察院的主要业务经费如办案经费、装备经费、公用经费中的交通经费等未被列入同级财政预算，

---

① 中国社会科学院语言研究所词典编辑室：《现代汉语词典》，商务印书馆 1988 年版，第 1130 页。

使得同一地区不同年度、不同地区、不同层级检察院的检务保障水平始终存在差异，表现出极大的不确定性。同时，中央和上级财政的转移支付及专项补助虽有文件依据，但并没有成为法律上的经费支持主体和手段，各地区的检务保障状况不仅依赖地方政府的财政力量，还依赖地方政府官员的观念认识，这也使得目前的检务保障体制带有浓厚的政策色彩，具有政策的短期性、易变性特点。实践中"收支两条线"规定的落实异化和检务保障地域差异性即是该特点的集中反映。另外，现行检务保障体制下，经费标准的制定、经费预算的核拨、上级补助的分配等保障体制中的核心环节缺乏科学、透明的程序支持。除了人员经费以外，其他每一项经费的预算、分配、投入都可能具有随意性，部分项目经费更是处于随时变动之中，也体现了现行检务保障体制的稳定性不足。检务保障体制缺乏稳定性，导致检务保障标准和水平难以保障检察职能稳定行使，直接影响了检察权依法统一行使。

（3）检务保障体制缺乏科学性。现行检务保障体制下，由中央和地方财政对检察经费实行"分级管理，分级负担"保障制度，使得关系到检察工作能否正常开展的基础设施建设、物质装备条件，以及检察干警的衣、食、住、行等基本需要的调控权都掌握在同级政府手中。在这种权力格局下，作为统一的、不可分割的国家权力的检察权，其物质保障义务不由国家统一承担，而由作为检察机关监督对象的行政机关来承担，不可避免地被行政权所分割，不仅很难依法独立公正行使，也容易被地方利益所左右，很难依法对行政权形成有效监督。同时，在这样的保障体制下，财政部门权大一方，中央和省级转移支付的资金绝大多数由财政部门按照因素分配法进行分配，检察机关除了向财政部门提供人员数、案件数等少数因素的资料，并无更多的话语权。检察机关既不清楚因素分配具体方法和每个因素所占的比重，也不掌握具体分配情况，当然也不可能根据检察机关的现实状况和经费需求对因素分配法和其分配因素进行合理调整，导致实践中检务保障资源分配经常与实际需求脱节。财政部门下达转移支付资金的文件也不抄送或不及时抄送检察机关，有些地区的检察院无法及时知晓转移支付资金何时到达、是否到位、资金量多少；有的地方财政部门在省财政的文件下达后，推诿说文件未下，经费未到，或是采取分期分批方式核拨，或是增加审批程序，拖延核拨时间，致使经费拨付不及时、不到位，少数地方甚至出现变相截留、抵顶预算的现象，使得本来就有限的检务保障资源并不能充分、及时发挥其效用，直接影响了检察工作的顺利开展。甘肃省86个市县检察院中，有35个院实行财政集中核算制度，上述现象在这些检察院更为普遍。在这种核算制度下，检察院甚至被取消了会计主体资格。作为预算单位，检察机关没有财会机构、财会人员、会计账簿，经费预算、核算和决算全部由当地同级财政代为办理，除了遵守财政部制定的《行政单位财务规则》和《行政单位会计制度》外，还要遵守当地同级财政部门制定的一些"土规定、土办法"，导致检察机关特勤费、信息费、举报奖励金等费用开支非常困难，而如果按照财政部门的要求向其公开报销又容易造成泄密，不利于保护举报人。有的院干警在报销办案差旅费时，财政核算中心要求提供上级检察院批文；还有些院为了方便报销，从财政核算中心借调报账人员，进行沟通协调，增加了检察机关办案的干扰和阻力。检察机关要想独立行使检察权、依法公正履行职能，难度可想而知。

3. 机制原因

"机制"原指机器的构造和运作原理，有机体的构造、功能和相互关系，某些自然现象的物理、化学规律，泛指一个工作系统的组织或部分之间相互作用的过程和方式。① 检务保障机制是指检务保障制度各构成要素相互作用的关系及其运行过程和方式。相比检务保障体制而言，检务保障机制更具有动态性，更强调检务保障主体、客体、对象按照检务保障体制和检察权运行规则的要求，在一定的动力支配下，如何相互联系，实现检务保障的功能价值，是检务保障工作规律的集中体现和检务保障工作效能的基本保证，也是推动检务保障制度科学发展的内在动力。从当前甘肃省检察机关运行检务保障制度的情况看，检务保障工作存在诸多问题的机制性原因主要体现在以下几方面：

（1）经费增长机制不健全。在相对静态的检务保障资源配置模式下，多年以来检察经费收入的项目、结构和保障标准基本稳定，并未随检察工作的发展而发展（如一直以来检察机关人员经费主要包括工资、津贴、补贴，公用经费主要包括日常公用经费、检察业务经费；甘肃省检察机关公用经费中日常公用经费和检察业务经费的比例多年以来一直为 4∶6；2006 年确定至今仍在执行的基础设施建设经费标准只相当于目前建设成本的一半）；一直采用最低经费保障标准拨付检察经费，经费收入的总量虽然随各地财政收入的逐年增长而不断增长，但增长幅度远远小于检察工作总量的增长幅度（如甘肃省检察机关 2009 年至今，检察经费收入总量年均增长 17%，但全省办案数量年均增长超过了 30%）；加之修改后刑事、民事、行政诉讼法新增了多项检察职能，对检察办案的质量要求也相应提高，办案难度进一步加大，物价不断上涨，办案成本也随之上

---

① 吕淑湘：《现代汉语词典》，商务印书馆 1998 年版，第 581 页。

升，检察机关每年的经费收入水平远远满足不了检察工作的支出需要，静态、滞后的经费增长机制已成为阻滞检察工作发展的重要障碍。

（2）人力资源保障机制缺位。目前，检察人员招录的条件要远远严于一般公务人员，大多数检察机关招录检察人员不仅设置了较高的学历门槛和专业条件，还要求报考人员通过公务员考试和国家统一司法资格考试，但检察人员的工资津贴却基本按照一般公务人员的标准，不分岗位类别地予以保障，与检察人员作为法律职业人员、高学历、高知识层次人员的身份及各岗位所承担的职责不匹配，不仅影响了检察人员工作的积极性，也造成了高层次人才对检察机关的"望而生畏"和进"门"后的大量流失。

（3）资源管理机制不科学。经费是基础，管理是关键。在当前总体仍属粗放式管理的检务保障资源管理模式下，一是没有建立规范的经费运行机制。不少检察院经费运行缺乏必要、有效的规划、管理和监督。一些市、县检察院的经费使用缺乏针对性，造成重复、浪费或者保障资源不能合理使用、最优发挥功能；一些检察院超越当地经济发展条件，在基础设施建设和装备建设中追求超前的建设标准，形成沉重的债务负担；还有一些检察院聘用人员过多，工作效率低下，无谓地扩大人员及办公经费开支等。由于缺乏规范的经费运行机制，经费使用不同程度地出现挪用、挥霍浪费、超标准开支问题，物资采购中的"一刀切"问题也难以得到有效的控制和解决。二是没有建立有效的罚没收入监管机制。不少地方并未真正实现收入与支出彻底脱钩，仍然存在明脱暗挂、以收定支的现象，罚没收入名义上是上缴国库，实际上仍纳入综合预算。有的地方对罚没收入的掌控、调剂余地很大，甚至将其用来弥补人员经费不足，以及安排业务经费、装备费用的主要来源，助长了利益驱动办案、乱扣乱追等违法风气。三是没有建立规范的设备使用、管理、维护机制。突出表现在一些基层院前后购买的设备难以匹配，"硬件"配置与维护不同步，硬件好、软件差，设备闲置、损坏、丢失、作用发挥不好等，缺乏规范、有效的机制引导、监督和管理。

（4）保障队伍建设机制不匹配。检务保障部门人员与检察机关其他领域的人员相比，专业要求更高、工作责任更重，但目前检察机关工程技术职务序列设置尚为空白，在目前一些省份试行的检察人员分类管理制度中，将其列入司法行政人员，工资待遇远远低于检察官，影响了这些人员的工作积极性，很容易造成人才流失，在一定程度上也影响了检务保障工作的质量和效能。

三、加强和改进检务保障工作的对策

"检务保障是检察工作不可或缺的重要组成部分，是人民检察院依法独立公正行使检察权的物质基础，也是推动人民检察事业科学发展的重要支柱。"①党的十八大以来，党中央从推进政治体制改革，实现国家治理体系和治理能力现代化的高度提出建设完善、高效的社会主义司法制度，明确要求在推进依法治国进程中要加强法律监督，保障检察权依法、独立、公正行使，着力维护司法公正。党的十八届三中、四中全会为加强司法机关保障，促进司法公正，部署了省以下地方检察院财物统一管理等重大改革措施，习近平总书记专门对这项改革提出

---

①　参见曹建明检察长 2015 年 12 月在全国检务保障工作会议上的讲话。

要求，为新时期加强和改进检务保障工作指明了方向，要求检察机关切实增强责任感和紧迫感，把检务保障工作置于经济社会发展大局和检察工作全局中谋划，积极研究检务保障工作影响司法公正问题的破解方法，推动检务保障工作理念、体制、机制创新，为检察工作服务"十三五"规划和依法治国方略实施提供强有力的支撑。

以下以甘肃省检察机关近年来加强检务保障建设的主要做法为导引，探究检察机关应对当前形势要求加强和改进检务保障工作、促进司法公正的可行性对策和建议。

（一）甘肃省检察机关加强检务保障建设的主要做法

甘肃省检察机关近年来为突破当前制度给检务保障工作科学发展带来的阻碍，满足检察工作应对形势要求不断增长的保障需求，提升检务保障工作的法治化水平和科学化水平，开展了一系列改革和探索，形成的工作经验多次在最高人民检察院相关会议上交流，曾被《检察日报》推介，被中共甘肃省委办公厅编发的舆情信息及新华网、中国日报网等媒体转载，得到社会各界的广泛关注和好评。其主要举措是：

1. 节源增效建设"节约型"检察机关

检务保障资源配置过程，是通过对人和物的协调管理，促进资源效益最大化的过程。近年来，甘肃省检察机关从有限的检务保障资源的实际出发，着力建设"节约型"检察机关，既在一定程度上缓解了检察经费的不足，也保证了自身清、自身正，夯实了检察机关履行法律监督职能、维护司法公正的公信力基础。一是强化节俭意识。通过发布《党政机关厉行节约反对浪费条例》《公共机构节能条例》等文件，组织干警参加《党政机关厉行节约反对浪费条例》知识竞赛答题活动，在办公区域醒目位置张贴宣传标语和节约口号，警示干警自觉抵制奢靡之风。二是严格执行相关制度。严格执行政府采购制度，需自行采购的，按审批权限报党组研究审批后，通过询价方式采购，凡重大开支和设备采购，一律邀请纪检监察部门全程监督；严格落实财务支出审签制度，确保各项经费支出的正确使用和公开透明；坚持车辆集中管理制度，实行集中调度、用车登记、定点维修，做到加油有记录，行程有监督，耗油有指标。三是加强重点环节管理。对经常性支出项目、重大开支项目严格实行经费预算管理，防止滥开口子，随意超支；规范公务接待，禁止奢侈浪费；基本实现无纸化办公，切实减少纸张消耗；规定各类培训班、各类会议一般情况下一律在机关会议室进行，降低培训和会议费用；制定机关水电暖管理细则，推广使用节能灯具。保证了经费合理支出，有效预防了检察机关内部腐败。

2. 建章立制探索涉案款物省级统管

省以下地方检察院财物省级统一管理改革是党中央对于司法机关财物管理体制作出的既符合司法规律又符合当前国情的顶层设计。为稳妥、正确、深入贯彻中央司改精神，近年来，甘肃省检察院渐进推行了换装经费由省级财政统筹保障，改革推行了林区、矿区、兰铁两级九个检察院经费由省级检察院统一管理、全额保障、部分装备经费、涉案财物由省级检察院统一管理等机制改革，为实施省级以下人、财、物统管改革积累了宝贵经验。其中，尤其突出涉案款物管理这个检务保障工作影响司法公正的"重点灾区"，构建了系统的省级院统管涉案款物机制，取得了积极成效。

一是建立了涉案款物统管的长效机制。2010 年，甘肃省检察院与省财政厅联合下发了关于全省检察机关扣押冻结款物实行集中统一管理的《管理办法》，与农业银行甘肃省分行联合下发了《关于全省检察机关在全省农业银行统一开设案款专用银行帐户的通知》。随后，下发了《关于做好全省检察机关涉案款物归集管理工作的通知》和《甘肃省检察机关涉案款物会计核算办法》，要求全省市、县两级检察院统一在当地农业银行开设案款专用账户；规定全省各级院《扣押冻结款物清单》由省院统一印制，实行编号登记管理，并对新的《扣押冻结款物清单》的保管、领用、注销、存档等做出了明确规定；要求在会计核算中反映和体现"一案一账，一物一卡"，加强财务监管，防止"多头开户""案款私存""坐收坐支案款"等问题。

二是构建了保障涉案款物管理质效的信息系统。为了配合对全省检察机关涉案款物统管的规范管理，甘肃省检察院联系农业银行甘肃省分行为全省检察机关量身定做了使用方便、操作简单的涉案款物现金管理网络平台，在互联网上将各检察院案款银行账户信息维护到该系统中，与省院案款归集银行账户形成母子账户。由此，案件承办单位将扣押、冻结款项存入其案款专户后，立即自动划入省院案款归集账户，并对划入的每一笔款项提供明细账单，而需要返还发案单位或个人的款项，由承办案件的检察院受理后，将发案单位或个人的账户信息提供给省院，由省院财务部门专人通过该系统予以返还，建立了准确无误、快速便捷的案款返还通道。省院还自行研发了甘肃省检察机关涉案款物信息管理网络系统，详细记录和反映了扣押冻结款物办案流程，对《扣押冻结款物清单》进行网上登记、发放、领用、录入、作废、缴销等管理，并自动生成符合高检院规定的物品卡片或相关统计报表，省院案款专管人员通过检察专网，实时查看各检察院的扣押冻结款物清单的使用情况和扣押冻结款物的管理情况，随时掌握工作进展，开展内部监督。

三是构建了涉案款物的监督检查机制。省院计财处每年都会同院纪检监察部门赴全省各市县院或部分市县院就扣押冻结款物集中统一管理执行情况进行专项检查，纠正问题，总结经验。涉案款物改革实施以来，通过对扣押冻结款物实施"部门开单，银行代收，单位分管，省级统管，财政监管"的方式实行集中管理，从制度上杜绝了一些检察院对扣押冻结款物明脱暗挂、坐收坐支、入账不及时、处理不规范、挪用等问题的发生，真正实现了"收支两条线"。同时，全省各级人民检察院依法上缴国库的涉案款项由省院财务部门统一上缴省级财政专户，案款拨付后，省院提留10%作为检察业务统筹基金，用于跨地区异地办案、检察干警抚恤金等支出；90%由省院提出安排使用意见，直接拨付给承办案件的检察院，重点用于弥补办案经费、公用经费和适度清偿"两房"历史欠债等问题，增加了省院的可控财力，增强了对下指导职能，促进了全省检察机关因经费短缺而搁置的共建项目实施，解决了同级财政长期利用返还案款抵扣本级应当负担的经费保障等问题。

3. 以人为本开展公车改革

公务用车改革是党中央降低检察机关行政事务成本、防止内部腐败的重要举措。2015年年底，甘肃省检察院根据《甘肃省公务用车制度改革领导小组办公室关于制定公务用车改革实施方案有关事项的通知》精神，推行公务用车制度改革。改革中，甘肃省检察院从车尽其用原则出发，严格核定一般公务用车、执法执勤用车数量，参改87辆车，改革后保留一般公务用车5辆，执法执勤用车32辆，其余车辆统一招标、评估、公开拍卖并向社会公开处置结果，处置所得收入扣除有关税费后全部上缴本级国库；公务交通补贴标准严格控制在国家标准的150%幅度内执行，按照检察人员级别和用车需要合理划分等次，所需经费由同级财政纳入预算，在交通费中列支，按月发放，不计征个人所得税。同时，根据相关制度规定，结合保留公务用车的实际需要，在现有在编在岗司勤人员中，按照公开、平等竞争、择优选用等方式确定留岗人员；对其他原在岗司勤人员，坚持单位内部消化为主，通过转岗、开辟新的就业岗位、提前离岗、待岗处理等多种方式妥善安置，或通过遴选，调入公务用车服务平台或其他需要司勤人员的参改单位；对自行聘用、劳务派遣、签订劳动合同的司勤人员，按照国家相关规定，依据省人社厅制定的《甘肃省公务用车制度改革司勤人员安置实施办法》，维护好其合法权益，对依法解除劳动关系的司勤人员，做好经济补偿工作，所需支出由参改单位按原有经费供给渠道解决，妥善安置了司勤人员，保证了公车改革的顺利进行和改革目标的实现。

4. 智慧思维提升检务保障信息技术水平

大力加强检务保障信息化平台建设，有利于通过智能办公、智能服务、智能监管、智能决策提升检察工作的效能，是检察机关实施科技强检的重要抓手。2010年以来，甘肃省院注重内部挖潜，自主研发并逐步根据实践要求改良了目前已推广至全省三级检察院的网上报销系统软件，该软件具有报销审批、账务处理、预算管理、日常管理、工资查询、车辆单车核算等方面的功能，与原有预算管理、财务核算等系统设备互联互通，构成了一个较为完善的检务保障信息系统，从而使全省检务保障信息化建设从点连成线，从线织成网，构建了一个崭新的检务保障管理平台，全面提升了甘肃省检务保障水平。一是实现了预算管理精细化。该系统实现了预算、报销和分析三大功能的有效结合。在此系统下，没有预算或预算余额不足的单据无法发起报销，各审批节点审批人可以看到明细费用预算、使用及余额情况，报销事项与核算科目、预算科目一一对应，各处室可随时通过检察专网查询预算项目的初始额度、已完成额度、占用额度及预算执行率，以及时掌握费用支出流向，大大提高了预算控制的执行力。二是实现了财务工作透明化。该系统固化和优化了单位内部的制度和流程，明确了权责，解决了跨地域审批的难题，还使广大干警、领导、财务人员清晰透明地看到单据的处理状态，实时查询个人借款情况、个人单据报销事由、金额等信息，并能够得到反馈，进一步提高了财务工作的透明度。三是实现了计财工作精准化。该系统将合同管理、专项经费申请与报销相关联，规范和明确了经费开支的金额、使用时间、用途等要素，实现了经费从申请到报销一体化管理，并能够按照部门、项目等信息对经费开支进行统计，实时查看每一笔费用、每一张单据，消除了经费开支的盲区。四是实现了车辆单车核算规范化。该系统实现了对单位车辆的车牌号码、总公里数、耗油量、燃料费、维修费、路桥费、洗车费、停车费、保险费等信息的管理，使单车报销、核算、分析功能有机结合，大大提高了单车管理的效率。省院车辆管理系统还与中石油网站相对接，实现加油信息共享，驾驶员可在中石油任意加油站刷卡加油，报销时由车辆科负责登记，检查核对审核后，方可到财务报销，查询时只要在系统中选择所需要的车牌号码或报销人，就可显示某一时间段或一年来单车的所有费用明细，简单明了，非常实用。五是实现了工资查询明了化。该系统提供工资数据模板导入功能，将工资数据按照模板格式整理后，便可立即导入系统，干警可以凭借各自的账号密码访问个人的数据，这样既方便了干警工资查询，也减轻了财务人员工作量。六是实现了统计数据分析自动化。该系统作为信息收集平台，实现了报销流程标准化，规范了填单要求、审批流程，并能够利用实时统计和数据分析提供详细的费用支出明细和预算执行情况。目前该系统基本覆盖全省市、县两级检察院，并与全省统一网络版财务系统对接，省院通过集中统一管理平台，对各市、州院或县、区院财务数据，按照需求自动提取数据并进行统计分析，实现了数据的共享。七是提高了工作效率。该系统由业务源头采集到的原始数据，将自动生成的记账凭证直接导入账务核算系统，自动生成会计凭证，对重复使用的个人信息，包括部门、职级、账户等信息进行集中管理，实现系统的自动调用，对出差补助按照相关规定进行固化，实现系统的自动计算，财务人员只需对出差地点、时间、职级等信息的填写进行审核即可，减少了低效、烦琐的重复劳动，防止手工录入、填写的大量耗时和重复出错。同时，使每笔资金收付"雁过留声"，确保了财务信息的准确性、及时性和完整性。

5. 内部挖潜强化检务保障队伍建设

司法改革和检察改革的新形势，对检务保障人员的业务能力和专业水平提出了更高要求。近年来，甘肃省人民检察院每年至少举办一次培训班，对全省市、县两级检察院财务人员就涉及统管的经费、款物的清单管理及录入、信息管理系统的应用、账务处理等内容进行专题培训，提高了全省检察机关财务人员业务素质和实务操作能力。规范司法行为专项整治工作开展以来，甘肃省院计财处组织干警深入学习、认真思考、全面查摆问题，真正把专项行动落实到日常工作中，进一步提高了纪律意识、责任意识和规范意识。每位干警在处理的每项工作中，都以制度为引领、以规范为准则、以实效为目标、以岗位廉政风险点为警示，形成了自我监督与相互监督、自我批评与相互批评相结合的工作机制，规范了工作流程，转变了工作作风，提升了检务保障工作规范化水平。

（二）甘肃省检察机关加强检务保障建设的启示

甘肃省检察机关近年来加强检务保障建设的做法，为当前形势下如何服从服务党中央和检察工作大局，在十八届五中全会提出的"创新、协调、绿色、开放、共享"的发展理念引领下，找准切入点和着力点，突出检察工作维护司法公正这个重心，加强和改进检务保障工作提供了可行的思路参照，主要启示如下：

1. 抓住检务保障工作特点，更新理念引领发展

检察经费、检察基础设施、装备检务保障资源作为一种公共资源，具有有限性、稀缺性、公共服务性特征，而当前检务保障工作中普遍存在检察经费供给不足、管理不科学问题，这使得检务保障工作满足新形势要求，维护司法公正的任务更加艰巨。甘肃省检察机关立足实践，着力加强调查研究，认真思考破解当前检务保障工作突出难题的有效措施，突破了传统的"被动""按部就班""平均用力"等思维，树立了先进的理念，引领全省检务保障工作取得长足发展。例如，树立效益理念，通过加强对检务保障资源使用的过程化管理，注重从检务保障资源使用的方式等细节上节能减耗，实现了检务保障资源"物尽其用"，缓解了当前检务保障体制下检察经费保障水平滞后于检察工作发展需求所带来的问题，减少了检察机关在利益驱动下办案；强化服务理念，在检务保障工作中始终贯穿服务大局、服务办案、服务司法公正的"服务"理念，在资源使用上节能减耗，防止经费保障不足可能给检察执法办案带来的制约，在资源管理上用机制约束人，以管理促效能，防止了涉案款物管理这个检察机关人、财、物管理的重点环节上出问题、

出纰漏，并提高了检察信息化建设服务检察工作的整体效能；突出"规范"理念，近5年来制定了几乎贯穿检务保障工作各个环节的各项制度，使得工作走上了规范、有序、科学发展的轨道，并逐渐凸显规范办案、保障检察执法公正等效能；强调"智慧"理念，从检务保障工作存在的问题和影响司法公正的重要环节出发，将制度制约的原则性和资源使用、管理的灵活性有机结合，充分运用现代先进设备和信息技术，提高了检务保障工作的效率，减少了工作中主观因素的过多渗入而导致的工作失误和腐败行为，体现了甘肃省检察机关检务保障工作不仅"用力"，而且"用脑""用心"的智慧和技巧。

2. 把握检务保障工作规律，创新机制提升效能

检务保障工作规律是指在检务保障工作中决定或支配工作发展趋势和质量、效能的诸要素之间内在本质的必然联系。曹建明检察长在2015年全国检察机关检务保障工作会议上指出，做好新形势下检务保障工作，必须以尊重司法规律和检务保障工作规律为前提。甘肃省检察机关检务保障工作注重以客观、求真、理性、平和的态度从实践中观察检务保障工作的运行方式，注意对检务保障工作发展的轨迹和发展中表现出来的各要素之间相对稳定的联系进行系统的总结、归纳和甄别，较为准确而深入地掌握了检务保障工作规律，确定了机制创新的基本方向，界定了检务保障机制改革的重点内容和方法，机制建设由此更加契合检务保障工作规律的要求，内耗得以减少，运行更加顺畅，效能由此提升。

3. 坚持检务保障改革初衷，"依法"改革保障效果

检察改革是根据法治精神和检察活动规律，对中国特色社会主义检察制度的自我完善和自我发展。党的十八大强调，要善于运用法治思维和法治方式深化改革。甘肃省检察机关落实

中央和最高人民检察院关于省以下地方检察院财物省级统一管理改革和公务用车改革部署，坚守宪政原则，坚持在我国的宪政体制和司法制度框架下对省级以下各级检察院的财物管理权进行优化配置、功能整合；秉持司法理性，在改革中严守检察权的边界，只是对现行制度不合理的部分进行变革，而不是盲目的否定一切；严格遵循法定程序，在上级规定的程序框架内对现行财物管理和公务用车程序进行细化，而不是完全颠覆已有程序；切实尊重和保障人权，公平公正地维护改革涉及的各类人员的合法权益；自觉接受监督和制约，防止因改革而滋生腐败，保障了改革"不走偏、不走邪"，在法治轨道上推进，确保了改革预期目标的实现。

4. 完善检务保障体制机制，突破"瓶颈"固本强基

检务保障体制是当前检务保障工作运行的框架，检务保障机制是检务保障建设开展的动力。从甘肃省检察机关实施的强化检务保障建设的各项举措看，虽然初步探索了检务保障体制机制改革，但总体仍在现行检务保障体制内，围绕如何节能增效、如何强化资源监督管理、克服现行检务保障体制弊端给检务保障工作带来的困难开展，体现了当前检务保障体制机制问题对检务保障工作的制约性和当前检务保障工作的被动性，启示我们，必须通过完善立法、深化改革等途径解决检务保障制约检察机关监督能力的体制、机制性问题，如此才能从根本上破除检务保障影响检察司法公正的障碍，促进检察工作科学发展、长远发展，全面实现检察机关维护司法公正的价值目标。

（三）完善检务保障体制机制的对策

以上对我国检务保障制度及其运行现状、存在的问题进行了分析，甘肃省检察机关近年来加强和改进检务保障工作的做法，从理念创新、机制建设、规范改革等方面对当前形势下当

前体制下加强和改进检务保障工作的路径提供了参考，以下重点针对制约检务保障工作发展的体制性机制性问题等根本性问题提出相应的完善建议：

1. 建立检察经费独立预算、由国家公共财政均等、统一保障体制

检察机关行使的是国家统一不可分割的检察权，为保证这种权力行使的统一性和独立性，国家理应承担对检察机关人、财、物的管理及供给保障义务。事实上，多数司法制度相对发达的国家都尽量减少检察经费保障的层级性，一般最多实行中央和相当于我国省一级的两级保障，不实行"分级负担"制。例如，英国检察系统实行财政独立，检察机关经费独立预算；美国独立检察官的调查经费几乎不受任何限制；日本检察经费由中央预算安排；俄罗斯《宪法》明文规定："法院的经费只能来自联邦预算，应能保障按照联邦法律充分而独立地进行审判"；我国民国时期，1941年，重庆国民政府将各省的法院经费全部改由中央国库直接拨付，不再经过省财政，其经费的落实情况大为好转。借鉴国外的通行做法和我国的历史经验，建议改变现行财政保障体制按照行政区域和事权来划分的做法，建立检察经费独立预算、由国家公共财政均等、统一保障体制。即由中央财政完全保证检察院经费开支，检察系统的经费预算编制由最高人民检察院负责，最高人民检察院编制的经费预算草案送政府协调后，直接提交全国人大审议、批准后，由国务院和最高人民检察院执行，或者先由省级财政拨付，最终转为由中央财政统一拨付，实现检察权作为中央司法事权与财政保障的有机统一，保障检察机关履行职能、维护司法公正有充分的财力、物力支持。目前，根据中央部署，各地检察院普遍试点探索了省以下地方检察院经费由省级财政部门统一管理

制度，体现了"事权与支出责任相适应"的基本要求，是实现上述保障方式的可行的过渡性途径。同时，它也直接触及深层次机制和利益调整，对各级检察院适应改革要求在观念、能力等方面提出了新挑战。为切实保障改革"不走样""不变形"，达到既定的目标，结合甘肃省检察机关改革试点的经验，建议为了加强检察机关内部经费管理的自主性、专业性、增强经费预算的准确性，由省院负责市、县（区）院的经费核定、分解、下达和内部审计、监管，省院应高度重视预算的编制，并做好人员经费、资产的化转工作和现有债务的化解工作；在按照中央规定实行省、市、县作为一级预算单位，向省级负责的经费管理方式时，应重视科技的运用，以减少由此产生的经费审批、核定给边远地区的负累。

2. 建立法定、稳定、科学的检察经费供给、增长机制

在西方国家，司法经费在财政支出中所占的比例普遍较高，甚至有些国家在宪法中明确对此作出硬性规定。例如，秘鲁、危地马拉、巴拿马《宪法》都规定司法机构的预算不得低于国家全部预算的2%。联合国《关于司法机关独立的基本原则》和国际律师协会《司法独立最低标准》也特别对司法经费供给作出规定。因此，建立有立法支撑、相对稳定的检察经费的增长机制是人类司法制度史上的有益成果和保障检察权独立、公正行使的必然要求。针对修改后《刑事诉讼法》实施和司法体制改革后检察机关职能任务调整、业务工作量增加、司法办案难度加大、成本增长、信息技术与科技装备投入加大等变量因素带来检察经费实际支出增长的情况，建议积极争取中央财政和省级财政的支持，科学运用"因素分析法"，考虑财政收入状况、物价增长指数、全国平均水平等因素，将检察院基建、业务技术装备等基础建设经费、支出日常公用经费、业

务经费的预算与社会发展的水平相结合，科学合理确定持续的、稳定的检察经费增长幅度；建立和完善随社会经济发展水平稳定增长的个人经费保障体系，按照"先人员、后公用、再专项"的顺序编制预算，保障检察干警享有应有的物质待遇和福利；充分考虑地理条件和交通状况等办案办公成本、人均办案数等实际工作承载量，通过参数法差别化核定公用经费，适当向基层检察院、中西部地区、维护国家安全任务重地区和经济困难地区检察院倾斜；在项目经费中增设大案、要案专项经费、特殊工作专项经费，并与各院的办案数量、办案成本和当地的经济发展水平相匹配，推动建立与经济社会发展相适应的检察经费增长机制，促进检察经费增长法治化、常态化、科学化。

3. 健全以科学管理为目标的内部监督机制

有"保障"无管理，"保障"不能正确、充分、有效地发挥作用，而有"管理"无"监督"，则"管理"可能成为公权私有化的工具，成为腐败侵害司法公正的"帮凶"。针对当前检务保障制度内部监督制度不健全、日常管理不科学导致的本来就难以足额保障的经费使用浪费、效率低等问题，建议建立健全人民检察院会计制度，完善发展符合检察经费管理特点的财务核算体系；完善检务保障内部各环节流程管理，尤其是规范收入和支出管理，严格审批程序，切实加大管控力度，全面提高检务保障资源的使用效益；完善政府采购工作的相关工作机制，规范采购程序，提高采购透明度，切实防止采购工作务实高效、廉洁公正；加强对资金管理、项目方案制定、工程招投标和设备采购等检务保障重点部位、重点人员的监督管理，严格执行"收支两条线"的规定，坚决防止"灯下黑"；加强检务保障深化检务公开，以"三公"经费和预决算公开为重点，主动接受社会监督，以"零容忍"的态度防止违法违纪行为产生；深化科技强检战略，强化信息化技术在预算编报、会计核算、财务报销、资产管理、政府采购、内部审计、基本建设和后勤管理等方面的应用，着力构建科学、完备、高效的检务保障智能体系。

4. 完善与检务保障改革相适应的队伍保障机制

检务保障工作专业性很强，随着省以下地方检察院财物统一管理改革的推进，各项检务保障工作更加规范严格，对检务保障人员的业务能力和专业水平提出了更高的要求。建议完善会计、审计等专业人才的引进、培养和使用机制，加大内部调配力度，及时足额配置专业财务人员；积极探索建立检察机关总会计师、总审计师制度，着力培养一批既熟悉法律和检察业务知识，又精通财务、会计、管理、技术等专业知识的高素质、复合型人才；加强检务保障人员的职业保障，拓宽财务人员职业发展通道，鼓励财务人员参加与专业相关的学历学位教育以及职称考试，为财务人员参加职称评定创造条件；在检察人员分类管理改革中体现人文关怀，有针对性地开展思想政治工作，维护检务保障人员的合法权益，保持检务保障队伍思想稳定、人员稳定；加强检务保障队伍纪律作风建设和党风廉政建设，坚持从严治检，积极防范廉政风险，确保检务保障队伍风清气正。